普通高等教育"十一五"国家级规划教材

新世纪高等学校日语专业本科生系列教材

上 海 高 校 一 流 本 科 课 程 配 套 教 材

总主编 谭晶华

U0063029

实用日语 语法教程

凌 蓉 编著

上海外语教育出版社

外教社 SHANGHAI FOREIGN LANGUAGE EDUCATION PRESS

图书在版编目（CIP）数据

实用日语语法教程 / 凌蓉编著 . -- 上海：上海外语教育出版社，
2023
新世纪高等学校日语专业本科生系列教材
ISBN 978-7-5446-7638-0

Ⅰ . ①实… Ⅱ . ①凌… Ⅲ . ①日语－语法－高等学校－教材 Ⅳ .
① H364

中国国家版本馆 CIP 数据核字 (2023) 第 043122 号

出版发行：**上海外语教育出版社**
　　　　　（上海外国语大学内）　邮编：200083
电　　话：021-65425300 (总机)
电子邮箱：bookinfo@sflep.com.cn
网　　址：http://www.sflep.com
责任编辑：陈知之

印　　刷：绍兴新华数码印刷技术有限公司
开　　本：787×1092　1/16　印张 24　字数 404 千字
版　　次：2023 年 9 月第 1 版　2023 年 9 月第 1 次印刷

书　　号：ISBN 978-7-5446-7638-0
定　　价：79.00 元

本版图书如有印装质量问题，可向本社调换
质量服务热线：4008-213-263

前　言

　　上海外国语大学的日语语法课程于 20 世纪 70 年代开设，语法教学的老前辈王宏老师和皮细庚老师为这门课程的体系化打下了扎实的基础。之后课程教学团队不断壮大，课程内容和教学手段发展创新，于 2013 年成为上海市教委重点课程，2021 年获评上海高等学校一流本科课程。

　　编者于 1999 年加入上海外国语大学的日语语法教学团队，迄今一直在语法教学第一线工作，有幸得到王宏老师、皮细庚老师、吴大纲老师、戴宝玉老师、许慈惠老师等上外老一辈专家的悉心指导。近年来，毛文伟老师、盛文忠老师、陆洁老师、王晓华老师、沈书娟老师、曾婧老师等也都加入语法教学团队之中，编者通过与他们的教学研讨和交流受益良多。

　　这本《实用日语语法教程》（以下简称"本教程"）积累了上外日语语法教学团队近 50 年的教学经验编写而成，可以说是教学团队智慧的结晶。

　　本教程既可以作为高等院校日语专业语法课教材，也可以供广大日语学习者自学时使用。作为语法课教材使用时，总学时为半年至 1 年。建议教师在课堂上讲解课文部分的内容，"课外练习"部分则由学生课外完成，教师定期对学生的学习情况进行抽查、讲评。

　　本教程一共包含 17 课。第 1 课介绍日语的语言单位，第 2 课区分日语的词类，第 3—17 课则分别仔细讲解日语的名词、数词、代词、形式体言、动词、形容词、形容动词、敬语、连体词、副词、接续词、感叹词、助动词、助词。

　　本教程的特色主要可以归纳为以下四点：

（1）每课内容丰富充实，而且体系化，对每一类词的定义、性质、用法、分类、构成　　　等加以仔细讲解。其中，有关动词、助动词、助词以及敬语方面的内容既是语法　　　学习的重点，又是难点，因此本教程用较大篇幅对这些内容进行分类整理。

（2）课文形式活泼，采用较多图表归纳语法知识点。图表形式可以帮助学习者对知识

点有更加直观的感受，易于理解和记忆。

（3）课外练习题型多样，包括填空、填表、改错、选择、读解、翻译等，并提供练习参考答案和解题要点的细致分析。每课课外练习的最后一大题是段落或篇章的日译中，这些段落或篇章均选自日本著名语法学家的著述，主要面向学有余力并且对语法研究感兴趣的学生，为其拓展视野、进行语法研究打下基础。

（4）每课所有语法知识点以及课后练习都配上微课讲解视频，扫描本教程中的二维码即可观看。微课讲解视频结合编者及教学团队多年的日语语法教学经验，将实际课堂上补充的内容也融入视频里。对于学生，特别是自学者来说，通过微课教学视频，可以得到课堂学习体验，更能了解课程的重点和难点，便于掌握语法知识点。

编者的恩师上海外国语大学日本文化经济学院皮细庚教授长年来的教诲，令编者受益匪浅，在此表示衷心的感谢。同时，感谢上海外国语大学日本文化经济学院日语语法教学团队的大力支持，感谢上海外语教育出版社陈知之女士在本教程的编辑方面投入了大量心血。

限于学力，疏漏错误之处在所难免，恳请广大读者、专家给予批评指正。

凌　蓉

2023 年 5 月于上海外国语大学

目　　录

第1课　语言单位

不同的语法学家对语言单位（言語単位）的划分有所不同。日语中经常提到的语言单位有句子（文）、句节（文節）、单词（単語）等。

1.1　句子

句子（文）指用语言表达思想或情感时表示完整内容的最小单位。用文字书写时，通常句子结束处要加上句号、问号、感叹号等标点符号。

> ☞ 青少年は、社会と結び付くことによって、自己を形成し、また、社会の良い担い手となっていく。
> 　（青少年通过与社会联系起来，形成自我，并成为社会的中坚力量。）
> ☞ 理想と現実は、いかなるものか？
> 　（理想和现实是怎样的呢？）
> ☞ 時間があれば、コアラで有名な平川動物園へどうぞ！
> 　（如果有时间的话，请去以考拉闻名的平川动物园吧！）

不过，句中出现的顿号、逗号、破折号等标点符号不表示句子结束。句中的引用部分也不是一个独立的句子。

> ☞ 愛情、正義、公正、連帯——なんでもよいが、私たちは目に見えない概念に依存して、人生を送っている。
> 　（爱情、正义、公正、联合——什么都可以，我们是依靠看不见的概念来度过人生的。）
> ☞ 「鹿児島出身です。」とか「映画が大好き！」なんて書いてあったりすると、そのひとことを見たお客さまと、「へ？鹿児島出身なんだ。」とか「あの映画見た？」なんてコミュニケーションが生まれて、会話がはずんだりするんですね。
> 　（如果写着"我是鹿儿岛人。"或者"我最喜欢电影了！"，看到这些话的客人会说："欸？竟然是鹿儿岛人。"或者"你看那部电影了吗？"，这样来产生交流，对话也会变得热烈起来啊。）

1.2　句节

句节（文節）是指在不影响句子意义和发音的情况下对句子尽量进行划分后得到

的最小段落。

> ☞ 青少年は、社会と 結び付く ことに よって、自己を 形成し、また、社会の 良い 担い手と なって いく。（13 个句节）
> ☞ 理想と 現実は、いかなる ものか？（4 个句节）
> ☞ 時間が あれば、コアラで 有名な 平川動物園へ どうぞ！（6 个句节）

句子由句节构成。一般以句节为单位划分句子的成分。

句子的成分（文の成分）包括主语（主語）、谓语（述語）、修饰语（修飾語）、独立语（独立語）、补助成分（補助成分）等。其中，修饰语又分为连体修饰语（連体修飾語）和连用修饰语（連用修飾語）。

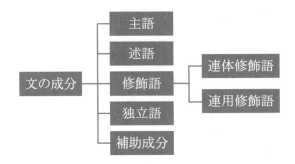

（1）主语

主语（主語）表示句中动作、状态、作用等的主体。

> ☞ 日が昇る。
> （太阳升起。）
> ☞ 評判が高い。
> （评价高。）
> ☞ あそこは図書館だ。
> （那里是图书馆。）

（2）谓语

谓语（述語）说明主语的动作、状态、作用等。

> ☞ 日が昇る。
> （太阳升起。）
> ☞ 評判が高い。
> （评价高。）
> ☞ あそこは図書館だ。
> （那里是图书馆。）

（3）修饰语

修饰语（修 飾語）对其后面的句子成分加以详细说明或限定。根据所修饰的句子

成分，修饰语可以分为连体修饰语和连用修饰语。

连体修饰语（連体修 飾語）修饰体言（即名词、数词、代词）和形式体言。

> ☞ 空は美しい夕焼け色に染まっていた。
>   （天空染成了美丽的晚霞的颜色。）
> ☞ 当時の彼は、今のようではなかった。
>   （当时的他不像现在这样。）
> ☞ 仕事柄か、人に話しかけるのは得意な方だと思う。
>   （可能是工作关系吧，我觉得自己属于擅长和别人搭话的类型。）

连用修饰语（連用修 飾語）修饰用言（即动词、形容词、形容动词）。

> ☞ 部屋に戻る。
>   （回房间。）
> ☞ どこへ行ったんですか。
>   （去哪里了啊？）
> ☞ 友達と喧嘩した。
>   （和朋友吵架了。）
> ☞ たいへんありがたい。
>   （非常感谢。）
> ☞ 彼らは驚くほど静かだった。
>   （他们出奇地安静。）

宾语（目的語）表示他动词的动作、作用所涉及的对象。对象语（対象語）表示希望、

可能、好恶、巧拙等句式中所涉及的对象。宾语、对象语都属于连用修饰语。

> ☞ そぼを食べた。
>   （吃了荞麦面。）
> ☞ 山が好きです。
>   （喜欢山。）

（4）独立语（独立語）

独立语与句子其他成分没有特定的关系，是相对独立的句子成分。这一点与主语、

谓语、修饰语不同。接续词、感叹词等在句中属于独立语。

> ☞ では、さっそく治療にかかりましょうか。
> （那么，我们马上进行治疗吧。）
> ☞ はい、お願いします。
> （好，拜托了。）

（5）补助成分（補助成分）

补助成分失去了其本身的意义，是在谓语里起意义上的补助作用的句节。主要包括补助动词（補助動詞）和补助形容词（補助形容詞）。

> ☞ 時計は 11 時を回っている。
> （时钟已过 11 点。）
> ☞ あの人は学生ではない。
> （那个人不是学生。）

1.3　单词

单词（単語）是构成句子的最小单位，具有特定的意义和语法职能。

> ☞ 青少年 は、社会 と 結び付く こと に よっ て、自己 を 形成し、また、 社会 の 良い 担い手 と なっ て いく。（21 个单词）
> ☞ 理想 と 現実 は、 いかなる もの か？（7 个单词）
> ☞ 時間 が あれ ば、 コアラ で 有名な 平川動物園 へ どうぞ！（10 个单词）

句子是句节的集合，句节是单词的集合。所以，句子、句节、单词的关系也可以归纳为下面这张图。

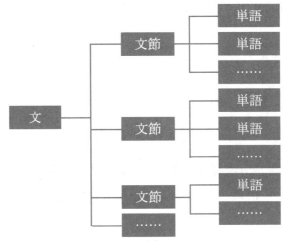

📝 课外练习

一、次の文はいくつの文節または単語からできているのか、その数を（　）の中に書き入れなさい。

1. まだ雪は畑の上につもっていました。（文節数：　　　単語数：　　　）

2. 蝉が鳴いている。（文節数：　　　単語数：　　　）

3. 考えてみると、不思議なことである。（文節数：　　　単語数：　　　）

4. 亜美は情けなさのあまり、泣き出しそうになった。（文節数：　　　単語数：　　　）

5. なんでここまで言われなければならないのでしょうか。（文節数：　　　単語数：　　　）

6. そのとおりだったら嬉しいわ。（文節数：　　　単語数：　　　）

二、次の文章の（　）の中に適当な漢字を一字ずつ入れて文章を完成させなさい。

1.

> 　文の成分として、議論されることが多いのは、主語、述語、修飾語、独立語、補助成分などである。
>
> 　文の中で、「何がどうする」「何がどんなだ」「何が何だ」における「何が」を示す文節を（　　）（　　）という。
>
> 　文の中で、「何がどうする」「何がどんなだ」「何が何だ」における「どうする」「どんなだ」「何だ」にあたる語または文節を（　　）（　　）という。
>
> 　修飾語は、ある語句の概念を限定したり、意味を詳しくしたりする語である。体言を修飾するものを（　　）（　　）（　　）（　　）（　　）、用言を修飾するものを（　　）（　　）（　　）（　　）（　　）という。
>
> 　主語と述語、修飾語と被修飾語のように、他の成分と特定の関係をもつというようなことがなく、文中で比較的独立しているものを（　　）（　　）（　　）という。
>
> 　（　　）（　　）（　　）（　　）と（　　）（　　）（　　）（　　）（　　）は、本来の意味・用法の独立性が薄れ、述語の下に付いて、もっぱら付属的に用いられるようになったものである。

2.

> 　単語は、文構成の（　　）（　　）単位で、特定の意味と文法上の職能を有するものである。例えば、「花が赤い」という文は、「花」「が」「赤い」の三つの（　　）（　　）に分けられる。

三、次の文中の下線を引いた文節はどのような文の成分に属するのか、（　　）の中に書き入れなさい。

1. 自宅に帰ったあとはとても<u>すがすがしい</u>表情をしていました。（　　　　　　）

2. 佐穂は自分を責められているかのように小さくなって<u>しまう</u>。（　　　　　　）

3. 子供の頃から僕は<u>争いごとが</u>嫌いだった。（　　　　　　）

4. <u>人生ってすばらしい</u>！（　　　　　　）

5. <u>あら</u>、あなた、お帰りになっていらしたの？（　　　　　　）

6. 間に合うかはわからないですが、早く<u>病院へ</u>行ってください。（　　　　　　）

7. 愛という<u>ことばは</u>、いつから人間の社会に発生したものでしょう。（　　　　　　）

8. 彼は珍らしがり、次のような<u>感想を</u>述べた。（　　　　　　）

四、次の段落を読んで、後の問いに答えなさい。

> 木に白い美しい花がいっぱい咲きました木は自分の姿がこんなに美しくなったので嬉しくてたまりませんけれどだれ一人「美しいなあ」とほめてくれるものがないのでつまらないと思いました木はめったに人の通らない緑の野原の真ん中にぽつんと立っていたのであります

問1　この段落に句読点をつけなさい。

問2　この段落はいくつの文からできているのか、その数を（　　　）の中に書き入れなさい。（　　　　　）

問3　文節を単位として、「｜」を使って最初の文を分けなさい。それから、文節の数を（　　　）の中に書き入れなさい。

　　　木に白い美しい花がいっぱい咲きました。（　　　　　）

問4　最初の文における主語・述語・修飾語を指摘しなさい。

　　　主語　　　：＿＿＿＿＿＿＿＿＿＿＿＿＿＿＿＿＿＿＿＿

　　　述語　　　：＿＿＿＿＿＿＿＿＿＿＿＿＿＿＿＿＿＿＿＿

　　　連体修飾語：＿＿＿＿＿＿＿＿＿＿＿＿＿＿＿＿＿＿＿＿

　　　連用修飾語：＿＿＿＿＿＿＿＿＿＿＿＿＿＿＿＿＿＿＿＿

問5　「＿」を使って二つ目の文にある単語を示しなさい。それから、単語の数を（　　）の中に書き入れなさい。

　　　木は自分の姿がこんなに美しくなったので、嬉しくてたまりません。（　　　）

問6　最後の文に含まれている補助成分を見つけなさい。

　　　補助成分：＿＿＿＿＿＿＿＿＿＿＿＿＿＿＿＿＿＿＿＿

五、次の各段落を朗読し、中国語に訳しなさい。

大槻文法：

　　洋式模倣文典と八衢学派の統一・折衷を図ったのが大槻文彦の『広日本文典』（1897）である。『広日本文典』は、西洋文典の枠組みの批判的摂取による日本最初の組織立った近代文典である。

山田文法：

　　伝統的な文法研究を十分考慮に入れ、スウィートやハイゼの文典のみならず、西洋の心理学などをも参照しながら、独自の雄大な理論体系を構築した者に、山田孝雄がいる。代表的な著作には、『日本文法論』（1908）や『日本文法学概論』（1936）がある。

松下文法：

　　独自の用語と強固な科学精神で普遍文法を志向した者に、松下大三郎がいる。代表的な著作には『改選標準日本文法』（1928）があり、初期のものとして『日本俗語文典』（1901）、さらに『標準漢文法』（1927）がある。

橋本文法：

　　外形に重きを置いた文法論を構築したのが橋本進吉である。橋本には『国語法要説』（1934）がある。橋本文法の中核は、文節の概念である。文節は「文を実際の言語として出来るだけ多く区切った最短い一区切」（要説）と規定される。橋本文法は長く学校文法の基礎となっている。

時枝文法：

　　言語過程説という独特の理論で文法体系を構築しようとした者に、時枝誠記がいる。代表的な著作に『国語学原論』（1941）や『日本文法口語篇』（1950）がある。

第 2 课　词类

词类（品詞分類）是指按语法性质对单词进行的分类。单词的语法性质（文法 上の性質），包括单词的形态（形態）、意义（意味）和职能（職能）。

2.1　独立词和附属词

日语的单词按其意义和职能可以分成两大类：独立词（自立語）和附属词（付属語）。

（1）独立词（自立語）

独立词指具有实质意义、可以单独构成句节的单词。

> ☞　学生が小説を読む。
> 　　（学生读小说。）
> ☞　それは彼女が努力しているからです。
> 　　（那是因为她在努力。）

（2）附属词（付属語）

附属词指不具有实质意义，不可以单独构成句节，总是附属在独立词后面作为句节的一部分使用的单词。

> ☞　学生が小説を読む。
> 　　（学生读小说。）
> ☞　それは彼女が努力しているからです。
> 　　（那是因为她在努力。）

由此可见，独立词和附属词的区别主要有两点：第一，在意义方面，独立词具有

实质意义，而附属词不具有实质意义；第二，在职能方面，独立词可以单独构成句节，而附属词不可以单独构成句节。

2.2　独立词的分类

独立词可以从形态方面分成有活用的词和无活用的词。活用（活用），指某些词的词形变化。

（1）有活用的独立词

有活用的独立词，称为"用言（用言）"。用言又可以按其形态分为动词（動詞）、形容词（形容詞）、形容动词（形容動詞）这三种词类。

在日语中，动词、形容词和形容动词在形态方面都具有其不同于其他词类的鲜明特征，即动词的词尾最后一个音节是「う」段音，形容词的词尾是「い」，形容动词的词尾是「だ」或者「です」。

> ☞　動詞：洗<u>う</u>、書<u>く</u>、話<u>す</u>、立<u>つ</u>、読<u>む</u>、見<u>る</u>、来<u>る</u>、す<u>る</u>…
> ☞　形容詞：な<u>い</u>、よ<u>い</u>、赤<u>い</u>、早<u>い</u>、楽し<u>い</u>、難し<u>い</u>…
> ☞　形容動詞：静か<u>だ</u>、静か<u>です</u>、上手<u>だ</u>、上手<u>です</u>…

（2）无活用的独立词

无活用的独立词，又可以按其职能分为能够作主语的词和不能够作主语的词。

其中，能够作主语、无活用的独立词，称为"体言（体言）"。体言可以按其意义分为名词（名詞）、数词（数詞）、代词（代名詞）。

在日语中，名词、数词和代词在形态上并没有明显的差别，但是，它们在意义方面有所不同：名词一般表示事物的名称；数词表示数量或顺序；代词则指代人、事物、场所或方向等。

> ☞ 名詞：山、海、木、雨、船、文法、ホテル、日本語…
> ☞ 数詞：一、二、十、百、三枚、五千冊、一番目、七位…
> ☞ 代名詞：私、あの人、それ、どれ、こちら、あそこ…

不能够作主语、无活用的独立词，又可以按其职能分为能够作修饰语的词和不能够作修饰语的词。

能够作修饰语的词，按其意义和职能，可以分成两类：作连体修饰语的连体词（連体詞）和作连用修饰语的副词（副詞）。

> ☞ 連体詞：この、その、あんな、どんな、大きな、いかなる、大した…
> ☞ 副詞：こう、そう、ああ、どう、たくさん、かなり、あまり…

不能够作修饰语的词，按其意义和职能，也可以分成两类：具有接续作用的接续词（接続詞）和不具有接续作用的感叹词（感動詞）。

> ☞ 接続詞：また、それとも、つまり、では、それで、しかし…
> ☞ 感動詞：ああ、はい、まあ、いや、こら、うん、やれやれ…

2.3 附属词的分类

附属词也可以从形态方面分成两种：有活用的词和无活用的词。

（1）有活用的附属词

有活用的附属词，称为"助动词（助動詞）"。

> ☞ 助動詞：れる、られる、せる、させる、ない、た、う、よう、まい、だ、です、ます、たい、たがる、ようだ、そうだ…

（2）无活用的附属词

无活用的附属词，称为"助词（助詞）"。

> ☞ 助詞：が、の、を、に、で、へ、と、から、より、ば、と、から、ので、ても、ながら、は、も、さえ、まで、だけ、か、よ、ね、さ…

综上所述，日语的单词可以按其意义、形态和职能的不同分为 12 类。以上的说明可归纳为下图。下面的日语单词分类图不仅概括了日语单词的 12 个种类，而且注明了进行分类的主要依据，即究竟是按其意义来分类的，还是按形态或者职能分类的。在记住词类的同时，对于这些分类的依据也应该理解和掌握。

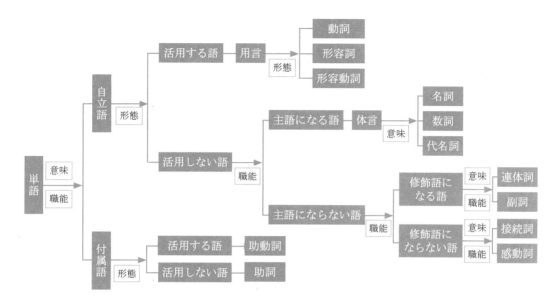

日语单词分类图

課外練習

一、次の 1 ～ 10 の言葉は単語の品詞分類について述べたものであるが、正しいと思うものの番号に〇をつけなさい。

1. 自立語は一つだけで文節になりうる。
2. 自立語は必ず付属語を伴って文節をなす。
3. 付属語は必ず自立語に付属して用いられるものである。
4. 自立語で活用がないものはすべて体言である。
5. 自立語で活用があるものはすべて用言である。
6. 体言を名詞・数詞・代名詞に分けたのは、主としてその文法的働きの違いを基準にした分類である。
7. 用言を動詞・形容詞・形容動詞に分けたのは、主として形態上（語形上）の違いを基準にした分類である。
8. 連体詞は必ず連体修飾語になるものである。
9. 副詞は必ず連用修飾語になるものである。
10. 付属語は活用がないものである。

二、「自立語」「付属語」の概念について述べなさい。

「自立語」：

_____

_____

_____

「付属語」：

_____

_____

_____

三、次の各組には、形態から見て一つだけ性質の違ったものがある。それを指摘しなさい。

1.　a かなり　　　b 寒い　　　　c 流れ　　　　d それで

2.　a けれど　　　b まい　　　　c まで　　　　d より

3.　a 三人　　　　b やりかた　　c 遊ぶ　　　　d とても

4.　a 使い　　　　b 楽しい　　　c 立派だ　　　d 流れる

5.　a 甘い　　　　b 甘さ　　　　c 甘み　　　　d 甘酒

6.　a さえ　　　　b たい　　　　c を　　　　　d ぞ

四、次の各組から、品詞として性質の違うものを一つ選び、記号を○で囲みなさい。

1.　a たかい　　　b きれい　　　c とおい　　　d めずらしい

2.　a いろんな　　b あらゆる　　c この　　　　d かける

3.　a なお　　　　b まあ　　　　c そこで　　　d さて

4.　a です　　　　b ですが　　　c だけど　　　d ですけれども

5.　a ば　　　　　b たら　　　　c と　　　　　d ても

6.　a 合理的だ　　b ありがちだ　c みたいだ　　d にぎやかだ

五、次の段落を読んで、あとの問いに答えなさい。

> 　　バスがカーブを曲がってくる目の前に流れてきてゆっくり止まり人々は並んでぞろぞろ乗り込むバスはとても込んでいた暮れる空がはるかビルの向こうへ消えてゆくのをつり革につかまった手に持たれかかるようにして見つめていたまだ若い月がそうっと空を渡ってゆこうとしているのが目に止まった時バスが発車した。　（　　　）

問1　この段落はいくつの文からできているか、該当するところに「。」（句点）を
　　　付け、文末の（　　）の中に数を数字で入れよ。

問2　「バスがカーブを曲がってくる」に含まれている自立語と付属語を見つけなさい。

　　　　自立語：＿＿＿＿＿＿＿＿＿＿＿＿＿＿＿＿＿＿＿＿＿＿＿＿＿＿＿＿

　　　　付属語：＿＿＿＿＿＿＿＿＿＿＿＿＿＿＿＿＿＿＿＿＿＿＿＿＿＿＿＿

問3　この文章の最後の文に含まれている助動詞と助詞を見つけなさい。

　　　　助動詞：＿＿＿＿＿＿＿＿＿＿＿＿＿＿＿＿＿＿＿＿＿＿＿＿＿＿＿＿

　　　　助詞　：＿＿＿＿＿＿＿＿＿＿＿＿＿＿＿＿＿＿＿＿＿＿＿＿＿＿＿＿

六、次の各段落を朗読し、中国語に訳しなさい。

山田孝雄『日本文法学概論』の品詞分類：

　　山田は単語を大別して、「一定の明かなる具象的観念を有し、その語一個に
て場合によりて一の思想をあらはし得る」観念語と「独立の具象的観念を有せ」
ず、「専ら観念語を助けてそれらにつきての関係を示す」関係語との二つとする。

松下大三郎『改選標準日本文法』の品詞分類：

　　松下によれば、「言語は説話の構成上に於て原辞、詞、断句の三段階を踏」
み、「原辞は最初の段階で詞が之に次ぎ断句が最高の段階である」。そして、品詞
は詞の本性論において、詞の本性によって分類される。松下文法では、いわゆ
る助詞と助動詞は原辞に属するとされるため、これらは品詞として認められな
いのである。

橋本進吉『国語法要説』の品詞分類：

　　橋本の語は文節を構成する単位で、単独で文節を構成するもの、すなわち、
それだけで独立し得べき語（これを詞と称する）と、常に他の語に伴って、こ
れとともに文節を作るもの、すなわち、独立し得ない語（これを辞と称する）
の二つに大別される。助詞・助動詞が辞であり、それ以外の品詞はすべて詞で
ある。また詞は独立する語、あるいは、自立語と呼ばれることがある。

時枝誠記『日本文法口語篇』の品詞分類：

　　時枝は、日本古来の「ことば」（詞）と「てにをは」あるいは「てには」（辞）
との別に注目して、理論的な枠組みを構築した。時枝文法では、言語過程説に
基づき、詞は「概念過程を含む形式」、辞は「概念過程を含まない形式」であ
るとしている。

第3课　名词

3.1　名词的性质和用法

名词（名詞）是表示事物名称的独立词。名词属于体言，没有活用。

名词的用法很多，可以构成主语、谓语、连体修饰语、连用修饰语、独立语。其中，可以构成主语，是名词最大的特点。

（1）名词可以后续助词「が」「は」「も」等构成主语。

> ☞　学生が小説を読む。
> 　　（学生读小说。）
> ☞　母は大きなため息をついた。
> 　　（母亲长叹一声。）
> ☞　海も、高原も、綺麗です。
> 　　（大海和高原都很美。）

在作品及新闻报道的标题或对话中，名词也可以单独构成主语。

> ☞　父帰る【作品的标题】
> 　　（父归）
> ☞　「花子ちゃん、どうしてる？」【对话】
> 　　（"花子，你怎么了？"）

（2）名词可以后续助动词「だ」「です」、终助词等构成谓语。

> ☞　姿の美しい山だ。
> 　　（是一座形状很美的山。）
> ☞　もうこんな時間か。
> 　　（已经到这个时间了啊。）

（3）名词可以后续助词「の」等构成连体修饰语。

> ☞　その社長は<u>大学時代</u>の友人です。
> 　　（那位总经理是我大学时代的朋友。）

（4）名词可以后续助词「を」「に」「で」「へ」「と」「から」「まで」等构成连用修饰语。

> ☞　<u>朝ご飯</u>を食べる。
> 　　（吃早饭。）
> ☞　私はいつも<u>自転車</u>で学校に行く。
> 　　（我总是骑自行车去学校。）
> ☞　<u>大阪</u>から<u>名古屋</u>へ引越しするのです。
> 　　（从大阪搬到名古屋。）

　　表示时间的名词中，「今」「昔」「朝」「夜」「今朝」「今日」「昨日」「おとい」「明日」「あさって」「今週」「先週」「来週」「今月」「先月」「来月」「今年」「去年」「おととし」「来年」「食後」等具有副词性用法，可以单独构成连用修饰语。这些名词大多表示相对时间，而非绝对时间。

> ☞　<u>今朝</u>、私は 6 時に起きようと思いましたが、朝寝坊をしてしまいました。
> 　　（今天早上，我原本想 6 点起床，但是睡了懒觉。）
> ☞　<u>昨日</u>久しぶりに友達と会った。
> 　　（昨天与朋友久别重逢。）
> ☞　<u>あさって</u>手術をするらしいです。
> 　　（后天好像要做手术。）
> ☞　<u>来年</u>、祖母が米寿を迎えます。
> 　　（明年祖母将迎来八十八岁寿辰。）

　　在非时间名词方面，「事実」「実際」「普通」「偶然」「結局」等也具有副词性用法，可以单独构成连用修饰语修饰用言。

> ☞　<u>事実</u>、その通りですよ。
> 　　（事实上，正是那样啊。）
> ☞　びわは<u>普通</u>、種をまいてから 4、5 年で実をつけるものです。
> 　　（枇杷一般播种四五年后才会结果。）

（5）名词可以单独构成独立语。

> ☞ 皆さん、ありがとう。
> （各位，谢谢。）
> ☞ 合格、それが私の目標です。
> （合格，那是我的目标。）

3.2 名词的分类

名词按照不同的标准有多种分类方式。

名词按意义可以分为普通名词（普通名詞）和专用名词（固有名詞）。

（1）普通名词（普通名詞）

普通名词是表示同类事物通用名称的名词。

> ☞ 普通名詞：山、雨、人間、机、辞書、スポーツ、知識、愛…

（2）专用名词（固有名詞）

专用名词是指为了与同类其他事物相区别，仅表示某一特定事物名称的名词。如：人名、地名、国名、书名、建筑名、商品名、公司名、团体名等。

> ☞ 固有名詞：松尾芭蕉、枕草子、東京タワー、マイクロソフト…

名词按来源可以分为和语名词（和語名詞）、汉语名词（漢語名詞）、外来语名词（外来語名詞）和混种语名词（混種語名詞）。

（1）和语名词（和語名詞）

和语名词是日本固有的名词。

> ☞ 和語名詞：やま、かわ、つくえ、たべもの、たのしみ…

（2）汉语名词（漢語名詞）

　　汉语名词指从中国汉语直接采用的、或利用汉字创造的名词。

> ☞　漢語名詞：君子、先生、勇敢、学問、自由、火事、大根…

　　汉字的读音可以分为训读（訓読、訓読み）和音读（音読、音読み）两种。训读以日本固有语音读汉字，音读则模仿中国汉语的读音读汉字。

　　和语名词一般使用训读，汉语名词一般使用音读。

（3）外来语名词（外来語名詞）

　　外来语名词指主要由印欧语音译而来的名词。一般用片假名表示。

> ☞　外来語名詞：パン、ピアノ、ボタン、キッチン、アルコール…

（4）混种语名词（混種語名詞）

　　混种语名词指由和语与汉语、和语与外来语、汉语与外来语等结合而成的名词。

> ☞　混種語名詞
> 和語＋漢語：湯桶、朝晩、足場、雨具、甘食、手順、青信号…
> 漢語＋和語：重箱、悪玉、円安、客足、献立、台所、縁組…
> 和語＋外来語：長ズボン、粉ミルク、紙コップ…
> 外来語＋和語：ガラス窓、ビニール袋…
> 漢語＋外来語：金ボタン、迷惑メール…
> 外来語＋漢語：カップ麺、ソーダ水、リズム感…
> 和語＋漢語＋外来語：折れ線グラフ、大型観光バス…
> 漢語＋和語＋外来語：駅前ビル…
> 外来語＋和語＋漢語：パン食い競走…
> 外来語＋漢語＋和語：マンション管理組合…

　　和语与汉语结合的混种语的读音可以分为汤桶读法（湯桶読み）和重箱读法（重箱読み）两种。

　　汤桶读法（湯桶読み）的混种语是「和語＋漢語」的结构，即前部词素是和语，使用训读，后部词素是汉语，使用音读，因此其读法是"前训后音"。除了「湯桶」，「朝晩」「足場」「雨具」「甘食」「手順」「青信号」等都属于汤桶读法。

　　重箱读法（重箱読み）的混种语是「漢語＋和語」的结构，即前部词素是汉语，使用音读，后部词素是和语，使用训读，因此其读法是"前音后训"。除了「重箱」，「悪玉」「円安」「客足」「献立」「台所」「縁組」等都属于重箱读法。

3.3 名词的构成

名词按其构成方式可以分为：单纯名词（単純名詞）和合成名词（合成名詞）。合成名词又可以分为：复合名词（複合名詞）、派生名词（派生名詞）和叠语名词（畳語名詞）。

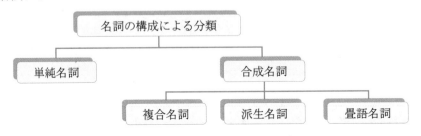

（1）单纯名词（単純名詞）和合成名词（合成名詞）

单纯名词指按现阶段的语言概念，从意义和词形上不可以再分成两个或两个以上词素的名词。

合成名词指按现阶段的语言概念，从意义和词形上可以再分成两个或两个以上词素的名词。合成名词包括复合名词、派生名词和叠语名词。

> ☞ 単純名詞：日、麻、岩、梅、丘、雷、茎、暦、猿、滝、鶏、豆…
> ☞ 合成名詞：夜明け、赤色、お湯、ご両親、人々、国々…

（2）复合名词（複合名詞）

复合名词指从意义和词形上，由两个或两个以上具有独立概念的词素构成的名词。

> ☞ 複合名詞：夜明け、日暮れ、赤色、花見、左右、田畑…

复合名词各词素间的关系有主语和谓语的关系、修饰语和被修饰语的关系、对等关系等。

> ☞ 主語・述語の関係：夜明け、日暮れ
> ☞ 修飾語・被修飾語の関係：赤色（連体修飾）、花見（連用修飾）
> ☞ 対等の関係：左右、田畑

（3）派生名词（派生名詞）

派生名词指附有接词的名词。

接词（接辞）指接在单词的头尾，添加一定的意义和语气，或者赋予词类上特性的构词成分。接词包括接头词（接頭語）和接尾词（接尾語）。

接头词按来源可以分成和语接头词和汉语接头词。

> ☞　和語の接頭語を含む派生名詞：
> お<u>湯</u>、<u>生</u>娘、<u>素</u>足、<u>真</u>上、<u>真っ</u>黒、<u>真ん</u>中、<u>大</u>雨、<u>小</u>降り、<u>片</u>思い、<u>空</u>騒ぎ、<u>初</u>春…
>
> ☞　漢語の接頭語を含む派生名詞：
> <u>ご</u>両親、<u>過</u>保護、<u>再</u>放送、<u>新</u>内閣、<u>全</u>世界、<u>前</u>社長、<u>総</u>辞職、<u>大</u>事件、<u>超</u>満員、<u>当</u>議会、<u>反</u>作用、<u>非</u>常識、<u>被</u>修飾語、<u>不</u>必要、<u>不</u>気味、<u>無</u>愛想、<u>未</u>解決、<u>無</u>責任、<u>名</u>場面…

接尾词按来源可以分成和语接尾词和汉语接尾词。

> ☞　和語の接尾語を含む派生名詞：
> 食べ<u>かけ</u>、帰り<u>がけ</u>、聞こえよ<u>がし</u>、読み<u>方</u>、遅れ<u>がち</u>、寒<u>気</u>、かわい<u>げ</u>、知りっ<u>こ</u>、明る<u>さ</u>、かかり<u>付け</u>、甘<u>み</u>、兄<u>上</u>、得意<u>顔</u>、命<u>がけ</u>、母<u>方</u>、あなた<u>方</u>、仕事<u>柄</u>、選挙<u>絡み</u>、家族<u>ぐるみ</u>、ちびっ<u>子</u>、根っ<u>こ</u>、皮<u>ごと</u>、日<u>毎</u>、お得意<u>様</u>、お巡り<u>さん</u>、力<u>尽く</u>、黒<u>ずくめ</u>、大人<u>たち</u>、ごみ<u>だらけ</u>、おぼっ<u>ちゃま</u>、おばあ<u>ちゃん</u>、子供<u>連れ</u>、私<u>ども</u>、海<u>辺</u>、腕<u>前</u>、汗みどろ、酒<u>屋</u>、坊<u>や</u>、お前<u>ら</u>…
>
> ☞　漢語の接尾語を含む派生名詞：
> 参議<u>院</u>、係<u>員</u>、管理<u>下</u>、情報<u>化</u>、予想<u>外</u>、湯<u>加減</u>、学校<u>間</u>、充実<u>感</u>、門外<u>漢</u>、人生<u>観</u>、商売<u>気</u>、風邪<u>気味</u>、大臣<u>級</u>、木村<u>君</u>、将軍<u>家</u>、使用<u>後</u>、読書<u>三昧</u>、薬剤<u>師</u>、度外<u>視</u>、空腹<u>時</u>、残念<u>至極</u>、成り行き<u>次第</u>、世界<u>中</u>、道義<u>上</u>、安全<u>性</u>、使用<u>前</u>、授業<u>中</u>、書き<u>手</u>、子供<u>なり</u>、古典<u>派</u>、都会<u>風</u>、言い<u>様</u>…

（4）叠语名词（畳語名詞）

叠语名词指由同一个词素重叠起来构成的名词。

> ☞　畳語名詞：人々、国々、山々、方々…

名词的构成，除了上述分类方式，也可以按历史发展线索，研究一个单词是如何产生的，这称为"造语（造語）"。例如：一部分名词是从动词、形容词等其他词性的词转化而来，这些名词称为"转成名词（転成名詞）"。

> ☞ 転成名詞：
>   動詞の連用形が名詞になったもの：悩み、輝き、喜び、決まり…
>   形容詞の連用形が名詞になったもの：遠く、近く、多く、古く…

📝 課外練習

一、次の名詞には助詞を伴わず、そのままの形で副詞的機能を果たすものが四つある。それを見つけ、その下に線をつけなさい。

a 普通	b 普遍	c 先日	d 先方
e 実情	f 実際	g 結果	h 結局

二、次の各組の言葉には、語構成の上から見てそれぞれ一つだけ性質のちがうものがあり、それを a、b、c、d の中から選びなさい。

1. a はなし　　　b ながめ　　　c かざり　　　d つくえ
2. a 春風　　　　b うすぎ　　　c 窓際　　　　d 考え方
3. a ご飯　　　　b 小雨　　　　c 初春　　　　d 大人
4. a 授業中　　　b 無愛想　　　c 予想外　　　d 西洋風
5. a 人々　　　　b 山々　　　　c 滅茶苦茶　　d 国々

三、単語の語構成について、次の各項の解説にあたるものを見つけ、該当するものの記号に〇を付けなさい。

1. 次の a ～ e のうち、一つの単語として認められないものがひとつある。
    a 静かだ　　　b 病気だ　　　c 病気がちだ　　d 風邪気味だ　　e 妙だ
2. 次の a ～ e のうち、派生語でないものが一つある。
    a 小男　　　　b 小鮒　　　　c 小麦　　　　d 小川　　　　e 小雨
3. 次の複合語のうち、主述構造のものが一つある。
    a 目覚め　　　b 名づけ　　　c 夢見　　　　d 旅立ち　　　e 花見
4. 次の複合語のうち、連用修飾構造のものが一つある。
    a 出入り　　　b 好き嫌い　　c 高名　　　　d 草木　　　　e 人助け
5. 次の複合語のうち、連体修飾構造のものが一つある。
    a 父親　　　　b 親子　　　　c 親譲り　　　d 親孝行　　　e 子守り

四、次の単純名詞に振り仮名をつけなさい。

証、麻、跡、穴、網、主、泡、頂、市、稲、芋、岩、渦、器、梅、襟、尾、公、
丘、沖、掟、雄、鬼、趣、折、鏡、垣、革、影、塊、鐘、雷、殻、柄、冠、傷、
絹、牙、霧、茎、鎖、癖、唇、蔵、獣、志、粉、暦、境、侍、猿、潮、滴、舌、
質、芝、霜、汁、印、城、酢、姿、杉、筋、鈴、砂、滝、丈、縦、盾、棚、束、
魂、乳、筒、綱、角、翼、露、扉、富、苗、鉛、縄、荷、鶏、沼、墓、端、旗、
鉢、浜、瞳、笛、札、縁、麓、蛇、頬、仏、幕、誠、松、豆、幻、幹、岬、溝、
源、峰、宮、婿、紫、芽、雌、宿、病、弓、嫁、枠、技

五、次の複合名詞に振り仮名をつけなさい。

雨具、本音、合間、街角、偽物、稲妻、並木、遺言、簡易、解熱、外科、強引、
黄金、知恵、修行、示唆、重宝、意図、根性、天然、下地、頭脳、発作、穀物、
誇張、舗装、養生、昨今、折半、窒息、伐採、抹殺、卵白、繁盛、反比例、
添付、暗算、交代、為替、玄人、素人、時雨、河原、名残り、砂利、芝生、
師走、凸凹、雪崩、吹雪、迷子、発掘、紡績、酪農、窮乏、獲物、無言

六、次の派生名詞に振り仮名をつけなさい。

生糸、素顔、真心、真っ赤、真ん丸、大詰め、小雨、片言、空手形、過飽和、
再提出、新発見、全役員、前首相、総動員、大豊作、超特急、当劇場、反主流、
非人情、被選挙権、不義理、不器用、無作法、未登録、無免許、名演技、
腐りかけ、行きがけ、縫い方、黒目がち、嫌気、大人気、泣きっこ、悲しさ、
行き付け、真剣み、叔母上、訳知り顔、浴衣掛け、父方、皆様方、時節柄、
町ぐるみ、皿ごと、夜毎、お気の毒様、八百屋さん、納得尽く、道連れ、岸辺、
酒屋、衆議院、組合員、支配下、一般化、論外、匙加減、業者間、罪悪感、
熱血漢、宗教観、男気、疲れ気味、豊臣家、退社後、贅沢三昧、重大視、
迷惑至極、手当たり次第、親戚中、一身上、幼児性、新感覚派

七、次の湯桶読みの名詞に振り仮名をつけなさい。

> 相性、合図、青線、赤字、挙句、足駄、厚地、粗利、石段、板材、色気、内気、
> 裏地、浮気、上役、得体、表門、親分、掛軸、頭字、角地、金具、金棒、株券、
> 上座、革製、生地、車代、黒字、消印、指図、寒気、猿楽、敷金、下地、下座、
> 関所、縦軸、強気、釣台、釣銭、手帳、出番、手本、泥棒、波線、荷台、荷物、
> 布製、沼地、場所、場面、船便、古本、前金、丸太、見本、湯気、弱気、悪気

八、次の重箱読みの名詞に振り仮名をつけなさい。

> 悪玉、縁側、王手、角煮、額縁、缶詰、気心、客間、金紙、銀色、現場、作男、
> 座敷、桟橋、仕方、軸物、仕事、地主、自腹、字引き、地道、地元、職場、
> 素顔、雑煮、粗品、反物、茶色、茶店、丁目、毒蛇、土手、土間、番組、半袖、
> 本棚、本場、本物、無口、無闇、銘柄、役柄、役場、役目、役割、両足、両替

九、次の段落を朗読し、中国語に訳しなさい。

> 　名詞は、物・事・様などの実体そのものを概念として表す語である。活用が
> なく、文の中の他の成分との結び付きは、原則として助詞を付けることで表さ
> れる。代名詞・数詞とともに体言に含まれるとするのが普通であるが、代名詞・
> 数詞が文構成の機能の上で名詞と区別しにくいという理由で、それらを名詞の
> 一種とする立場もある。もっとも、時点や期間を表す名詞には、単独で副詞的
> に用いる用法があり、数詞にもその用法があるところから、時と数の名詞と
> して特出する立場もある。
>
> 　　　　　　　　　　　　　　　　　　　　　　　　　　　　（堀口和吉）

第 4 课　数词

4.1　数词的性质和用法

　　数词（数詞）是表示数量或顺序的独立词。与名词同样，数词也属于体言，没有活用。

　　数词可以构成主语、谓语、连体修饰语、连用修饰语、独立语。其中，数词经常单独构成连用修饰语，这是数词的一个很大的特点。

（1）数词可以后续助词「が」「は」「も」等构成主语。

> ☞　彼のネットワークは三つの広がりを持っているという。<u>第一</u>は異業種交流や勉強会などの広がりからなる「社外勉強縁」。<u>第二</u>は会社関係のつながりが中心の「仕事縁」。<u>第三</u>は学生時代からのつき合いやクラス会などによる「学縁」。
>
> 　　（据说他的人脉网络向三方面扩展。第一是通过跨行业交流和学习会等扩展而成的"公司外学习缘"。第二是以公司关系为中心的"工作缘"。第三是依靠学生时代开始的交往和班级聚会等建立起来的"学缘"。）

（2）数词可以后续助动词「だ」「です」、助词「か」等构成谓语。

> ☞　循環型社会を実現するポイントは次の<u>5つ</u>です。
>
> 　　（实现循环型社会的关键在于以下 5 点。）

（3）数词可以后续助词「の」等构成连体修饰语。

> ☞　<u>3人</u>の間に、特別な出来事はなかったですか？
>
> 　　（3 人之间没有发生特别的事情吗？）

（4）数词可以后续助词「を」「に」「で」「へ」「と」「から」「まで」等构成连用修饰语。

> ☞　かつて震災があったとき、ソーセージ<u>1本</u>を<u>5000 円</u>で買った人がいたといわれる。
>
> 　　（据说过去发生地震的时候，曾有人花 5000 日元买了一根香肠。）

数词具有副词性用法，可以不后续任何助词，单独构成连用修饰语。

> ☞ 保育所定員数は 3 年間で約 4000 人増やした。
> （托儿所的招生人数 3 年增加了约 4000 人。）
> ☞ その中には、彼女たちの写真が 3 枚ある。
> （其中，她们的照片有 3 张。）
> ☞ 輸入量は前年の水準を 5.6% 下回った。
> （进口量比去年的水平低了 5.6%。）

（5）数词可以单独构成独立语。

> ☞ 98200 円、これは売買代金の 10% に相当する額であります。
> （98200 日元，这是相当于交易额 10% 的金额。）

4.2 数词的分类

数词按意义可以分为基数词（基数詞）和序数词（序数詞）。

（1）基数词（基数詞）

基数词表示数量。

> ☞ 基数詞：1、2、4 人、5 本、8 冊、10 匹、20 倍、いくつ…

（2）序数词（序数詞）

序数词表示顺序。

> ☞ 序数詞：1 番、3 番目、7 号、10 位、第何条…

在构成方面，一般来说，日语的数词由本数词（本数詞）和助数词（助数詞）结合而成。

（1）本数词（本数詞）

本数词表示单纯的数，相当于汉语的"数词"。

（2）助数词（助数詞）

助数词接在本数词后面，表示人、事物或动作等的数量单位，相当于汉语的"量词"。

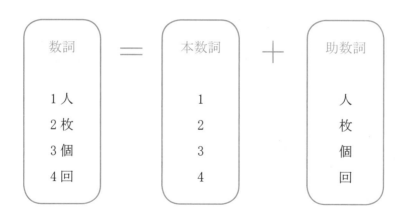

4.3　常用助数词

　　日语中的常用助数词为数很多。下面介绍表示人、动物、植物、衣被、日常用品、楼房、交通工具、书籍等的数量以及表示时间、次数的助数词。

4.3.1　表示人数的助数词

　　表示人数的助数词主要有「人」「名」「氏」「方」等。

表示人数的助数词

	助数词	使い方	数え方
1	にん 人	表示人数最一般的讲法。	1人（ひとり）、2人（ふたり）、3人（さんにん）、4人（よにん）、5人（ごにん）、6人（ろくにん）、7人（しちにん・ななにん）、8人（はちにん）、9人（くにん・きゅうにん）、10人（じゅうにん）
2	めい 名	语气比较郑重。	1名（いちめい）、2名（にめい）、3名（さんめい）、4名（よんめい）、5名（ごめい）、6名（ろくめい）、7名（ななめい・しちめい）、8名（はちめい）、9名（きゅうめい）、10名（じゅうめい）
3	し 氏	含有尊敬的意思。	2氏（にし）、3氏（さんし）、4氏（よんし）
4	かた 方	含有尊敬的意思，而且一般以「お～方」的形式出现。	お一方（おひとかた）、お二方（おふたかた）、お三方（おさんかた）

4.3.2　表示动物数量的助数词

　　表示动物数量的助数词有很多，常用的有「匹」「頭」「羽」「尾」「杯」等。

表示动物数量的助数词

	助数词	使い方	数え方
1	匹 ひき	可以数各种非大型的动物。如：兽、虫、鱼等。	1匹（いっぴき）、2匹（にひき）、3匹（さんびき）、4匹（よんひき）、5匹（ごひき）、6匹（ろっぴき）、7匹（ななひき）、8匹（はっぴき）、9匹（きゅうひき）、10匹（じっぴき・じゅっぴき）
2	頭 とう	数大型动物。如：大象、鲸鱼、狮子等。	1頭（いっとう）、2頭（にとう）、3頭（さんとう）、4頭（よんとう）、5頭（ごとう）、6頭（ろくとう）、7頭（ななとう）、8頭（はっとう）、9頭（きゅうとう）、10頭（じっとう・じゅっとう）
3	羽 わ	数禽类和兔子。	1羽（いちわ）、2羽（にわ）、3羽（さんば・さんわ）、4羽（よんわ）、5羽（ごわ）、6羽（ろくわ）、7羽（ななわ・しちわ）、8羽（はちわ）、9羽（きゅうわ）、10羽（じっぱ、じゅっぱ、じゅうわ）
4	尾 び	数鱼、虾。	1尾（いちび）、2尾（にび）、3尾（さんび）、4尾（よんび）、5尾（ごび）、6尾（ろくび）、7尾（ななび・しちび）、8尾（はちび）、9尾（きゅうび）、10尾（じゅうび）
5	杯 はい	数乌贼、章鱼。	1杯（いっぱい）、2杯（にはい）、3杯（さんばい）、4杯（よんはい）、5杯（ごはい）、6杯（ろっぱい）、7杯（ななはい）、8杯（はっぱい）、9杯（きゅうはい）、10杯（じっぱい・じゅっぱい）

4.3.3 表示植物数量的助数词

表示植物数量的助数词也为数不少，常用的有「本」「鉢」「株」「束」「把」等。

表示植物数量的助数词

	助数詞	使い方	数え方
1	本 ほん	数树木、竹、草等。	1本（いっぽん）、2本（にほん）、3本（さんぼん）、4本（よんほん）、5本（ごほん）、6本（ろっぽん）、7本（ななほん）、8本（はちほん・はっぽん）、9本（きゅうほん）、10本（じっぽん・じゅっぽん）
2	鉢 はち	数盆栽植物。	1鉢（ひとはち）、2鉢（ふたはち）、3鉢（みはち・さんぱち）、4鉢（よんはち）、5鉢（ごはち）、6鉢（ろくはち）、7鉢（ななはち）、8鉢（はっぱち）、9鉢（きゅうはち）、10鉢（じっぱち・じゅっぱち）
3	株 かぶ	数有根的草木。	1株（ひとかぶ）、2株（ふたかぶ）、3株（さんかぶ）、4株（よんかぶ）、5株（ごかぶ）、6株（ろっかぶ）、7株（ななかぶ）、8株（はちかぶ）、9株（きゅうかぶ）、10株（じっかぶ・じゅっかぶ）

	助数詞	使い方	数え方
4	束 (たば)	数捆扎的柴、花等。	1束（ひとたば）、2束（ふたたば）、3束（さんたば）、4束（よんたば）、5束（ごたば）、6束（ろくたば）、7束（ななたば）、8束（はちたば）、9束（きゅうたば）、10束（じったば・じゅったば）
5	把 (わ)	数菠菜、葱等。	1把（いちわ）、2把（にわ）、3把（さんわ）、4把（よんわ）、5把（ごわ）、6把（ろくわ）、7把（ななわ）、8把（はちわ）、9把（きゅうわ）、10把（じっぱ・じゅっぱ）

4.3.4 表示衣被数量的助数词

表示衣被数量的助数词主要有「枚」「着」「本」「足」「揃」「組」「基」等。

表示衣被数量的助数词

	助数詞	使い方	数え方
1	枚 (まい)	数衬衫、毛毯、床单等。	1枚（いちまい）、2枚（にまい）、3枚（さんまい）、4枚（よんまい）、5枚（ごまい）、6枚（ろくまい）、7枚（ななまい）、8枚（はちまい）、9枚（きゅうまい）、10枚（じゅうまい）
2	着 (ちゃく)	数上衣等。	1着（いっちゃく）、2着（にちゃく）、3着（さんちゃく）、4着（よんちゃく）、5着（ごちゃく）、6着（ろくちゃく）、7着（ななちゃく）、8着（はっちゃく）、9着（きゅうちゃく）、10着（じっちゃく・じゅっちゃく）
3	本 (ほん)	数裤子、领带等。	1本（いっぽん）、2本（にほん）、3本（さんぼん）、4本（よんほん）、5本（ごほん）、6本（ろっぽん）、7本（ななほん）、8本（はちほん・はっぽん）、9本（きゅうほん）、10本（じっぽん・じゅっぽん）
4	足 (そく)	数鞋子、袜子等。	1足（いっそく）、2足（にそく）、3足（さんぞく）、4足（よんそく）、5足（ごそく）、6足（ろくそく）、7足（ななそく）、8足（はっそく）、9足（きゅうそく）、10足（じっそく・じゅっそく）
5	揃い (そろい)	数成套的衣服等。	1揃い（ひとそろい）、2揃い（ふたそろい）
6	組 (くみ)	数成套使用的被子等。	1組（ひとくみ）、2組（ふたくみ）、3組（さんくみ）、4組（よんくみ）、5組（ごくみ）、6組（ろっくみ）、7組（ななくみ）、8組（はちくみ）、9組（きゅうくみ）、10組（じっくみ・じゅっくみ）
7	基 (き)	数枕头等。	1基（いっき）、2基（にき）、3基（さんき）、4基（よんき）、5基（ごき）、6基（ろっき）、7基（ななき）、8基（はちき・はっき）、9基（きゅうき）、10基（じっき・じゅっき）

4.3.5　表示日常用品数量的助数词

表示日常用品数量的助数词非常多，如「個」「台」「本」「枚」「瓶」「缶」「皿」「膳」「挺」「脚」等。

表示日常用品数量的助数词

	助数詞	使い方	数え方
1	個（こ）	数非大型的物品。	1個（いっこ）、2個（にこ）、3個（さんこ）、4個（よんこ）、5個（ごこ）、6個（ろっこ）、7個（ななこ）、8個（はちこ・はっこ）、9個（きゅうこ）、10個（じっこ・じゅっこ）
2	台（だい）	数非小型的机械产品、电子产品等。如：电视机、冰箱、电脑等。	1台（いちだい）、2台（にだい）、3台（さんだい）、4台（よんだい）、5台（ごだい）、6台（ろくだい）、7台（ななだい）、8台（はちだい）、9台（きゅうだい）、10台（じゅうだい）
3	本（ほん）	数细长的物品或装在细长容器里的物品。	1本（いっぽん）、2本（にほん）、3本（さんぼん）、4本（よんほん）、5本（ごほん）、6本（ろっぽん）、7本（ななほん）、8本（はちほん・はっぽん）、9本（きゅうほん）、10本（じっぽん・じゅっぽん）
4	枚（まい）	数扁平的物品。如：盘子等。	1枚（いちまい）、2枚（にまい）、3枚（さんまい）、4枚（よんまい）、5枚（ごまい）、6枚（ろくまい）、7枚（ななまい）、8枚（はちまい）、9枚（きゅうまい）、10枚（じゅうまい）
5	瓶（びん）	数装在瓶子里的物品。	1瓶（ひとびん）、2瓶（ふたびん）、3瓶（さんびん）、4瓶（よんびん）、5瓶（ごびん）、6瓶（ろくびん）、7瓶（ななびん）、8瓶（はちびん）、9瓶（きゅうびん）、10瓶（じゅうびん）
6	缶（かん）	数装在罐子里的物品。	1缶（ひとかん・いっかん）、2缶（ふたかん・にかん）、3缶（さんかん）、4缶（よんかん）、5缶（ごかん）、6缶（ろっかん）、7缶（ななかん）、8缶（はちかん）、9缶（きゅうかん）、10缶（じっかん・じゅっかん）
7	皿（さら）	数装在盘子里的物品。	1皿（ひとさら）、2皿（ふたさら）、3皿（さんさら・みさら）、4皿（よんさら）、5皿（ごさら）、6皿（ろくさら）、7皿（ななさら）、8皿（はちさら）、9皿（きゅうさら）、10皿（じっさら・じゅっさら）
8	膳（ぜん）	数筷子或盛在碗里的食物等。	1膳（いちぜん）、2膳（にぜん）、3膳（さんぜん）、4膳（よんぜん）、5膳（ごぜん）、6膳（ろくぜん）、7膳（ななぜん）、8膳（はちぜん）、9膳（きゅうぜん）、10膳（じゅうぜん）

	助数詞	使い方	数え方
9	挺 ちょう	数拿在手里的工具。如：剪刀、锯子、斧头等。	1挺（いっちょう）、2挺（にちょう）、3挺（さんちょう）、4挺（よんちょう）、5挺（ごちょう）、6挺（ろくちょう）、7挺（ななちょう）、8挺（はっちょう）、9挺（きゅうちょう）、10挺（じっちょう・じゅっちょう）
10	脚 きゃく	数有脚的家具。如：椅子、桌子等。	1脚（いっきゃく）、2脚（にきゃく）、3脚（さんきゃく）、4脚（よんきゃく）、5脚（ごきゃく）、6脚（ろっきゃく）、7脚（ななきゃく）、8脚（はちきゃく）、9脚（きゅうきゃく）、10脚（じっきゃく・じゅっきゃく）

4.3.6　表示楼房、房间数量的助数词

表示楼房、房间的助数词主要有「軒」「戸」「棟」「室」「間」「畳」「階」等。

表示楼房、房间数量的助数词

	助数詞	使い方	数え方
1	軒 けん	数房屋、店铺等。	1軒（いっけん）、2軒（にけん）、3軒（さんげん）、4軒（よんけん）、5軒（ごけん）、6軒（ろっけん）、7軒（ななけん）、8軒（はちけん）、9軒（きゅうけん）、10軒（じっけん・じゅっけん）
2	戸 こ	数住户。	1戸（いっこ）、2戸（にこ）、3戸（さんこ）、4戸（よんこ）、5戸（ごこ）、6戸（ろっこ）、7戸（ななこ）、8戸（はちこ）、9戸（きゅうこ）、10戸（じっこ・じゅっこ）
3	棟・棟 むね　とう	数比较长且大型的建筑物。「棟」可以读成「むね」或「とう」。	「むね」是传统的读法。 1棟（ひとむね）、2棟（ふたむね）、3棟（さんむね）、4棟（よんむね）、5棟（ごむね）、6棟（ろくむね）、7棟（ななむね）、8棟（はちむね）、9棟（きゅうむね）、10棟（じゅうむね）
			「とう」是新出现的读法，主要用来数高层建筑等。 1棟（いっとう）、2棟（にとう）、3棟（さんとう）、4棟（よんとう）、5棟（ごとう）、6棟（ろくとう）、7棟（ななとう）、8棟（はっとう）、9棟（きゅうとう）、10棟（じっとう・じゅっとう）
4	室 しつ	数房间。	1室（いっしつ）、2室（にしつ）、3室（さんしつ）、4室（よんしつ）、5室（ごしつ）、6室（ろくしつ）、7室（ななしつ）、8室（はっしつ）、9室（きゅうしつ）、10室（じっしつ・じゅっしつ）
5	間 ま	数日本式的房间。	1間（ひとま）、2間（ふたま）

	助数詞	使い方	数え方
6	畳 （じょう）	表示房间面积的大小。	1畳（いちじょう）、2畳（にじょう）、3畳（さんじょう）、4畳（よんじょう）、5畳（ごじょう）、6畳（ろくじょう）、7畳（ななじょう）、8畳（はちじょう）、9畳（きゅうじょう）、10畳（じゅうじょう）
7	階 （かい）	数建筑物的楼层。	1階（いっかい）、2階（にかい）、3階（さんがい）、4階（よんかい）、5階（ごかい）、6階（ろっかい）、7階（ななかい）、8階（はちかい・はっかい）、9階（きゅうかい）、10階（じっかい・じゅっかい）

4.3.7 表示交通工具数量的助数词

表示交通工具数量的助数词主要有「台」「両」「隻」「艘」「機」「基」等。

表示交通工具数量的助数词

	助数詞	使い方	数え方
1	台 （だい）	数汽车、自行车等。	1台（いちだい）、2台（にだい）、3台（さんだい）、4台（よんだい）、5台（ごだい）、6台（ろくだい）、7台（ななだい）、8台（はちだい）、9台（きゅうだい）、10台（じゅうだい）
2	両 （りょう）	数车厢等。	1両（いちりょう）、2両（にりょう）、3両（さんりょう）、4両（よんりょう）、5両（ごりょう）、6両（ろくりょう）、7両（ななりょう）、8両（はちりょう）、9両（きゅうりょう）、10両（じゅうりょう）
3	隻 （せき）	数大型船只。如：油船、邮轮、军舰等。	1隻（いっせき）、2隻（にせき）、3隻（さんせき）、4隻（よんせき）、5隻（ごせき）、6隻（ろくせき）、7隻（ななせき）、8隻（はっせき）、9隻（きゅうせき）、10隻（じっせき・じゅっせき）
4	艘 （そう）	数小型船只。如：驳船、帆船等。	1艘（いっそう）、2艘（にそう）、3艘（さんそう）、4艘（よんそう）、5艘（ごそう）、6艘（ろくそう）、7艘（ななそう）、8艘（はっそう）、9艘（きゅうそう）、10艘（じっそう・じゅっそう）
5	機 （き）	数飞机等。	1機（いっき）、2機（にき）、3機（さんき）、4機（よんき）、5機（ごき）、6機（ろっき）、7機（ななき）、8機（はちき・はっき）、9機（きゅうき）、10機（じっき・じゅっき）
6	基 （き）	数电梯等。	1基（いっき）、2基（にき）、3基（さんき）、4基（よんき）、5基（ごき）、6基（ろっき）、7基（ななき）、8基（はちき・はっき）、9基（きゅうき）、10基（じっき・じゅっき）

4.3.8　表示书籍、作品、纸张数量的助数词

　　表示书籍、作品、纸张数量的助数词主要有「冊」「巻」「部」「通」「編」「首」「字」「行」「枚」等。

表示书籍、作品、纸张数量的助数词

	助数詞	使い方	数え方
1	冊（さつ）	数装订好的纸质书。	1冊（いっさつ）、2冊（にさつ）、3冊（さんさつ）、4冊（よんさつ）、5冊（ごさつ）、6冊（ろくさつ）、7冊（ななさつ）、8冊（はっさつ）、9冊（きゅうさつ）、10冊（じっさつ・じゅっさつ）
2	巻（かん）	数书籍、卷轴、电影胶卷、磁带等。	1巻（いっかん）、2巻（にかん）、3巻（さんかん）、4巻（よんかん）、5巻（ごかん）、6巻（ろっかん）、7巻（ななかん）、8巻（はちかん・はっかん）、9巻（きゅうかん）、10巻（じっかん・じゅっかん）
3	部（ぶ）	数出版物、印刷品等。如：报纸、小册子等。	1部（いちぶ）、2部（にぶ）、3部（さんぶ）、4部（よんぶ）、5部（ごぶ）、6部（ろくぶ）、7部（ななぶ）、8部（はちぶ）、9部（きゅうぶ）、10部（じゅうぶ）
4	通（つう）	数书信等。	1通（いっつう）、2通（につう）、3通（さんつう）、4通（よんつう）、5通（ごつう）、6通（ろくつう）、7通（ななつう）、8通（はっつう）、9通（きゅうつう）、10通（じっつう・じゅっつう）
5	編（へん）	数文章、诗歌等。	1編（いっぺん）、2編（にへん）、3編（さんぺん）、4編（よんぺん・よんへん）、5編（ごへん）、6編（ろっぺん）、7編（ななへん）、8編（はちへん・はっぺん）、9編（きゅうへん）、10編（じっぺん・じゅっぺん）
6	首（しゅ）	数日本和歌、中国古诗等。	1首（いっしゅ）、2首（にしゅ）、3首（さんしゅ）、4首（よんしゅ）、5首（ごしゅ）、6首（ろくしゅ）、7首（ななしゅ）、8首（はっしゅ・はちしゅ）、9首（きゅうしゅ）、10首（じっしゅ・じゅっしゅ）
7	字（じ）	表示字数。	1字（いちじ）、2字（にじ）、3字（さんじ）、4字（よじ）、5字（ごじ）、6字（ろくじ）、7字（ななじ・しちじ）、8字（はちじ）、9字（きゅうじ）、10字（じゅうじ）
8	行（ぎょう）	表示行数。	1行（いちぎょう）、2行（にぎょう）、3行（さんぎょう）、4行（よんぎょう）、5行（ごぎょう）、6行（ろくぎょう）、7行（ななぎょう）、8行（はちぎょう）、9行（きゅうぎょう）、10行（じゅうぎょう）

	助数詞	使い方	数え方
9	枚 まい	数纸张等。	1枚（いちまい）、2枚（にまい）、3枚（さんまい）、4枚（よんまい）、5枚（ごまい）、6枚（ろくまい）、7枚（ななまい）、8枚（はちまい）、9枚（きゅうまい）、10枚（じゅうまい）

4.3.9 表示时间、次数的助数词

表示时间的助数词主要有「年」「月」「ヵ月」「日」「時」「時間」「分」「秒」等，表示次数的助数词主要有「回」「度」等。

表示时间、次数的助数词

	助数詞	使い方	数え方
1	年 ねん	表示年数。	1年（いちねん）、2年（にねん）、3年（さんねん）、4年（よねん）、5年（ごねん）、6年（ろくねん）、7年（しちねん・ななねん）、8年（はちねん）、9年（くねん・きゅうねん）、10年（じゅうねん）
2	月 がつ	表示月份。	1月（いちがつ）、2月（にがつ）、3月（さんがつ）、4月（しがつ）、5月（ごがつ）、6月（ろくがつ）、7月（しちがつ）、8月（はちがつ）、9月（くがつ）、10月（じゅうがつ）、11月（じゅういちがつ）、12月（じゅうにがつ）
3	ヵ月 げつ	表示月数。	1ヵ月（いっかげつ）、2ヵ月（にかげつ）、3ヵ月（さんかげつ）、4ヵ月（よんかげつ）、5ヵ月（ごかげつ）、6ヵ月（ろっかげつ）、7ヵ月（ななかげつ）、8ヵ月（はちかげつ）、9ヵ月（きゅうかげつ）、10ヵ月（じっかげつ・じゅっかげつ）
4	日 にち	表示日期或天数。	1日（ついたち・いちにち）、2日（ふつか）、3日（みっか）、4日（よっか）、5日（いつか）、6日（むいか）、7日（なのか）、8日（ようか）、9日（ここのか）、10日（とおか）、11日（じゅういちにち）、12日（じゅうににち）、14日（じゅうよっか）、20日（はつか）
5	時 じ	表示整点时刻。	1時（いちじ）、2時（にじ）、3時（さんじ）、4時（よじ）、5時（ごじ）、6時（ろくじ）、7時（しちじ）、8時（はちじ）、9時（くじ）、10時（じゅうじ）、11時（じゅういちじ）、12時（じゅうにじ）
6	時間 じかん	表示小时数。	1時間（いちじかん）、2時間（にじかん）、3時間（さんじかん）、4時間（よじかん）、5時間（ごじかん）、6時間（ろくじかん）、7時間（しちじかん・ななじかん）、8時間（はちじかん）、9時間（くじかん）、10時間（じゅうじかん）

	助数詞	使い方	数え方
7	分 （ふん）	表示分钟数。	1分（いっぷん）、2分（にふん）、3分（さんぷん）、4分（よんぷん）、5分（ごふん）、6分（ろっぷん）、7分（ななふん）、8分（はちふん・はっぷん）、9分（きゅうふん）、10分（じっぷん・じゅっぷん）
8	秒 （びょう）	表示秒数。	1秒（いちびょう）、2秒（にびょう）、3秒（さんびょう）、4秒（よんびょう）、5秒（ごびょう）、6秒（ろくびょう）、7秒（ななびょう）、8秒（はちびょう）、9秒（きゅうびょう）、10秒（じゅうびょう）
9	回 （かい）	表示次数。	1回（いっかい）、2回（にかい）、3回（さんかい）、4回（よんかい）、5回（ごかい）、6回（ろっかい）、7回（ななかい）、8回（はちかい・はっかい）、9回（きゅうかい）、10回（じっかい・じゅっかい）
10	度 （ど）	表示次数。	1度（いちど）、2度（にど）、3度（さんど）、4度（よんど）、5度（ごど）、6度（ろくど）、7度（ななど）、8度（はちど）、9度（きゅうど）、10度（じゅうど）

📝 课外练习

一、次の（　　）の中に適当な助数詞を書き入れなさい。

　　（注意：同じ助数詞を2回使わないこと。）

虫1（　　）	皿4（　　）	牛10（　　）	洋服1（　　）
小舟2（　　）	軍艦1（　　）	箸1（　　）	烏賊2（　　）
枕5（　　）	椅子3（　　）	辞書1（　　）	自転車8（　　）
飛行機6（　　）	兎2（　　）	資料3（　　）	和歌100（　　）
ビール7（　　）	シーツ2（　　）	りんご4（　　）	えび1（　　）
葱1（　　）	部屋6（　　）	家2（　　）	靴下3（　　）
ご飯3（　　）	包丁2（　　）	ビル1（　　）	鉛筆5（　　）

二、次の数詞の読み方を（　　）の中に書き入れなさい。

3分間（　　　　）	3百（　　　　）	3本（　　　　）	3羽（　　　　）
3編（　　　　）	3日（　　　　）	3脚（　　　　）	3匹（　　　　）
3足（　　　　）	3階（　　　　）	3枚（　　　　）	3組（　　　　）
3皿（　　　　）	3、4人（　　　　）	4分間（　　　　）	4本（　　　　）

4階（　　　　） 4月（　　　　） 4年間（　　　　） 4足（　　　　）

4日（　　　　） 4時間（　　　） 4、5人（　　　） 4時（　　　　）

4羽（　　　　） 4ヵ月（　　　） 4匹（　　　　） 4編（　　　　）

三、次の数詞の読み方を（　　　　）の中に書き入れなさい。

8名（　　　） 4氏（　　　） 8頭（　　　） 10羽（　　　　）

6尾（　　　） 1本（　　　） 1鉢（　　　） 2株（　　　　）

5束（　　　） 7把（　　　） 10枚（　　　） 8着（　　　　）

1揃い（　　　） 6組（　　　） 6缶（　　　） 7皿（　　　　）

5膳（　　　） 1挺（　　　） 8脚（　　　） 9軒（　　　　）

8戸（　　　） 7両（　　　） 8隻（　　　） 10艘（　　　　）

6機（　　　） 1部（　　　） 6首（　　　） 9字（　　　　）

7行（　　　） 9月（　　　） 7月（　　　） 8日（　　　　）

20日（　　　） 7時（　　　） 9時（　　　） 9度（　　　　）

四、次の段落を朗読し、中国語に訳しなさい。

> 　数詞は数量や順序の概念を表す語である。数詞を名詞と別な品詞として認めるか否かについては説が分かれる。山田孝雄は、数詞は単なる数量の概念を表すのではなく、はかりかぞえるという思想上の作用がその根底をなすものであるから、名詞・代名詞とはちがう体言の一種だとした。また、「梅の木一本あり」のような副詞的な用法があることをその特徴とした。しかし、一方では、単独の副詞的用法があるのは数詞の中でも基数詞のみであり、それだけで数詞を独立させる根拠は乏しいとして、数詞を名詞に含める立場がある。
>
> （堀口和吉）

第 5 课　代词

5.1　代词的性质和分类

代词（代名詞）是指代人、事物、场所、方向等的独立词。与名词、数词同样，代词也属于体言，没有活用。代词也可以构成主语、谓语、连体修饰语、连用修饰语、独立语。

代词按意义可以分为人称代词（人 称 代名詞）和指示代词（指示代名詞）。人称代词是指示人的代词，指示代词是指示事物、场所、方向等的代词。

5.2　人称代词（人称代名詞）

人称代词按指示的对象可以分为自称（自称）、对称（対称）、他称（他称）和不定称（不定称）4 种类型。其中，他称可以分为近称（近称）、中称（中称）和远称（遠称）。

（1）自称（自称）

自称称呼说话人或作者自己。也就是第一人称（一人称）。

自称有「私」「私」「僕」「俺」等。「私」男女均可使用，语气最为恭敬、郑重，可以用于大会致辞等正式的场合；「私」男女均可用，比「私」随便一些，也比较客气，在日常生活中普遍使用；而「僕」和「俺」都是男性对于非常熟悉的同辈或者晚辈使用的自称，特别是「俺」语气比较粗俗。

☞ わたくしが、その時、どこの仕事をしていたか申しあげられないと言った意味がおわかりでしょうか。

（我当时说不能告诉您我在哪里工作，我的意思您明白吗？）

☞ わたしは、今日、この会場に特別の思いをもってまいりました。

（我今天怀着特别的心情来到这个会场。）

☞ 僕の考えは間違っていますか。

（我的想法错了吗？）

☞ 俺は、そんな歳じゃない。

（俺不是那岁数。）

以上自称的复数形式有「わたくしども」「わたくしたち」「わたしたち」「わたしども」「僕たち」「僕ら」「俺たち」「俺ら」等。其中，「わたくしども」「わたしども」态度最为恭敬、谦逊。

☞ わたくしどもの流派だけでなく、日本舞踊の世界に、新しい風を吹き込んでくださる人ですよ。

（他不仅给我们流派，也给日本传统舞蹈的世界带来了新的风气。）

☞ わたしたち夫婦が帰って来るまで、子供を預って下さいませんか。お願いです。

（在我们夫妻回来之前，能帮我们照管孩子吗？拜托了。）

☞ 僕たちのやることはほとんどないんだけれども。

（我们几乎没有事情可做。）

☞ ずっと、俺らを騙してたのか？

（一直在欺骗俺们吗？）

（2）对称（対称）

对称称呼听话人或读者，也就是第二人称（二人称）。

对称有「あなた」「君」「お前」等。「あなた」稍客气地称呼同辈或晚辈，不用于长辈，但是需要特别注意的是，日本的女性经常用这个词来称呼自己的丈夫，所以一般不要轻易使用「あなた」；「君」和「お前」都是男性对非常熟悉的同辈或晚辈使用的对称，「お前」这个词语气比较粗俗。

☞ あなた、そんなこと、心配しているの？

（你在担心那样的事吗？）

☞ 君はあの日、この会場の係だったんだね。

（你那天是这个会场的工作人员吧。）

☞ お前もやること考えろ！

（你也考虑考虑该做什么！）

以上对称的复数形式有「あなた方(がた)」「あなたたち」「君たち」「君ら」「お前たち」「お前ら」等。其中，「～方」语气恭敬；「～たち」敬意低于「～方」；「～ら」用于他人时，常含有蔑视之意。

☞　魔法の宝石アクアマリンは、あなた方にさしあげます。
　　（魔法宝石海蓝石献给你们。）

☞　わたしは、あなたたちが期待しているような者ではない。
　　（我不是你们所期待的那种人。）

☞　君たちも自分自身の方法でやってみるといい。
　　（你们也可以用自己的方法做做看。）

☞　お前らは言われたことだけやってたらいいんだよ。
　　（你们只要按吩咐的做就行了啊。）

（3）他称（他称）

他称称呼除说话人、听话人以外的第三者，也就是第三人称（三人称）。

他称有「この方(かた)」「その方」「あの方」「この人」「その人」「あの人」「こいつ」「そいつ」「あいつ」「彼(かれ)」「彼女(かのじょ)」等。其中，「～方」语气恭敬；「～人」以及「彼」「彼女」敬意低于「～方」；「～つ」语气粗鲁，常含有亲昵、气愤、侮辱等情绪。

根据与说话人、听话人的关系，把他称分成近称、中称和远称。

「この方」「この人」「こいつ」属于近称。

近称：
☞　この方は日本耳鼻咽喉科学会の会員でございます。
　　（这位是日本耳鼻咽喉科学会的会员。）

☞　仕事のことでよく喧嘩もしましたが、この人がいたからこそ、今の私たちがあると思っています。
　　（虽然工作中经常吵架，但正因为有这个人在，才有现在的我们。）

☞　いったい、こいつは何者だろう。
　　（这家伙到底是谁？）

「その方」「その人」「そいつ」属于中称。

中称：
☞　その方はご年配の方です。
　　（那位是年长者。）

☞　商品がよければ、お客は他の人に話して、その人がまた新しいお客となる。
　　（商品好的话，客户会告诉其他人，那人又会成为新的客户。）

> ☞ 俺の部下には、いろいろと考えるやつがいる。そいつとは喋ってみ
>   ようかと、俺は思っていたよ。
>   （我的部下里，有个家伙想法很多。我曾经想和那家伙聊聊啊。）

「あの方」「あの人」「あいつ」「彼」「彼女」属于远称。

> 遠称：
> ☞ 私はあの方を守らなくてはなりません。
>   （我必须保护那一位。）
> ☞ あの人、親切だものねえ。
>   （那个人很热情啊。）
> ☞ 生意気なんだよ、あいつ。
>   （狂妄啊，那家伙。）
> ☞ 彼は事件の真相を見破った。
>   （他识破了事件的真相。）
> ☞ 一週間後に、彼女から返事が来た。
>   （一周后，她那边有了回音。）

近称的复数形式有「この方々」「この人たち」「こいつら」等。

> 近称（複数）：
> ☞ この方々の要望にこたえることができない、私はそのように感じ取っ
>   ております。
>   （我感觉无法满足这些人士的要求。）
> ☞ すると、あなたがたは、この人たち知ってますね。
>   （也就是说，你们认识这些人吧。）
> ☞ こいつら、互いに連絡をとり合ってやがったんだな。
>   （这些家伙互相有联系啊。）

中称的复数形式有「その方々」「その人たち」「そいつら」等。

> 中称（複数）：
> ☞ その方々から少しお話を伺ったのですけれども。
>   （向那些人士打听了一些事情。）
> ☞ その人たちに留学のチャンスというのはあるんでしょうか。
>   （那些人有留学的机会吗？）
> ☞ ぼくはまた、そいつらと戦わなきゃいけないのさ。
>   （我还必须和那些家伙战斗啊！）

远称的复数形式有「あの方々」「あの人たち」「あいつら」「彼ら」「彼女たち」「彼女ら」等。

> 遠称（複数）：
> ☞ あの方々からお祝いメッセージを頂きました。
> 　（从那些人士那里收到了贺词。）
> ☞ 私とあの人たち、五十歩百歩だったのよ。
> 　（我和那些人是五十歩笑百歩啊。）
> ☞ あいつらには私も見事に騙されましたよ。
> 　（我也完全被那些家伙欺骗了呀。）
> ☞ 本当に彼らはうるさいんだよ。
> 　（他们真的很吵啊。）
> ☞ 私は、彼女たちにその仕事のノウハウを聞かせてもらったことがある。
> 　（我曾经向她们请教过那项工作的经验。）

（4）不定称（不定称）

不定称称呼不特定或不确定的人。不定称有「どの方」「どなた」「どの人」「だれ」「どいつ」等。

> ☞ 多くの方が回答を下さり、しかもどの方の回答も素晴らしいので、どれか1つをベストアンサーに選ぶことはできません。
> 　（很多人士给出了答案，而且每一位的回答都很精彩，所以无法选择其中的一个作为最佳答案。）
> ☞ あなたはどなたですか。
> 　（您是哪位？）
> ☞ 時間はどの人にも平等だということに気がついた。
> 　（我发现时间对所有人都是平等的。）
> ☞ だれがその判断をするのですか。
> 　（谁来做那个判断呢？）
> ☞ どこのどいつか知らないが、そいつを捕まえるのは難しいな。
> 　（也不知道是哪里的哪个家伙，要抓到那个家伙很难啊。）

5.3　指示代词（指示代名詞）

指示代词按指示的对象可以分为事物指示代词（事物指示代名詞）、场所指示代词（場所指示代名詞）、方向指示代词（方角指示代名詞）等。这些代词根据与说话人、听话人的关系，又可以分成近称、中称、远称和不定称。

```
                    ┌─────────────┐
                    │   指示代名詞  │
                    └─────────────┘
        ┌──────────────────┼──────────────────┐
┌───────────────┐  ┌───────────────┐  ┌───────────────┐
│   事物指示     │  │   場所指示     │  │   方角指示     │
│               │  │               │  │               │
│近称：これ、これら│  │近称：ここ、ここら│  │近称：こちら、こっち│
│中称：それ、それら│  │中称：そこ、そこら│  │中称：そちら、そっち│
│遠称：あれ、あれら│  │遠称：あそこ、あそこら│ │遠称：あちら、あっち│
│不定称：どれ、何 │  │不定称：どこ、どこら│ │不定称：どちら、どっち│
└───────────────┘  └───────────────┘  └───────────────┘
```

（1）事物指示代词（事物指示代名詞）

　　事物指示代词有「これ」「それ」「あれ」「どれ」「これら」「それら」「あれら」「何」等。其中，「これら」「それら」「あれら」表示复数。

☞　これは民間の研究データです。
　　（这是民间的研究数据。）

☞　その人の夢は、それだ。
　　（那是那个人的梦想。）

☞　エアコン？電気ストーブ？コタツ？ホットカーペット？どれが主流なんですか？
　　（空调？电炉？暖炉？电热毯？哪个是主流呢？）

☞　日本の劇場群が、あれらの劇場を模倣したのだ。
　　（日本的剧场群模仿了那些剧场。）

　　事物指示代词有时可以用来指示人，一般指同辈以下。这种说法不太客气，所以只能用来指讲话者的晚辈或部下等。

☞　これ、妹のみゆきです。
　　（这是我妹妹美雪。）

☞　あれは達者で暮らしているかな。
　　（那个人健康地生活着吗？）

☞　この中のどれが君の息子かね？
　　（这其中哪个是你儿子呢？）

　　事物指示代词有时可以用来指示场所。

☞　これより立ち入り禁止。
　　（此处开始禁止入内。）

☞　あれに見えるのが村の小学校です。
　　（那里能看见的是村庄的小学。）

事物指示代词有时还可以用来指示时间。

> ☞　この競争について<u>これ</u>から考察することにしよう。
> 　　（关于这个竞争问题今后考察吧。）
> ☞　<u>それ</u>以来僕の図書館行きは続いている。
> 　　（从那以后我的图书馆之行一直持续着。）

（2）场所指示代词（場所指示代名詞）

场所指示代词有「ここ」「そこ」「あそこ」「どこ」「ここら」「そこら」「あそこら」「どこら」等。其中，「ここら」「そこら」「あそこら」「どこら」表示某场所的大致范围。

> ☞　<u>そこ</u>は山口盆地に近いところである。
> 　　（那里是靠近山口盆地的地方。）
> ☞　従来と<u>どこ</u>が違うのか。
> 　　（哪里与以往不同呢？）
> ☞　<u>ここら</u>あたりが峠であったかもしれない。
> 　　（这一带也许曾经是山口。）
> ☞　<u>あそこら</u>へんは、花火なんかやるにもいいとこだし。
> 　　（那一带是适合放烟花之类的地方。）

场所指示代词有时可以用来指示时间。

> ☞　<u>ここ</u>数日間のマスコミの騒ぎは度が過ぎていました。
> 　　（这几天媒体的喧嚣太过分了。）
> ☞　たまたま、<u>そこ</u>へ、彼が帰宅した。
> 　　（碰巧那时他回家了。）

（3）方向指示代词（方角指示代名詞）

方向指示代词有「こちら」「そちら」「あちら」「どちら」「こっち」「そっち」「あっち」「どっち」等。其中，「こっち」「そっち」「あっち」「どっち」是比较随便的说法，不用于正式场合。

> ☞　隆一が<u>こちら</u>を向いて、手招きした。
> 　　（隆一朝这边招了招手。）
> ☞　これから、<u>どちら</u>へ行かれますか。
> 　　（您现在去哪里啊？）

☞　藤太は、はっとしてそっちを見た。
　　（藤太吃了一惊，看向那边。）
☞　そんなにいたずらするならあっち行って。
　　（如果那么恶作剧的话，到那边去。）

方向指示代词经常用来指示事物、场所。

☞　そちらを一生懸命やったほうがいい。
　　（最好拼命去做那件事。）
☞　あちらのお客様からのリクエストなんです。
　　（是那里的客人提出的要求。）
☞　あなた方はどちらからいらっしゃったのですか。
　　（几位是从哪里来的啊？）

方向指示代词还经常用来指示人，语气委婉客气，在日常生活中经常使用。

☞　それは、こちらが伺いたいことです。
　　（那是我想问的事情。）
☞　そちらが、御主人の姉さんです。
　　（那位是主人的姐姐。）
☞　「どちらさまですか？」「警視庁です。」
　　（"是哪位啊？""是警视厅。"）

5.4 「こ・そ・あ・ど」指示词体系

　　「こ・そ・あ・ど」指示词体系由词首为「こ」「そ」「あ」「ど」、分别表示近称、中称、远称、不定称的词构成，包括代词、副词、形容动词、连体词。

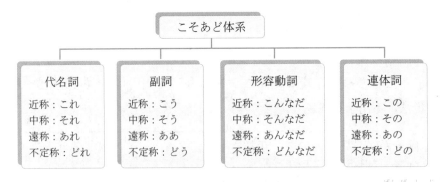

　　「こ・そ・あ・ど」指示词体系的用法可以分为现场指示用法（現場指示用法）和非现场指示用法（非現場指示用法）。

（1）现场指示用法（現場指示用法）

现场指示用法用来指示眼前的对象。

现场指示用法中，近称指示近距离的对象，中称指示中等距离的对象或者属于听话人领域的对象，远称指示远距离的对象，不定称指示不知道或不确定的对象。

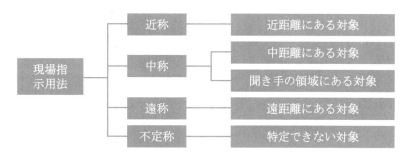

☞ <u>これ</u>は、コピーですね。もとの手紙はどうしたんでしょう？
（这是复印件啊。原来的信件如何处理的呢？）

☞ 中に入ると、薄暗がりの一間に炉を囲んで、女、子供がぎっしりうずくまっている。炉上の鍋では、何やら肉を煮ているらしい。「<u>それ</u>は、何の肉ですか？」「水牛の肉ですよ。食べますか？」
（进到里面，昏暗的一间房，女人和孩子围着炉子蜷缩着挤在一起。炉上的锅里好像在煮着什么肉。"那是什么肉？""是水牛肉啊。你吃吗？"）

☞ 丘を背にし、湖に向かって、比較的大きな家が建っていた。「<u>あそこ</u>なら家の中から湖水が見えるかもしれないな。」
（背靠山丘，面朝着湖，盖着一幢比较大的房子。"那里的话，从房子里也许能看到湖水啊。"）

☞ 「特に<u>あの</u>柱を見て。」「<u>どれ</u>？」「一本だけ、模様が逆さまのがあるでしょう。」「ああ、<u>あれ</u>か。」
（"特别看看那根柱子。""哪根？""只有一根花纹是颠倒的吧。""啊，是那根啊。"）

（2）非现场指示用法（非現場指示用法）

非现场指示用法用来指示谈话或文章中出现的不在眼前的对象，又称为文脉指示用法（文脈指示用法）。

非现场指示用法中，近称指示自己刚说过或即将要说的对象。虽然所指示的对象

不在眼前，但叙述时就像在眼前一样，伴有临场感。可以表示自己认为很重要、与自己关系密切的对象。

中称指示自己或对方刚说过的对象。与近称相比，中称比较客观，所指示的对象与自己的关系并不密切。

远称指示自己和对方都知道的，或者自己刚说过的对象。所指示的对象与自己的关系比较遥远。

不定称指示不知道或不确定的对象。

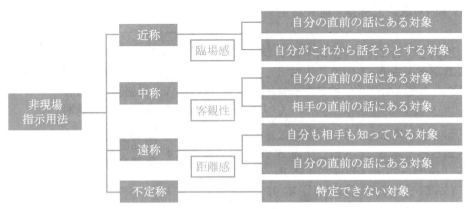

☞ もう一つ、<u>これ</u>は大事な問題だと思いますが、宅地の開発抑制策をとろうとしている地方公共団体が非常に増えてきている、<u>こういう</u>現象が最近極端になってきている。

（还有一点，这是很重要的问题，试图抑制宅地开发的地方公共团体迅速增加，这种现象最近越来越突出。）

☞ 私は、まず第一に研究開発力を強化いたしまして有用性の高い新薬の開発を行う社会的責任があると思います。<u>その</u>ことがまた国民の健康と生命を守ることにつながっていくわけでございます。

（我认为首先我们肩负着加强研发能力、开发实用性强的新药的社会责任。那也关系到国民的健康和对生命的保护。）

☞ 外来者は管理室にお申し出くださいってことになってるけど、<u>あれ</u>は建前でしてね。現実問題としちゃ、入居者のところに来るお客さんに、いちいちそんな面倒なことをさせられないから。

（规定外来人员要向管理室提出申请，不过那是表面的原则。作为现实问题，不可能让来找住户的所有客人都做那么麻烦的事。）

☞ ベストアンサーを選ばないといけないみたいですが、<u>どれ</u>が一番かは決められません。

（好像必须选出最佳答案，但我无法确定哪个最好。）

📝 课外练习

一、次の各文中の下線を引いた言葉の品詞名を（　　　　　）の中に書きなさい。

1. <u>あの</u>人は学生時代からアルバイトで暮らしを立てた。（　　　　　　　　　　）

2. <u>あの</u>、私にはよく分りません。（　　　　　　　　）

3. 事が<u>こう</u>なったからには悔やんでもむだだ。（　　　　　　　）

4. 外は<u>それ</u>ほど寒くはない。（　　　　　　　　　）

5. 要らなかったら<u>それ</u>を私にください。（　　　　　　　　）

6. <u>あれ</u>、こんな所にドアがあったかな。（　　　　　　　　）

7. 私は、<u>それ</u>がやっと二十歳をずっと超えたときに分かったのでした。<u>それ</u>でも、ずっと分からないままでいるよりは、遅くても分かったほうがよい、というのは本当でしょう。（　　　　　　　）（　　　　　　　　）

8. 行くなと言っているのに<u>それ</u>でも行くのか。（　　　　　　　　）

9. <u>その</u>本が出版されたのが 1962 年。<u>それ</u>から 30 年ほどたった 1990 年に第 2 版が出された。（　　　　　　　）（　　　　　　　　）

10. トリーは彼を見上げ、<u>それ</u>から、子供たちを振り返った。（　　　　　　　　　）

11. <u>それ</u>では、いまから行ってきます。（　　　　　　　）

12. 村にはまだ、電気、ガス、水道がない。<u>そこ</u>で、まず、校舎の前に井戸を掘った。（　　　　　　　）

13. 私は<u>そこ</u>で勉強している。（　　　　　　　　）

二、次の文章を読んで、後の問いに答えなさい。

1. 　二匹の馬が、窓のところでぐうるぐうると<u>昼寝</u>をしていました。

　すると、涼しい風がでてきたので、一匹がくしゃみをして目を覚ましました。

　ところが、後足が一本痺れていたので、よろよろとよろけてしまいました。

「おやおや。」

（　A　）足に力を入れようとしても、さっぱり入りません。

　そこで友達の馬を揺り起こしました。

「たいへんだ、後足を一本、だれかに盗まれてしまった。」

「だって、ちゃんとついてるじゃないか。」

「いや（　B　）は違う。だれかの足だ。」

「どうして。」

「ぼくの思うままに歩かないもの。ちょっと（　C　）足を蹴飛ばしてくれ。」

そこで、友達の馬は、蹄で（　D　）足をポォンと蹴飛ばしました。

「やっぱり（　E　）はぼくのじゃない、痛くないもの。ぼくの足なら痛いはずだ。よし、はやく、盗まれた足を見つけてこよう。」

そこで、（　F　）馬はよろよろと歩いてゆきました。

問　上の文中の（　A　）～（　F　）の中に入れるのに適当な語を、次に挙げたそれぞれの言葉から一つ選んで、（　　）の中にその記号を記入しなさい。

A（　　）　aこの　　　bその　　　cあの

B（　　）　aこれ　　　bそれ　　　cあれ

C（　　）　aこの　　　bその　　　cあの

D（　　）　aこの　　　bその　　　cあの

E（　　）　aこれ　　　bそれ　　　cあれ

F（　　）　aこの　　　bその　　　cあの

2.　一本の木と、一羽の小鳥とはたいへん仲良しでした。小鳥は一日中（　A　）木の枝で歌を歌い、木は一日中小鳥の歌を聞いていました。

けれど寒い冬が近づいてきたので、小鳥は木から別れてゆかねばなりませんでした。

「さよなら。また来年来て、歌を聞かせてください。」

と木は言いました。

「え。（　B　）まで待っててね。」

と、小鳥は言って、南の方へ飛んでゆきました。

春がめぐってきました。野や森から、雪が消えていきました。

小鳥は、仲良しの去年の木のところへまた帰っていきました。

ところが、（　C　）はどうしたことでしょう。木は（　D　）にありませんでした。根っこだけが残っていました。

「（　E　）に立ってた木は、どこへ行ったの。」

と小鳥は根っこに聞きました。

根っこは、

「木こりが斧で打ち倒して、谷のほうへ持っていっちゃったよ。」

と言いました。

小鳥は谷のほうへ飛んでいきました。

谷の底には大きな工場があって、木を切る音が、ビィンビィン、としていました。

小鳥は工場の門の上に止まって、

「門さん、わたしの仲良しの木は、どうなったか知りませんか。」
と聞きました。

　門は、
「木なら、工場の中で細かく切り刻まれて、マッチになって（　F　）の村へ売られ
ていったよ。」
と言いました。

　小鳥は村のほうへ飛んでいきました。

　ランプのそばに女の子がいました。

　そこで小鳥は、
「もしもし、マッチをご存じありませんか。」
と聞きました。

　すると女の子は、
「マッチは燃えてしまいました。けれどマッチの点した火が、まだ（　G　）ランプ
に点っています。」
と言いました。

　小鳥は、ランプの火をじっと見つめておりました。

　（　H　）から、去年の歌を歌って火に聞かせてやりました。火はゆらゆらと揺ら
めいて、心から喜んでいるように見えました。

　歌を歌ってしまうと、小鳥はまたじっとランプの火を見ていました。（　I　）から、
どこかへ飛んでいってしまいました。

問　上の文中の（　A　）～（　I　）の中に入れるのに適当な語を、次に挙げたそれ
　　ぞれの言葉から一つ選んで、（　　）の中にその記号を記入しなさい。

A（　　）　aこの　　　　bその　　　　cあの
B（　　）　aこれ　　　　bそれ　　　　cあれ
C（　　）　aこれ　　　　bそれ　　　　cあれ
D（　　）　aここ　　　　bそこ　　　　cあそこ
E（　　）　aここ　　　　bそこ　　　　cあそこ
F（　　）　aこっち　　　bそっち　　　cあっち
G（　　）　aこの　　　　bその　　　　cあの
H（　　）　aこれ　　　　bそれ　　　　cあれ
I（　　）　aこれ　　　　bそれ　　　　cあれ

三、次の会話を読んで、後の問いに答えなさい。

　　ある郊外、少女Aと少女Bの対話。

A　まあ、あなたの手は綺麗なお手ねえ。白くって、細くって、そしてまあ
　　（　A　）柔かいこと。マリア様のお手のようだわ。

B　（　B　）でしょうか？

A　あら、あなたは（　C　）は思わなくって？　（　D　）が美しくなかったら何
　　を美しいって言えばいいでしょう。

B　（　E　）あたしの手は、小さくても色が白いには白いけれど、あたしよりもっ
　　と美しい手があると思ってよ。

A　とおっしゃると、（　F　）手ですの？

B　（　G　）手ってきかれても困るけれど、（　H　）クラスのCさんの手なんかは、
　　ほんとに美しい手だと思うわ。

A　まあ！Bさん。あなた（　I　）手が（　J　）が美しいの？指は棒のように太いし、
　　色は石炭のように黒いし、（　K　）方が体操でもしていらっしゃるところを見
　　ていると、まるで煙筒の掃除男が喧嘩しているようだわよ。

B　（　L　）、あなたがおっしゃるようにCさんの手は太くって黒いし、それに足だっ
　　て随分大きいけれど、Cさんの手や足が（　M　）役に立っているかあなた御存
　　じ？

A　いいえ、だけど、Cさんが何をなさったからって手足の大きいことに違いはな
　　いわ。

B　（　N　）ですけれど、あなたや私たちの手の美しさと、Cさんの手の美しさと
　　は意味が違うっていうことを、あなたにお聞かせしたいの。

A　（　O　）訳なの。

B　Cさんの手は私達の手と違って、（　P　）お忙しいのよ。ほら、Cさんのお母
　　さんは御病気でいつも床に就いていらっしゃるのでしょう。だからCさんがお
　　父さんの身のまわりの事から、お台所の事から、それに小さな弟さんの面倒まで、
　　（　Q　）行届いてなさるんですって。

問　上の文中の（　A　）～（　Q　）の中に入れるのに適当な語を、次に挙げたそれ
　　ぞれの言葉から一つ選んで、（　　）の中にその記号を記入しなさい。

　　　　　　A（　　）a この　　　b その　　　c あの　　　d どの
　　　　　　B（　　）a こう　　　b そう　　　c ああ　　　d どう

C （　　　）　a こう　　　　b そう　　　　c ああ　　　　d どう

D （　　　）　a これ　　　　b それ　　　　c あれ　　　　d どれ

E （　　　）　a こりゃ　　　b そりゃ　　　c ありゃ　　　d どりゃ

F （　　　）　a こんな　　　b そんな　　　c あんな　　　d どんな

G （　　　）　a こんな　　　b そんな　　　c あんな　　　d どんな

H （　　　）　a この　　　　b その　　　　c あの　　　　d どの

I （　　　）　a こんな　　　b そんな　　　c あんな　　　d どんな

J （　　　）　a ここ　　　　b そこ　　　　c あそこ　　　d どこ

K （　　　）　a この　　　　b その　　　　c あの　　　　d どの

L （　　　）　a こりゃ　　　b そりゃ　　　c ありゃ　　　d どりゃ

M （　　　）　a こんなに　　b そんなに　　c あんなに　　d どんなに

N （　　　）　a こりゃこう　b そりゃそう　c ありゃああ　d どりゃどう

O （　　　）　a こういう　　b そういう　　c ああいう　　d どういう

P （　　　）　a こりゃあ　　b そりゃあ　　c ありゃあ　　d どりゃあ

Q （　　　）　a こりゃ　　　b そりゃ　　　c ありゃ　　　d どりゃ

四、次の文中の①～⑩の下線部の言葉はそれぞれ何を指しているか、説明しなさい。

　　江戸川先生に初めてお目にかかったのはもう二十年近くも前のことです。

　　池袋のお宅のお座敷で、先生をお待ちする間、私の心は好奇心と不安が交錯していました。

　　と、いうのは、その頃①。

　「江戸川乱歩先生のお書斎にはお化けの人形がぶら下っている。その無気味な雰囲気②の中で、先生は深夜人の寝鎮まるのを待って、蝋燭の灯で仕事をされる」等々の記事が雑誌に掲載されたり、人の噂にのぼっていたからです。

　　とにかく先生は普通の方ではない、だからああいう小説③がお書けになるのだと私は思っていました。が、それ④にまた異常な魅力を感じ、いつも驚異な眼で御作を拝見していたのです。エキセントリックな方だ、とは思っていました。作品全体に漂う、幻想、怪奇、猟奇から考えても、そういう御生活⑤をしていられるのは当然なこと、これ⑥は事実だろうと思っていました。

　　それから大変気難しい方だとも聞いていました。私は怖れをなして一度尻込みしてお目にかかりたいという希望を捨てようかと思ったのです。

　「そんなに心配すること⑦はありません。とても親切ないい方ですよ。僕は原稿を

持って行っては、教えて頂いているんですが——」

　<u>これ</u>⑧はたった一人の先生のお弟子だと自称していたある青年が、私の心をはげましてくれた言葉でした。

　<u>そういういろいろなこと</u>⑨を、頭に浮べながら、軽率にお訪ねしたことを、半分後悔しながら、ぼんやりとお庭を眺めていました。

　ところが、お座敷に姿をお見せ下さった先生は、ゴシップや想像を裏切って、気軽な明るい、いかにも社交的な朗らかな方なのにまずびっくりしてしまいました。

　いい加減の噂はするものではない、また噂を信ずるものではない、と、つくづく思ったことでした。お目にかかった瞬間に私の不安は一遍に吹き飛んでしまいました。<u>あの青年</u>⑩の云った言葉がほんとだったのです。

　①その頃：

　②その無気味な雰囲気：

　③ああいう小説：

　④それ：

　⑤そういう御生活：

　⑥これ：

　⑦そんなに心配すること：

　⑧これ：

　⑨そういういろいろなこと：

　⑩あの青年：

五、次の文中の①～⑬の下線部の言葉はそれぞれ何を指しているか、説明しなさい。

　お握りには、いろいろな思い出がある。

　北陸の片田舎で育った私たちは、中学へ行くまで、洋服を着た小学生というものは、だれも見たことがなかった。紺絣の筒っぽに、ちびた下駄。雨の降る日は、藺草で作った蓑帽子を被って、学校へ通う。外套やレインコートはもちろんのこと、傘をもつことすら、小学生には非常な贅沢と考えられていた。

　<u>そういう</u>①土地であるから、お握りは、日常生活に、かなり直結したものであった。遠足や運動会の時はもちろんのこと、お弁当にも、ときどきお握りをもたされた。梅干の入った大きいお握りで、とろろ昆布でくるむか、紫蘇の粉をふりかけるかしてあった。浅草海苔をまくというような贅沢なことは、滅多にしなかった。

　しかし<u>そういう</u>②お握りの思い出は、あまり残っていない。<u>それ</u>③よりも、今で

も鮮かに印象に残っているのは、ご飯を炊いた時のおこげのお握りである。

　十数人の大家族だったので、女中が朝暗いうちから起きて、煤けたかまどに大きい釜をかけて、粗朶を炊きつける。薄暗い土間に、青味をおびた煙が立ちこめ、かまどの口から、赤い焔が蛇の舌のように、ちらちらと出る。

　私と弟とは、時々早く起きて、<u>この</u>④かまどの部屋へ行くことがあった。おこげのお握りがもらえるからである。ご飯がたき上がると、女中が釜をもち上げ、板敷の広い台所へもってくる。釜の外側には、煤が一面についているので、<u>それ</u>⑤に点いた火が、細長い光の点線になって、チカチカと光る。まだ覚め切らぬ寝ぼけ眼の目には、<u>それ</u>⑥が夢の続きのように見えた。

　やがて<u>その</u>⑦火も消え、女中が蓋をとると、真白い湯気がもうもうと立ち上がる。たき立てのご飯の匂いが、ほのぼのとおなかの底まで浸み込むような気がした。女中は大きいしゃもじで山盛りにご飯をすくい上げて、おひつに移す。最後のおこげのところだけは、上手に釜底にくっついたまま残されている。<u>その</u>⑧薄狐色のおこげの皮に、塩をばらっとふって、しゃもじでぐいとこそげると、いかにもおいしそうな、おこげがとれてくる。女中は、<u>それ</u>⑨を無雑作にちょっと握って、小さいお握りにして、「さあ」といって渡してくれた。

　香ばしいおこげに、よく効いた塩味。<u>この</u>⑩あついお握りを吹きながら食べると、たき立てのご飯の匂いが、むせるように鼻をつく。<u>これ</u>⑪が今でも頭の片隅に残っている、五十年前のお握りの思い出である。

　その後大人になって、いろいろおいしいものも食べてみたが、幼い頃のこのおこげのお握りのような、温かく健やかな味のものには、二度と出会ったことがないような気がする。

　都会で育ったうちの子供たちは、恐らく<u>こういう</u>⑫味を知らずに過ごしてきたにちがいない。一ぺん教えてやりたいような気もするが、<u>それ</u>⑬はほとんど不可能に近いことであろう。おこげのお握りの味は、学校通いに雨傘をもつというような贅沢を、一度おぼえた子供には、リアライズされない種類の味と思われるからである。

①そういう：

②そういう：

③それ：

④この：

⑤それ：

⑥それ：

⑦その：

⑧その：

⑨それ：

⑩この：

⑪これ：

⑫こういう：

⑬それ：

六、次の文章を朗読し、中国語に訳しなさい。

代名詞は「わたし・あなた」や「これ・そこ・あちら」などのように、対象とする実体を話し手が自分とのかかわりにおいて指し示すという表現性を持つ語である。

代名詞を独立の品詞とするか、あるいは名詞の一種とするかということでは、説が分かれている。構文的機能において、名詞と異なる点は特に見いだされず、その点から独立の品詞としない立場があるが、それに対して、個々の場面によって、同一の人物が「わたし」あるいは「あなた」というようにちがう語で表されたりするという事実を重視し、話し手が自分との関係において対象を指し示すというはたらきをその文法上の特徴として、名詞と別の品詞とする立場がある。

代名詞として、ほかに、「自分」などの語を再帰代名詞とする立場がある。

（堀口和吉）

第 6 课　形式体言

6.1　形式体言的性质和分类

形式体言（形式体言）是指自身不表示实质意义，接在连体修饰语后面发挥体言功能的词，也称为形式名词（形式名詞）。形式体言书写时，一般使用假名，不使用汉字。

> ☞ 私はここへ来た<u>こと</u>がある。【連体修飾語：来た　形式体言：こと】
> 　（我来过这里。）
> ☞ 人間は変る<u>もの</u>だ。【連体修飾語：変る　形式体言：もの】
> 　（人是会变的。）
> ☞ いま出ようとしていた<u>ところ</u>ですよ。【連体修飾語：出ようとしていた　形式体言：ところ】
> 　（现在正要出门呢。）
> ☞ ここからそこまで歩いていく<u>の</u>に５分かかる。【連体修飾語：歩いていく　形式体言：の】
> 　（从这里步行到那里需要５分钟。）
> ☞ 知らない<u>はず</u>がない。【連体修飾語：知らない　形式体言：はず】
> 　（不可能不知道。）

形式体言按其来源可以分为来源于名词（名詞から転じた）和来源于格助词（格助詞から転じた）的形式体言。形式体言一般由名词转化而来，只有「の」来自格助词。

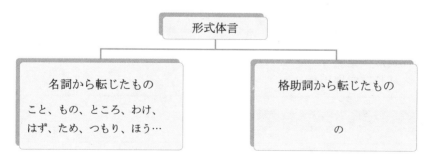

6.2　常用形式体言

关于形式体言的范围，不同的语法学家有不同的观点。常用形式体言包括「こと」「もの」「ところ」「の」「わけ」「はず」「ため」「つもり」「ほう」「まま」「とおり」「うえ」「うち」等。

6.2.1　形式体言「こと」

「こと」作为形式体言，可以表示某种情形、内容或者相关的事情等。

☞　お父さんが橋の<u>こと</u>をよく知っていた。
　　　（父亲对桥的情况很了解。）
☞　彼の言った<u>こと</u>を信じてはいませんよ。
　　　（不能相信他说的话啊。）
☞　事件の<u>こと</u>を、お聞きになったんですね？
　　　（事件相关情况您听说了吧？）

形式体言「こと」还可以构成以下常用句型。

① 〜たことがある（曾经做过……）

☞　彼に会っ<u>たことがある</u>。
　　　（见过他。）

② 〜ことがある（有时会做……）

☞　今でも夢をみる<u>ことがある</u>。
　　　（即使现在，有时也会做梦。）

③ 〜ことはない（没必要做……）

☞　そんなに心配する<u>ことはない</u>でしょう。
　　　（没必要那么担心吧。）

④ 〜ことにする（决定做……）【动作主体的主观决定】

☞　社長は彼を雇う<u>ことにした</u>。
　　　（社长决定雇用他。）

⑤ 〜たことにする（就当作……）

☞　今までのことはなかっ<u>たことにし</u>よう。
　　　（以往的事就当作没发生过吧。）

⑥ 〜ことになっている（规定……）【外部环境客观规定或他人决定】

☞　12月の会議で、成果を報告する<u>ことになっている</u>。
　　　（规定在12月的会议上汇报成果。）

⑦　～ことができる（能做……，可以做……）

☞　現在利用可能な機能は、次の２つに分類することができる。
（现在能利用的功能可分为以下两类。）

⑧　～ことだ（应该做……，最好做……）【表示提醒、劝告】

☞　仕事ができるようになろうとするなら、他人をほめることだ。
（想把工作做好的话，就应该表扬别人。）
☞　大金は、部屋に置かないことだ。
（巨款最好不要放在房间里。）

⑨　～ことに／ことには～（……的是，……）【表示评价】

☞　驚いたことにドアには鍵がかかっていなかった。
（令人吃惊的是，门没有上锁。）

⑩　～ないことには～ない（不……就不……）

☞　どんな男か会ってみないことにはわからない。
（是个怎样的男人，不见个面是不知道的。）

⑪　～ことは～が、～（……是……，但……）【「ことは」前后是同一用言】

☞　鈴木さんは会社へ来たことは来たが、具合が悪いと言って、すぐ帰ってしまった。
（铃木来是来公司了，但说不舒服，马上就回去了。）

⑫　～ことなく／ことなしに～（不做……而做……）

☞　彼らは、公園に入ることなく、赤坂へ引き返した。
（他们没有进入公园，而是又返回了赤坂。）

⑬　～だけのことはある（值得做……）

☞　合格したの？すごい！３年間大変だったけど、勉強しただけのことはあったね。
（合格了吗？好厉害！虽然３年很辛苦，但是学习很值得啊。）

6.2.2　形式体言「もの」

　　「もの」作为形式体言，可以以感慨的语气叙述某种真理、常理或者本来应该具有的性质等。

> ☞　先のことはわからないものだ。
> 　　（将来的事是不知道的。）
> ☞　間違いというものはあるものだ。
> 　　（错误总是会有的。）
> ☞　赤ん坊は泣くものだ。
> 　　（婴儿就是要哭的。）

　　形式体言「もの」还可以构成以下常用句型。

① ～ものだ（应该做……）【表示理应如此】

> ☞　先生の言うことは聞くものだ。
> 　　（老师说的话应该听。）

② ～ものだ（……啊）【表示感慨】

> ☞　ここは風通しがよく心持ちがいいものだ。
> 　　（这里通风良好，很舒服啊！）

③ ～たものだ（过去经常……啊）【表示感慨地回忆过去常有的事情】

> ☞　子供のころよくあの公園で走り回って遊んだものだ。
> 　　（孩提时代经常在那个公园奔跑玩耍啊！）

④ ～たいものだ（非常想做……）

> ☞　何とかして江戸に出たいものだ。
> 　　（想方设法要去江戸。）

⑤ ～ものがある（真是……，实在是……）

> ☞　中長期的な展望には厳しいものがある。
> 　　（中长期展望实在是很严峻的。）

6.2.3　形式体言「ところ」

　　「ところ」作为形式体言，可以表示某个部分、范围、某种内容、程度，或者某一时候、

时刻、场合等。

> ☞　この本の最初の<u>ところ</u>に書かれているのは、形式主義的なアプローチと機能主義的なアプローチの違いです。
> 　（这本书开头写的是形式主义方法和功能主义方法的差异。）
> ☞　知っている<u>ところ</u>で答えてください。
> 　（请在你知道的范围内回答。）
> ☞　いい<u>ところ</u>に来ましたね。
> 　（来得正巧啊。）

形式体言「ところ」还可以构成以下常用句型。

① 　～るところだ（正要做……）

> ☞　大橋のほうを眺めると、十人あまりが橋を渡ってこちらに駆けてく<u>るところだ</u>。
> 　（眺望大桥那边，有十几个人正要过桥向这边跑来。）

② 　（もう少しで）～るところだった（差一点就……）

> ☞　ある雑誌の企画でドイツへ行ったとき、<u>もう少しで</u>命を落と<u>すところだった</u>。
> 　（因某杂志的企划去德国的时候，差点丢了性命。）

③ 　～ているところだ（正在做……）

> ☞　今お返事を待っ<u>ているところです</u>。
> 　（目前正在等回音。）

④ 　～たところだ（刚做完……）

> ☞　今朝京都に行って、ただ今帰ってき<u>たところです</u>。
> 　（今天早上去了京都，现在刚回来。）

⑤ 　～ところへ／ところに～（正在做……时，……）

> ☞　そう言っている<u>ところへ</u>、下から、大きなつつみを背負った人が登ってきました。
> 　（正说着，从下面上来一个背着大包袱的人。）
> ☞　2階の自室の布団でまどろんでいた<u>ところに</u>電話が鳴った。
> 　（正躺在二楼自己房间的被子里打盹时，电话铃响了。）

⑥ ～ところを～（正在做……时，……）【后项有时为被动态】

> ☞ 彼らは猛吹雪に遭ったが、冷静に行動し、遭難一歩前の<u>ところを</u>救われている。
> （他们虽然遭遇了猛烈的暴风雪，但冷静行动，在遇难前获救。）

⑦ ～ところによると／ところによれば（根据……）

> ☞ 聞く<u>ところによると</u>、力士夫婦の離婚は、他の分野の夫婦と比べると、数が少ないそうです。
> （据说相扑力士夫妇离婚，与其他领域的夫妇相比，为数很少。）

⑧ ～ところを見ると（从……来看）

> ☞ この地では昔から商売が盛んで「もうかりまっか？」と聞けば「ボチボチでんなあ（まあまあです）」が挨拶のように交わされていた。今でもビジネスマンがこの言葉を使っている<u>ところを見ると</u>、浸透度合いがうかがえる。
> （这片土地自古以来生意兴隆，"赚了吗？""一点点吧（还行）"，这样的对话就像寒暄语一样时常听到。现在商务人士还在使用这样的说法，可见其渗透程度。）

6.2.4　形式体言「の」

「の」本来是格助词，作形式体言时，可以表示人、事、物、时间、场所、情景等。

> ☞ この話を教えてくれた<u>の</u>は、佐藤さんであった。
> （告诉我这件事的人是佐藤。）
> ☞ 今晩から飲む<u>の</u>をやめた。
> （从今晚开始不喝酒了。）
> ☞ 電気製品はこの会社<u>の</u>が使いやすい。
> （电器产品，这家公司的好用。）
> ☞ 私が口をきけるようになった<u>の</u>は、二歳の頃でした。
> （我开始说话是在两岁的时候。）
> ☞ 私が行く<u>の</u>は宮崎なんです。
> （我去的地方是宫崎。）
> ☞ 私は、父と母が、校門から出て行く<u>の</u>を見送った。
> （我目送着父母走出校门。）

形式体言「の」还可以构成以下常用句型。

①　～のだ【表示强调、解释、说明的语气】

☞　人間には仕事に伴う責任がある<u>のだ</u>。その責任のために、自分の命をかけなければならないときがある。
（人肩负着工作赋予的责任。为了这个责任，有时必须拼上自己的性命。）

②　～のは～からだ（……是因为……）

☞　今の俺がある<u>のは</u>あの頃の仲間がいた<u>からだ</u>。
（之所以有现在的我是因为有那个时候的伙伴。）

③　～のは～おかげだ（……多亏了……）

☞　大学へ通うことができた<u>のは</u>、この叔母の<u>おかげだっ</u>た。
（能上大学，多亏了这位叔母。）

④　～のは～せいだ（……全怪……）

☞　ねずみが出る<u>のは</u>、この家が古い<u>せいだ</u>。
（之所以有老鼠，全怪这个房子太老旧。）

⑤　～のに～（为了……，……）【表示目的】

☞　一枚の葉書を書く<u>のに</u>三日もかかった。
（写一张明信片竟花了三天。）

6.2.5　形式体言「わけ」

「わけ」作形式体言时，通常用来从道理、情理上解释、说明某种情形，含有"理应如此"的意思。

☞　あの山は、海抜8キロということになる。まことにとてつもなく高い山である<u>わけ</u>だ。
（那座山海抜8千米。真是一座高得出奇的山。）

☞　彼女は、そのあと名古屋に帰ってくるとしたら、もう新幹線はないし、車の運転は出来ないから、朝6時17分のひかりに乗って7時に名古屋駅に帰ってくるしかないんだよね。ホテルには、いくら早くても7時10分になる<u>わけ</u>です。
（她如果之后要回名古屋的话，已经没有新干线了，又不会开车，所以只能乘早晨6点17分的光号新干线7点回到名古屋车站。到酒店，再早也得7点10分。）

形式体言「わけ」还可以构成以下常用句型。

① ～わけだ（是……一回事）【表示从道理、情理上解释、说明】

- こうした地域は大変雪深いところでもありまして、一晩に一メートル、二メートルと雪が積もるわけです。
  （这些地区是积雪很深的地区，一晚上积雪达到一两米。）

② ～わけではない（不是……一回事）【表示从道理、情理上解释、说明】

- 東北の人々は、わざわざ高血圧や脳出血を起こしたくて塩分を多量にとっていたわけではない。厳寒の冬を乗り切るために、塩分をたくさんとる必要があったわけだ。つまり、塩分には体を温める作用があるのである。
  （东北的人们并不是特意想引发高血压、脑出血而摄取大量盐分的。为了度过严寒的冬天，需要摄取大量的盐分。也就是说，盐分具有温暖身体的作用。）

③ ～わけがない（不可能……）【表示道理、情理上不可能】

- 相手は、魔法が使える、訓練された兵なのだ。勝てるわけがない。
  （对方是会用魔法、经过训练的士兵。不可能战胜他们。）
- この天気では高速が混んでいないわけがない。
  （这种天气高速公路不可能不拥堵。）

④ ～わけにはいかない（不能……）【表示道理、情理上不能】

- テープを止めるわけにはいかない。このあとの指示はテープに入っているというのだ。
  （不能让磁带停下。因为据说之后的指令录在磁带里了。）
- ロビーまで来ているといわれては、会わないわけにはいかない。
  （说是已经来到前厅了，不能不见面。）

6.2.6 形式体言「はず」

「はず」作形式体言时，可以表示有把握的推测或计划。

- 記録によれば、彼は 32 歳のはずだ。
  （根据记录，他应该是 32 岁。）
- 12 月 24 日午後 4 時、届くはずだったケーキが遅れるという電話がケーキ屋からかかってきた。
  （蛋糕店打来电话说，预定于 12 月 24 日下午 4 点送到的蛋糕，送达时间将延迟。）

形式体言「はず」还可以构成以下常用句型。

① 　～はずだ（应该是……，肯定是……）【表示有把握的推测】

> ☞　妻を大事にしておけば、将来、大事にしてくれるはずです。
> 　　（如果爱护妻子，将来妻子肯定也会爱护自己。）

② 　～はずがない（不可能……）【表示有把握的推测】

> ☞　「きみがこのホテルの経営者かい？」これは冗談だ。十二歳のぼく
> 　　が経営者に見えるはずがない。
> 　　（"你这个酒店的经营者吗？"这是开玩笑。十二岁的我不可能看起
> 　　来像经营者。）

③ 　～はずだった（本来应该是……）

> ☞　なにも問題はないはずだったが、そこに大きな誤算が潜んでいた。
> 　　（本来应该没有什么问题，但那里面却隐藏着巨大的失算。）

④ 　～たはず／ているはず（应该已经做了……）

> ☞　さっき確かに電源を切ったはずの携帯から声が聞こえてきた。
> 　　（刚才确实应该关掉了电源的手机传来了声音。）
> ☞　例年であれば、日本列島は、梅雨期に入っているはずだ。
> 　　（如果是往年的话，日本列岛应该已经进入梅雨期了。）

6.2.7　形式体言「ため」

「ため」作形式体言时，可以表示两种完全不同的意思。

第一种是表示目的。

> ☞　各々の災害対策の一層の充実・強化を図るため、それぞれ防災基本
> 　　計画の修正が行われた。
> 　　（为了进一步充实和加强各项灾害对策，对各防灾基本计画进行了修正。）
> ☞　狭い家でできるだけ心地よく生活するために、私はさまざまな努力
> 　　をしました。
> 　　（为了在狭小的房子里尽可能舒适地生活，我做了各种各样的努力。）

第二种是表示原因。

> ☞　証拠が不十分なため、不起訴となるケースもあります。
> 　　（也有因为证据不足而不起诉的情况。）
> ☞　昨夜、友達のところに夜遅く行ったために、疲れ果てていた。
> 　　（昨晚很晚去了朋友那里，所以疲惫不堪。）

6.2.8　形式体言「つもり」

　　「つもり」作形式体言时，可以表示打算、意图、自认为，或者预计、估计等。

- ☞　大学院に行く<u>つもり</u>なんです。
  （打算读研究生。）
- ☞　私はもうすぐ75歳になるが、大学在学中の4年間を東京で過ごしたほかは、ずっとこの村で暮らしてきた。この村のことは、かなり深く知っている<u>つもり</u>だ。
  （我马上就要75岁了，除了在东京度过了大学4年之外，一直生活在这个村子。我自认为对这个村子有很深的了解。）
- ☞　出発前の<u>つもり</u>では数万円ですむはずだった。
  （出发前估计几万日元应该可以解决了。）

　　形式体言「つもり」还可以构成以下常用句型。

① ～るつもりだ（打算做……）

- ☞　私は下に弟が2人いるので、3人で親を看<u>るつもりです</u>。
  （我下面还有两个弟弟，所以打算三个人一起照顾父母。）

---

② ～るつもりで～（想要做……而……）

- ☞　年内に結婚披露宴をやる<u>るつもりで</u>、動き出しています。
  （打算年内办婚宴，开始行动起来了。）

---

③ ～るつもりはない（不打算做……）

- ☞　事の是非をここで論じ<u>るつもりはない</u>。
  （我不打算在这里讨论事情的对错。）

---

④ ～たつもりで（就当作……）

- ☞　ジュースなど自動販売機では買いません。買っ<u>たつもりで</u>小銭を貯金箱にいれておきます。
  （不通过自动售货机买果汁之类的东西。把零钱放在储蓄罐里，就当作买了。）

---

⑤ ～たつもりはない（自己并不觉得做过……）

- ☞　子育てに手を抜い<u>たつもりはない</u>が、いつも商いに追われてきた。
  （我并不想在育儿上偷懒，只是一直忙于生意。）

6.2.9　形式体言「ほう」

　　「ほう」作形式体言时，可以表示进行比较的事物的某一方，或具有某种性质。

> ☞　全盲者より重度視力障害者のほうが患者数が多いことを覚えておきたい。
> 　　（要记住的是，重度视力障碍者的患者人数要比全盲者多。）
> ☞　本って送料などを考えると近くの古本屋で買ったほうが安い場合が多いですよね。
> 　　（关于书，考虑到运费等因素，很多时候在附近的旧书店购买比较便宜啊。）
> ☞　私は人付き合いは得意なほうです。
> 　　（我属于擅长与人交往的类型。）

6.2.10　形式体言「まま」

　　「まま」作形式体言时，可以表示原封不动，顺其自然，顺应趋势，随心所欲等。

> ☞　主要な建物は昔のままである。
> 　　（主要的建筑与昔日一样。）
> ☞　筆の向くまま日々思ったことや子供のことを書いていこうと思っております。
> 　　（我想把每天的所思所想和孩子的事都信笔写下来。）
> ☞　すべて思いのままということです。
> 　　（也就说一切都如愿以偿。）

　　形式体言「まま」还可以构成以下常用句型。

①　～ままだ（仍旧……）【表示保持某状态】

> ☞　彼は答えない。目をつぶったままだ。
> 　　（他不回答。仍旧闭着眼睛。）

②　～まま～（保持……而做……）【表示保持某状态的同时做某事】

> ☞　彼のほうは黙ったままで頷いたり、首をかしげたりしていました。
> 　　（他保持沉默，时而点头，时而歪着头。）

6.2.11　形式体言「とおり」

　　「とおり」作形式体言时，可以表示与「とおり」之前的连体修饰语同样的状态或方法。

> ☞ 基本の型は図 1 の<u>とおり</u>です。
>   （基本模式如图 1 所示。）
> ☞ おっしゃる<u>とおり</u>です。
>   （正如您说的那样。）

形式体言「とおり」还可以构成以下常用句型。

～とおりに～（按照……做……）

> ☞ 教えていただいた<u>とおりに</u>書いていたんです。
>   （按照您教我的方法写的。）

6.2.12　形式体言「うえ」

「うえ」作形式体言时，可以表示某个方面或某种根据。

> ☞ 原水が同じでも、味覚の<u>うえ</u>で若干の差が生じます。
>   （即使原水相同，味觉方面也会产生若干差异。）
> ☞ 立春は、冬至と春分の真ん中にあたり、暦の<u>うえ</u>では春の始まりになります。
>   （立春位于冬至和春分的中间，日历上是春天的开始。）

形式体言「うえ」还可以构成以下常用句型。

①　～たうえで～（在……之后……，在……基础上……）

> ☞ もう御意見もないようでありますから、よく考え<u>たうえで</u>処分しましょう。
>   （似乎已经没有意见了，在充分考虑之后进行处理吧。）

②　～うえに～（……而且……）【表示添加】

> ☞ おいしいものには目がない<u>うえに</u>、好奇心が異常に強い。
>   （对好吃的东西非常喜爱，而且好奇心又异常强烈。）

③　～うえは～（既然……那就……）

> ☞ これに着手した<u>うえは</u>できるだけ促進を図ってまいりたい、こういうふうに考えております。
>   （既然已经着手做这件事，那就尽可能地努力推动，我是这样考虑的。）

6.2.13　形式体言「うち」

「うち」作形式体言时，可以表示范围。

> ☞　江戸の十一月はさしたる行事もなく、秋と年末年始に挟まれて、一年の<u>うち</u>で最もつまらない月である。
> （江户的十一月没有什么特别的活动，夹在秋天和年末年初之间，是一年中最无聊的月份。）
> ☞　五百兆円の<u>うち</u>の三百兆円の消費が、たとえば一割伸びたら、三百三十兆円になる。
> （五百万亿日元中三百万亿日元的消费，如果增加一成，就是三百三十万亿日元。）

形式体言「うち」还可以构成以下常用句型。

① 　～うちに～（趁着……）

> ☞　まだ若い<u>うちに</u>人生をやり直そうと決心していた。
> （我决心趁着还年轻重新开始人生。）
> ☞　暗くならない<u>うちに</u>家へ帰ろう。
> （趁天没黑，回家吧。）

② 　～ているうちに～（在做……期间……）

> ☞　鉄の玉の動きを見<u>ているうちに</u>しだいに眠気を催してくる。
> （看着铁球的移动，渐渐产生了睡意。）
> ☞　私も度々参加し<u>ているうちに</u>、そこでたくさんの友人ができました。
> （我也经常参加，在那里交到了很多朋友。）

📝 课外练习

一、次の各文中の下線を引いた言葉の品詞名を（　　　　　）の中に書きなさい。

（注意：助詞や助動詞は必ずその下位分類の名で書きなさい。）

1. その日は雨が降っていた<u>の</u>です。　（　　　　　　　　　）

2. あの人は日本語<u>の</u>教師です。　（　　　　　　　　　）

3. 彼は熱がある<u>のに</u>外出した。　（　　　　　　　　　）

4. この道具はパイプを切る<u>のに</u>使います。　（　　　　　　　　　）

5. 君にわから<u>ん</u>はずはない。　（　　　　　　　　　　　）

6. 今から出かける<u>ん</u>だ。　（　　　　　　　　　）

7. 山々は赤に黄色に燃え<u>ん</u>ばかりに輝いている。　（　　　　　　　　　　）

二、次の（　　　）に「わけ」か「はず」を入れなさい。

1.　「え、まだ誰かいらっしゃるんですか」「うん。そろそろ来る（　　　　　）だ。もう一度コーヒーを沸かしてくれないかな？」

2.　今、君がしている仕事に対して、「とりあえず、今の仕事をやってます」なんて言ってたら、その仕事が成功する（　　　　　）がありません。

3.　農村から都市に移住した者が、祭りのたびに故郷に帰る（　　　　　）にはいかない。

4.　書かれた人の気持ちを考えたら、こんなことできる（　　　　）がありません。

5.　さっきまで晴れていた（　　　　）の空が、にわかに灰色の雲で覆われ始めていた。

6.　はっきりした計画があった（　　　　）ではない。

三、次の（　　　）に「うえで」「うえに」「うえは」のいずれかを入れなさい。

1.　微笑もたたえているようで、若くて元気がいい（　　　　　）自信もあるのだろう。

2.　約束した（　　　　　）、出席しなければならない。

3.　かくなる（　　　　）単刀直入にいこう。

4.　彼女の話をすべて聞いた（　　　　　）、どうするか決めよう。

5.　彼は、誠実な（　　　　）有能であった。

6.　現地企業を経営する（　　　　　）、人材不足、労務問題などのトラブルにみまわれる企業も多いが、多くの企業では部品の現地調達など現地と融和した経営を行うことにより柔軟に対応している。

四、次の形式体言から適当なものを選び、各文の（　　　）に入れなさい。
　　（注意：各語は一回のみ使うこと。）

| ほう | ところ | こと | もの | の | ため | うえ |
| わけ | はず | まま | とおり | つもり | うち | |

1.　学生の（　　　　）になる本を書きたい。

2.　彼女は化粧しない（　　　　）外出した。

3. その（　　　　）にすれば、間違いがない。

4. 「あの人はずいぶん日本語が上手ですね。」「前から上手だった（　　　　）ではありません。」

5. 夢がこれからおもしろくなりそうだという（　　　　）で目がさめた。

6. あの人は踊りが上手な（　　　　）なのにみんなの前では決して踊りません。

7. クラスの班長は今日の午後体育の授業がない（　　　　）をみんなに伝えた。

8. あの人は歌が下手なのに自分ではとても上手な（　　　　）です。

9. 知らない（　　　　）に傷がひどくなってしまった。

10. 私は友達が町を出ていく（　　　　）を見送った。

11. 審査の（　　　　）決定する。

12. 彼は貯めるより使う（　　　　）だ。

13. 小さいころ、よく母と野良仕事をした（　　　　）だ。

五、次の各文を中国語に訳しなさい。

1. あそこにいたころ、そんなことを考えたことはない。

2. そのことでは彼にも責任があるんだから、君だけが責任を取ることはないよ。

3. もし信じなければ、私は何も言わなかったことにしましょう。

4. 弟は、ありのままを話すことにした。

5. 一生懸命に勉強しただけのことはあって、こんどの試験はよくできた。

6. 困ったことに、雨が降り出した。

7. 子供に触らせたくないというのなら、最初から手の届くところに置かないことだ。

8. どうしてもやれと言うなら、いちおうやってみることはやってみるけど、うまく行かないと思うよ。

9. こういう質問は、本人に尋ねるものだ。

10. 前向きに問題を解決したいものだ。

11. こういう夢は、若い頃よく見たものだ。

12. 水は本来低きに流れるものです。

13. 今朝東京に行って、ただ今帰ってきたところです。

14. もう少しで車にひかれてしまうところだった。

15. これから家を出るところですから、30分ほどしたら着くと思います。

16. 彼女が店先に立ってうじうじしているところへ、ちょうど舟が一そう帰って
きた。

17. 記録によれば、彼は 30 歳のはずだ。

18. ちゃんとかばんに入れたはずなのに、家に帰ってみると財布がない。

19. 彼ならきっとできるはずだ。

20. 私の部屋は本で埋まっているが、全部を読んだわけではなく、買ってはみたもの
の開いたことさえないというものも多い。

21. 彼を信用していないわけではない。

22. 台風が近づいているために波が高くなっている。

23. 子供たちのためには自然のある田舎で暮らすほうがいい。

24. 検査は慎重にしたつもりだったのに、不良品が混じっていた。

25. 私はそんなことを言ったつもりはない。

26. 彼は自分ではいい男のつもりらしいが、鏡を見たことがないようだ。

27. 死んだつもりで頑張ればできないことはない。

28. 旅行したつもりで、お金は貯金することにした。

29. 新幹線は昼間の時間であれば、かなり空いている。指定席でないほうが、かえっ
てのんびり座れるという状況であった。

30. 途中でやめるぐらいなら始めからやらないほうがましだ。

31. 靴を履いたままで家の中に入らないでください。

32. 彼には、去年一万円借りたままだ。

33. 静香ちゃんはいつもお母さんの言うとおりに物事を決め、自分で選ぶことがほと
んどなかったのです。

34. ものごとは自分で考えているとおりにはなかなか進まない場合が多い。

35. 実態を分析したうえで、不備があれば、改善点や解決策を提示する。

36. 彼女は、就職に失敗した上、つきあっていた人にもふられて、とても落ち込んで
いた。

37. 喋っているうちに、だんだん自信がついてきた。

38. 暗くならないうちに買い物に行ってこよう。

六、次の文章を朗読し、中国語に訳しなさい。

　　形式体言は、抽象的な意味と特有の文法機能をもつ形式的体言である。類似の用語に形式名詞・準体言などがあるが、その概念内容は、使用する学者によって違いがある。

　　山田孝雄の創唱した形式体言とは、代名詞と数詞とを合わせたもので、代名詞は主観的形式体言、数詞は客観的形式体言とした（『日本文法論』、1908）。

　　松下大三郎は「実質的意義」がない名詞という意味で「形式名詞」と称した（『標準日本口語法』、1930）。今日一般に通用している形式名詞の創始である。松下は「本名詞・代名詞・未定名詞」のほかに形式名詞を立てて、「賛成する者」「そんなことを言うはずがない」「子供のために考える」「思ったままを書く」「いいのがある」の「者・はず・ため・まま・の」などを例示した。

　　吉沢義則は「ほど・こと・ため」など、単独で用いられることが少なく、これを限定する語句が必要なことの多いものを「不完全名詞」と称した（『高等日本文法』、1934）。

　　　　　　　　　　　　　　　　　　　　　　　　　　　　　　（宮地裕）

第 7 课　动词

7.1　动词的性质和用法

　　动词（動詞）是表示事物的动作、作用、状态、存在等，基本形以五十音图的「ウ」段音结尾的独立词。动词属于用言，有活用。

　　动词的用法不少，可以构成谓语、连体修饰语、连用修饰语等。其中，可以单独构成谓语是动词最大的特点。

　　（1）动词可以单独构成谓语。

> ☞　場所が違えば住んでいる人が違う。人が違えば好みが違う。
> 　　（地方不同，住的人也不同。人不同，喜好也不同。）
> ☞　僕は、彼から聞いたことを、何度も友人に話す。
> 　　（从他那儿听到的事，我对朋友说过好几次。）

　　动词也可以后续助动词、助词构成谓语。

> ☞　彼が自分の貯金で飛行機のチケットを購入するらしい。
> 　　（他好像要用自己的存款买机票。）
> ☞　もう一回言うよ。
> 　　（再说一遍哦。）

　　（2）动词可以单独构成连体修饰语。

> ☞　行く先は伊勢である。
> 　　（目的地是伊势。）
> ☞　食べるもの着るものは豊富にあった。
> 　　（吃的穿的都很丰富。）

　　动词也可以后续助动词、助词构成连体修饰语。

> ☞　それは私の運命を<u>決め</u>た名画です。
> 　　（那是决定我命运的名画。）
> ☞　日常生活に影響が<u>ある</u>などの理由で、本人が治療を<u>望む</u>ような場合
> 　　は、治療の対象となります。
> 　　（因为对日常生活有影响等理由，本人希望进行治疗时，可以成为治
> 　　疗的对象。）

（3）动词可以后续助动词、助词构成连用修饰语。

> ☞　彼は<u>逃げる</u>ように出ていきました。
> 　　（他逃跑似的出去了。）
> ☞　今日は、花を<u>買い</u>に来ました。
> 　　（今天来买花了。）

7.2　动词的活用

　　活用（活用）指单词的词形变化。有活用的单词称为活用词（活用語），包括动词、形容词、形容动词和助动词。

　　活用词中，词形不发生变化的部分称为词干（語幹），词形发生变化的部分称为词尾（語尾）。

　　活用词未经活用变化的词形称为基本形（基本形），活用变化后的各种词形称为活用形（活用形）。动词的活用形有 6 种：未然形（未然形）、连用形（連用形）、终止形（終止形）、连体形（連体形）、假定形（仮定形）、命令形（命令形）。

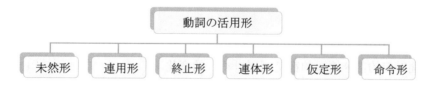

　　动词按其活用形式可以分为 4 种类型：五段活用动词（五段活用動詞）、一段活用动词（一段活用動詞）、カ行变格活用动词（カ行変格活用動詞）和サ行变格活用动词（サ行変格活用動詞）。一段活用动词又可以分成上一段活用动词（上一段活用動詞）和下一段活用动词（下一段活用動詞）。

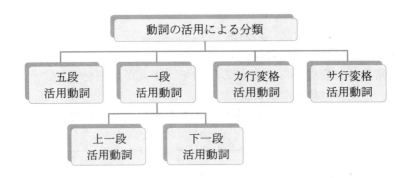

7.2.1 五段活用动词

五段活用动词（五段活用動詞）是词尾在五十音图「ア」「イ」「ウ」「エ」「オ」五个段上活用的动词。

下面是五段活用动词「咲く」的活用表。

「咲く」活用表

基本形	語幹	活用語尾					
		未然形	連用形	終止形	連体形	仮定形	命令形
咲<small>さ</small>く	咲<small>さ</small>	か こ	き い	く	く	け	け

五段动词「咲く」的基本形是「咲く」。

五段动词的词尾是该动词的最后一个假名，词干是除词尾外的部分。例如，五段动词「咲く」的词干是「咲」，词尾是「く」。「く」位于カ行，因此，「咲く」称为カ行五段活用动词。「咲く」中，词干「咲」不发生活用变化，只有词尾「く」发生活用变化。

「咲く」活用表中，「未然形」「連用形」「終止形」「連体形」「仮定形」「命令形」下面对应的部分填写的都是词尾「く」的变化。

「く」的「未然形」有两种形式，分别是「ア」段上的「か」和「オ」段上的「こ」。「か」可以后续助动词「ない」「ぬ」「せる」「れる」等，「こ」可以后续助动词「う」。

「く」的「連用形」有两种形式，分别是「イ」段上的「き」和音便形式「い」。「き」可以后续助动词「ます」「たい」和助词「ながら」「つつ」等，音便形式「い」可以后续助动词「た」和助词「て」「たり」等。

「く」的「終止形」是「ウ」段上的「く」。终止形「く」可以用来结束句子，也可以后续助动词「らしい」和助词「が」「から」「し」「や」「か」「よ」等。

　　「く」的「連体形」是「ウ」段上的「く」。连体形「く」可以用来连接体言，也可以后续助动词「ようだ」和助词「より」「のに」「ので」「ほど」「だけ」「まで」等。

　　「く」的「仮定形」是「エ」段上的「け」。假定形「け」可以后续助词「ば」等。

　　「く」的「命令形」是「エ」段上的「け」。命令形「け」可以用来以命令的语气结束句子，也可以后续助词「よ」等。

　　五段活用动词的词尾除了「く」，还有「ぐ」「す」「つ」「ぬ」「ぶ」「む」「る」「う」，分别位于ガ行、サ行、タ行、ナ行、バ行、マ行、ラ行、ワ行，含有这些词尾的五段活用动词分别称为ガ行、サ行、タ行、ナ行、バ行、マ行、ラ行、ワ行五段活用动词。其中，ワ行五段活用动词，又称为ワア行五段活用动词，因为其词尾的未然形包含ワ行的「わ」和ア行的「お」。

　　下面的五段活用动词活用表归纳了这些词尾活用的情况。

五段活用动词活用表

基本形	語幹	活用語尾					
		未然形	連用形	終止形	連体形	仮定形	命令形
咲く	咲	か こ	き い	く	く	け	け
嗅ぐ	嗅	が ご	ぎ い	ぐ	ぐ	げ	げ
出す	出	さ そ	し	す	す	せ	せ
待つ	待	た と	ち っ	つ	つ	て	て
死ぬ	死	な の	に ん	ぬ	ぬ	ね	ね
呼ぶ	呼	ば ぼ	び ん	ぶ	ぶ	べ	べ
飲む	飲	ま も	み ん	む	む	め	め
乗る	乗	ら ろ	り っ	る	る	れ	れ
言う	言	わ お	い っ	う	う	え	え

　　五段活用动词中，动词「ござる」「なさる」「くださる」「おっしゃる」「いらっしゃる」的活用情况比较特殊，称为特殊五段活用动词。这些动词的词尾都是「る」，其「連用形」和「命令形」与其他五段活用动词有所不同。

　　「連用形」有三种形式。除了「イ」段上的「り」和促音便「っ」，还有イ音便「い」。「り」可以后续助动词「たい」和助词「ながら」「つつ」等，促音便「っ」可以后续助动词「た」和助词「て」「たり」等，イ音便「い」可以后续助动词「ます」。

　　「命令形」不是「エ」段上的「れ」，而是「い」。

　　下面是特殊五段活用动词「くださる」的活用表。「ござる」「なさる」「おっしゃる」「いらっしゃる」的活用情况与「くださる」相同。

特殊五段活用动词「くださる」活用表

基本形	語幹	活用語尾					
		未然形	連用形	終止形	連体形	仮定形	命令形
くださる	くださ	ら ろ	り い っ	る	る	れ	い

　　五段活用动词连用形后续助动词「た」和助词「て」「たり」等，会发生音便。音便（音便）指为了发音方便，单词中一部分音变化成其他音的现象。动词（主要是五段动词）的音便可以分为3种类型：イ音便（イ音便）、拨音便（撥音便）和促音便（促音便）。

　　「イ音便」：词尾是「く」「ぐ」的五段动词发生イ音便。词尾「く」变成「い」后续「た」「て」「たり」等，词尾「ぐ」变成「い」后续「だ」「で」「だり」等。不过，动词「行く」是例外，发生促音便，不发生イ音便。

　　「撥音便」：词尾是「ぬ」「ぶ」「む」的五段动词发生拨音便。词尾「ぬ」「ぶ」「む」变成「ん」后续「だ」「で」「だり」等。

　　「促音便」：词尾是「つ」「る」「う」的五段动词发生促音便。词尾「つ」「る」「う」变成「っ」后续「た」「て」「たり」等。

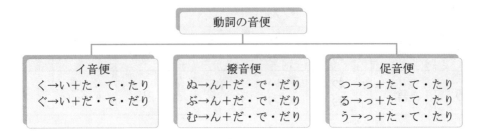

有些五段活用动词，形态上像一段活用动词，也就是这些动词最后一个假名是「る」，倒数第二个假名位于五十音图的「イ」段或「エ」段。但是，其连用形后续「た」「て」「たり」等时发生促音便。例如：动词「走る」形态像一段活用动词，但其实是五段活用动词，后续「た」「て」「たり」时，词尾「る」变成促音。

下面整理了形态类似一段动词的常用五段动词。这些五段动词容易与一段动词相混淆，要牢牢记住。

> 形態が一段動詞と似ている五段動詞：
> 嘲（あざけ）る、焦（あせ）る、弄（いじ）る、要（い）る、陷（おちい）る、帰（かえ）る、限（かぎ）る、陰（かげ）る、
> 齧（かじ）る、切（き）る、裏切（うらぎ）る、千切（ちぎ）る、蹴（け）る、遮（さえぎ）る、しくじる、
> 茂（しげ）る、湿（しめ）る、喋（しゃべ）る、知（し）る、滑（すべ）る、契（ちぎ）る、散（ち）る、握（にぎ）る、
> 練（ね）る、罵（ののし）る、入（はい）る、走（はし）る、翻（ひるがえ）る、耽（ふけ）る、減（へ）る、参（まい）る、
> 交（ま）じる、漲（みなぎ）る、蘇（よみがえ）る…

7.2.2　一段活用动词

一段活用动词（一段活用動詞）的词尾是该动词的最后两个假名。一段活用动词的最后一个假名都是「る」，倒数第二个假名位于五十音图的「イ」段或「エ」段。

倒数第二个假名位于「イ」段的一段活用动词称为上一段活用动词（上一段活用動詞）。例如：「居る」「起きる」「落ちる」「似る」「見る」「借りる」是上一段活用动词，词尾分别是「いる」「きる」「ちる」「にる」「みる」「りる」。

倒数第二个假名位于「エ」段的一段活用动词称为下一段活用动词（下一段活用動詞）。例如：「得る」「見せる」「出る」「寝る」「食べる」「入れる」是下一段活用动词，词尾分别是「える」「せる」「でる」「ねる」「べる」「れる」。

下面是一段活用动词「食べる」的活用表。

「食べる」活用表

基本形	語幹	活用語尾					
		未然形	連用形	終止形	連体形	仮定形	命令形
食（た）べる	食（た）	べ	べ	べる	べる	べれ	べろ べよ

一段动词「食べる」的基本形是「食べる」。

　　一段动词的词尾是该动词的最后两个假名，词干是除词尾外的部分。如果该一段动词本身只有两个假名，那么不作词干和词尾的区分。例如，一段动词「食べる」的词干是「食」，词尾是「べる」。而一段动词「見る」只有两个假名，就不作词干和词尾的区分，「見」和「る」都参与活用。

　　「食べる」的倒数第二个假名「べ」位于バ行，因此「食べる」称为バ行一段活用动词。「見る」的倒数第二个假名「み」位于マ行，因此「見る」称为マ行一段活用动词。

　　「食べる」活用表中，「未然形」「連用形」「終止形」「連体形」「仮定形」「命令形」下面对应的部分填写的都是词尾「べる」的变化。

　　「べる」的「未然形」是「べ」。未然形「べ」可以后续助动词「ない」「ぬ」「よう」「させる」「られる」等。

　　「べる」的「連用形」是「べ」。连用形「べ」可以后续助动词「ます」「た」「たい」和助词「て」「たり」「ながら」「つつ」等。

　　「べる」的「終止形」是「べる」。终止形「べる」可以用来结束句子，也可以后续助动词「らしい」和助词「が」「から」「し」「や」「か」「よ」等。

　　「べる」的「連体形」是「べる」。连体形「べる」可以用来连接体言，也可以后续助动词「ようだ」和助词「より」「のに」「ので」「ほど」「だけ」「まで」等。

　　「べる」的「仮定形」是「べれ」。假定形「べれ」可以后续助词「ば」等。

　　「べる」的「命令形」有「べろ」和「べよ」两种形式。「べろ」主要用于口语，「べよ」主要用于书面语。

　　下面的一段活用动词活用表归纳了一段活用动词词尾活用的情况。

　　其中，「居る」「生きる」「過ぎる」「閉じる」「落ちる」「煮る」「干る」「伸びる」「見る」「借りる」是上一段活用动词，倒数第二个假名分别位于ア行、カ行、ガ行、ザ行、タ行、ナ行、ハ行、バ行、マ行、ラ行，因此分别称为ア行、カ行、ガ行、ザ行、タ行、ナ行、ハ行、バ行、マ行、ラ行上一段活用动词。

　　「超える」「開ける」「下げる」「見せる」「混ぜる」「立てる」「出る」「寝る」「経る」「食べる」「求める」「入れる」是下一段活用动词，倒数第二个假名分别位于ア行、カ行、ガ行、サ行、ザ行、タ行、ダ行、ナ行、ハ行、バ行、マ行、ラ行，因此分别称为ア行、カ行、ガ行、サ行、ザ行、タ行、ダ行、ナ行、ハ行、バ行、マ行、ラ行下一段活用动词。

一段活用动词活用表

基本形	語幹	活用語尾					
		未然形	連用形	終止形	連体形	仮定形	命令形
居る	○	い	い	いる	いる	いれ	いろ いよ
生きる	生	き	き	きる	きる	きれ	きろ きよ
過ぎる	過	ぎ	ぎ	ぎる	ぎる	ぎれ	ぎろ ぎよ
閉じる	閉	じ	じ	じる	じる	じれ	じろ じよ
落ちる	落	ち	ち	ちる	ちる	ちれ	ちろ ちよ
煮る	○	に	に	にる	にる	にれ	にろ によ
干る	○	ひ	ひ	ひる	ひる	ひれ	ひろ ひよ
伸びる	伸	び	び	びる	びる	びれ	びろ びよ
見る	○	み	み	みる	みる	みれ	みろ みよ
借りる	借	り	り	りる	りる	りれ	りろ りよ
超える	超	え	え	える	える	えれ	えろ えよ
開ける	開	け	け	ける	ける	けれ	けろ けよ
下げる	下	げ	げ	げる	げる	げれ	げろ げよ
見せる	見	せ	せ	せる	せる	せれ	せろ せよ
混ぜる	混	ぜ	ぜ	ぜる	ぜる	ぜれ	ぜろ ぜよ
立てる	立	て	て	てる	てる	てれ	てろ てよ
出る	○	で	で	でる	でる	でれ	でろ でよ
寝る	○	ね	ね	ねる	ねる	ねれ	ねろ ねよ
経る	○	へ	へ	へる	へる	へれ	へろ へよ

基本形	語幹	活用語尾					
		未然形	連用形	終止形	連体形	仮定形	命令形
食べる	食	べ	べ	べる	べる	べれ	べろ べよ
求める	求	め	め	める	める	めれ	めろ めよ
入れる	入	れ	れ	れる	れる	れれ	れろ れよ

一段活用动词中，下一段动词「くれる」的命令形比较特殊，是「れ」，不是「れろ」和「れよ」。下面是「くれる」的活用表。

「くれる」活用表

基本形	語幹	活用語尾					
		未然形	連用形	終止形	連体形	仮定形	命令形
くれる	く	れ	れ	れる	れる	れれ	れ

可能动词（可能動詞）是由五段活用动词未然形后续可能助动词「れる」经约音而形成的动词。例如：「行ける」「出せる」「待てる」「飲める」「作れる」都是可能动词。可能动词属于下一段活用，但是没有命令形。下面的可能动词活用表归纳了可能动词「行ける」「出せる」「待てる」「飲める」「作れる」词尾活用的情况。

可能动词活用表

基本形	語幹	活用語尾					
		未然形	連用形	終止形	連体形	仮定形	命令形
行ける	行	け	け	ける	ける	けれ	○
出せる	出	せ	せ	せる	せる	せれ	○
待てる	待	て	て	てる	てる	てれ	○
飲める	飲	め	め	める	める	めれ	○
作れる	作	れ	れ	れる	れる	れれ	○

7.2.3　カ行变格活用动词

カ行变格活用动词（カ行变格活用動詞）只有「来る」一个词。

下面是カ行变格活用动词「来る」的活用表。

カ行変格活用动词「来る」活用表

基本形	語幹	活用語尾					
		未然形	連用形	終止形	連体形	仮定形	命令形
来<small>く</small>る	○	こ	き	くる	くる	くれ	こい

　　カ行变格活用动词「来る」的基本形是「来る」。「来る」的活用变化不规则，
没有词干和词尾的区别。

　　「来る」的「未然形」是「こ」。「こ」可以后续助动词「ない」「ぬ」「よう」
「させる」「られる」等。

　　「来る」的「連用形」是「き」。「き」可以后续助动词「ます」「た」「たい」
和助词「て」「たり」「ながら」「つつ」等。

　　「来る」的「終止形」是「くる」。终止形「くる」可以用来结束句子，也可以
后续助动词「らしい」和助词「が」「から」「し」「や」「か」「よ」等。

　　「来る」的「連体形」是「くる」。连体形「くる」可以用来连接体言，也可以
后续助动词「ようだ」和助词「より」「のに」「ので」「ほど」「だけ」「まで」等。

　　「来る」的「仮定形」是「くれ」。假定形「くれ」可以后续助动词「ば」等。

　　「来る」的「命令形」是「こい」。命令形「こい」可以用来以命令的语气结束句子，
也可以后续助词「よ」等。

7.2.4　サ行変格活用动词

　　サ行变格活用动词（サ行変格活用動詞）中最主要的动词是「する」。

　　下面是サ行变格活用动词「する」的活用表。

サ行変格活用动词「する」活用表

基本形	語幹	活用語尾					
		未然形	連用形	終止形	連体形	仮定形	命令形
する	○	し せ さ	し	する	する	すれ	しろ せよ

　　サ行变格活用动词「する」的基本形是「する」。「する」的活用变化不规则，
没有词干和词尾的区别。

「する」的「未然形」有三种形式，分别是「し」「せ」「さ」。「し」可以后续助动词「ない」「よう」，「せ」可以后续助动词「ぬ」，「さ」可以后续助动词「せる」「れる」。

「する」的「連用形」是「し」。「し」可以后续助动词「ます」「た」「たい」和助词「て」「たり」「ながら」「つつ」等。

「する」的「終止形」是「する」。终止形「する」可以用来结束句子，也可以后续助动词「らしい」和助词「が」「から」「し」「や」「か」「よ」等。

「する」的「連体形」是「する」。连体形「する」可以用来连接体言，也可以后续助动词「ようだ」和助词「より」「のに」「ので」「ほど」「だけ」「まで」等。

「する」的「仮定形」是「すれ」。假定形「すれ」可以后续助词「ば」等。

「する」的「命令形」有「しろ」和「せよ」两种形式。「しろ」主要用于口语，「せよ」主要用于书面语。

除了「する」，サ行变格活用动词还包括「〜する」和「〜ずる」形式的サ行变格复合动词。例如：「勉強する」「練習する」「努力する」「旅する」「略する」「発する」「信ずる」「重んずる」「先んずる」等。

サ行变格复合动词的活用与「する」的活用基本一致。不过，「〜ずる」形式的サ行变格复合动词的未然形只有「じ」和「ぜ」两种形式。

下面是サ行变格复合动词「勉強する」「信ずる」的活用表。

サ行变格复合动词「勉強する」「信ずる」活用表

基本形	語幹	活用語尾					
		未然形	連用形	終止形	連体形	仮定形	命令形
勉強する	勉強	し せ さ	し	する	する	すれ	しろ せよ
信ずる	信	じ ぜ	じ	ずる	ずる	ずれ	じろ ぜよ

7.3 动词的构成

动词按其构成方式可以分为：单纯动词（単純動詞）和合成动词（合成動詞）。合成动词又可以分为：复合动词（複合動詞）和派生动词（派生動詞）。

（1）单纯动词（単純動詞）和合成名词（合成動詞）

　　单纯动词指按现阶段的语言概念从意义和词形上不可以再分成两个或两个以上词素的动词。

　　合成动词指按现阶段的语言概念，从意义和词形上可以再分成两个或两个以上词素的动词。合成动词包括复合动词和派生动词。

> ☞　単純動詞：見る、取る、降る、書く、読む、食べる、調べる…
> ☞　合成動詞：見回る、受け取る、食べきる、取り調べる、怖がる…

（2）复合动词（複合動詞）

　　复合动词指从意义和词形上由两个或两个以上具有独立概念的词素构成的动词。

　　构成复合动词的词素中，后项词素都是动词词素，前项词素大多是动词词素，也可以是名词词素、形容词词素、副词词素等。

> ☞　動詞＋動詞→複合動詞
> 　　移り変わる、書き添える、叩き壊す、使い捨てる、走りぬく、話しあう…
> ☞　名詞＋動詞→複合動詞
> 　　気取る、手掛ける、根付く、間違う、練習する、キャッチする…
> ☞　形容詞の語幹＋動詞→複合動詞
> 　　近付ける、遠退く…
> ☞　副詞＋動詞→複合動詞
> 　　ゆっくりする、きらきらする…

　　由两个或两个以上动词词素构成的复合动词可以根据后项动词词素的意义和功能分成词汇性复合动词（語彙的複合動詞）和语法性复合动词（文法的複合動詞）两种类型。

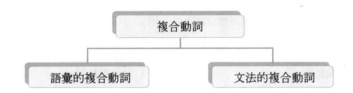

词汇性复合动词（語彙的複合動詞）的后项动词词素仍然表示其本来的词汇意义。如：动词「受け取る」的意思是"接受"，后项动词词素「取る」仍表示其本来的"取得"的意义。又如：动词「見回る」的意思是"巡视"，后项动词词素「回る」仍表示其本来的"巡回"的意义。

☞ 語彙的複合動詞：
明け渡す、洗い落とす、言い争う、浮かび上がる、受け取る、生まれ育つ、押し倒す、折り畳む、掻き混ぜる、兼ね備える、聞き漏らす、組み立てる、縛り付ける、注ぎ込む、積み上げる、閉じ籠もる、成し遂げる、弾き飛ばす、跳ね起きる、奮い起こす、待ち焦がれる、見回る、揺り落とす、寄り集まる…

语法性复合动词（文法的複合動詞）又称为统语性复合动词（統語的複合動詞），其后项动词词素主要承担语法功能。如：动词「食べきる」表示"吃完"，并不是「食べる」加上「切る」的意思，后项动词词素「きる」表示动作完成的状态。又如：动词「降りだす」表示"开始下雨"，并不是「降る」加上「出す」的意思，后项动词词素「だす」表示动作开始的状态。

而动词「言いだす」如果表示"说出口"，是「言う」加上「出す」的意思，属于词汇性复合动词；如果表示"开始说"，后项动词词素「だす」表示动作开始的状态，则属于语法性复合动词。

常用语法性复合动词

意味	形態	語例
始動	〜かける	落ちかける
	〜だす	降りだす
	〜はじめる	演奏しはじめる
	〜かかる	攻めかかる
継続	〜つづける	歩きつづける

意味	形態	語例
完了	～おえる	歌いおえる
	～おわる	話しおわる
	～つくす	調べつくす
	～きる	食べきる
	～とおす	黙りとおす
	～ぬく	やりぬく
未遂	～かねる	賛成しかねる
	～のこす	やりのこす
過剰行為	～すぎる	考えすぎる
再試行	～なおす	作りなおす
相互行為	～あう	助けあう

（3）派生动词（派生動詞）

派生动词指附有接头词或接尾词的动词。

在含有接头词的派生动词中，接头词主要用来加强语气。

> ☞　接頭語を含む派生動詞：
> 打ち切る、押し寄せる、押っ立てる、差し迫る、図抜ける、立ち入る、
> 突っ込む、取り壊す、引き合わせる、引っ込む、ぶちまける…

在含有接尾词的派生动词中，接尾词可以增添一定的意义或语感。如果前部词素原本不是动词，接尾词还可以起到词类转化的作用。

> ☞　接尾語を含む派生動詞：
> 芝居がかる、得意がる、涙ぐむ、笑いこける、書きさす、油じみる、
> 浮き足立つ、がたつく、活気づく、食べつける、調子づける、汗ばむ、
> 形式張る、古びる、上品ぶる、冗談めかす、春めく…

7.4　自动词和他动词

动词根据是否需要宾语可以分成 3 种类型：自动词（自動詞）、他动词（他動詞）和自他两用动词（自他両用動詞）。

（1）自动词（自動詞）

自动词指不需要借助宾语动词本身能完整地表现主语的动作或作用的词。

☞　自動詞：
会う、遊ぶ、ある、行く、居る、要る、来る、困る、咲く、違う、泣く、なる、眠る、寝る、太る…

（2）他动词（他動詞）

他动词指动词需要借助宾语才能完整地表现主语的动作或作用的词。

☞　他動詞：
洗う、祈る、売る、置く、送る、書く、飾る、借りる、聞く、着る、誘う、調べる、知る、拾う、迎える、譲る、呼ぶ、忘れる…

（3）自他两用动词（自他両用動詞）

自他两用动词指同时兼有自动词和他动词功能的词。

☞　自他両用動詞：
開く、閉じる、増す、伴う、触れる、間違う、寄せる、怒る、笑う、吹く、持つ、働く、引く…

自他两用动词用法举例如下。

自他両用動詞		用例
開く	自動詞	ドアが開く（门打开）
	他動詞	ドアを開く（开门）
閉じる	自動詞	シャッターが閉じる（快门关闭）
	他動詞	シャッターを閉じる（关闭快门）
増す	自動詞	年齢が増す（年龄增长）
	他動詞	年齢を増す（增长年龄）
伴う	自動詞	危険が伴う（危险伴随）
	他動詞	危険を伴う（伴随危险）

自他両用動詞		用例
触 れる	自動詞	手が触れる（手触摸）
	他動詞	手を触れる（触摸手）
間違 う	自動詞	判断が間違う（判断错误）
	他動詞	判断を間違う（错误判断）
寄 せる	自動詞	波が寄せる（波浪靠近）
	他動詞	眉を寄せる（皱眉）
怒 る	自動詞	僕が怒る（我生气）
	他動詞	僕を怒る（训斥我）
笑 う	自動詞	子供が笑う（孩子笑）
	他動詞	子供を笑う（嘲笑孩子）
吹 く	自動詞	風が吹く（刮风）
	他動詞	喇叭を吹く（吹牛）
持 つ	自動詞	天気が持つ（天气稳定）
	他動詞	疑問を持つ（有疑问）
働 く	自動詞	頭が働く（动脑筋）
	他動詞	盗みを働く（偷盗）
引 く	自動詞	潮が引く（退潮）
	他動詞	興味を引く（引起兴趣）

　　学习日语语法，很重要的一点是要分清自动词和他动词。有一些自动词和他动词的词干或词源相同，这些动词称为有对动词（有対動詞）。如：「立つ」和「立てる」、「始まる」和「始める」、「起こる」和「起こす」等都属于有对动词。

　　没有相对应的他动词或自动词的词称为无对动词（無対動詞）。其中，只有自动词而没有相对应的他动词的词称为无对自动词（無対自動詞），如：「歩く」「寝る」「来る」「泳ぐ」等。只有他动词而没有相对应的自动词的词称为无对他动词（無対他動詞），如：「書く」「読む」「買う」「話す」等。

　　分辨有对动词的自他性主要有以下 3 条规律。

（1）词尾是「す」的动词一般是他动词，其对应的词是自动词。

	他動詞		自動詞	
1	動 かす	手を動かす（动手）	動 く	目が動く（眼睛动）

	他動詞		自動詞	
2	移す	場所を移す（改变地点）	移る	風邪が移る（感冒传染）
3	起こす	問題を起こす（产生问题）	起こる	現象が起こる（现象产生）
4	落とす	汚れを落とす（去除污垢）	落ちる	視力が落ちる（视力下降）
5	驚かす	客を驚かす（令客人吃惊）	驚く	医師が驚く（医生吃惊）
6	帰す	若者を帰す（让年轻人回去）	帰る	長女が帰る（长女回去）
7	返す	お金を返す（还钱）	返る	答えが返る（得到答复）
8	乾かす	髪を乾かす（弄干头发）	乾く	喉が乾く（口渴）
9	消す	画面を消す（消除画面）	消える	記憶が消える（记忆消失）
10	転がす	玉を転がす（滚珠子）	転がる	玉が転がる（珠子滚动）
11	冷ます	熱を冷ます（退烧）	冷める	水が冷める（水冷却）
12	散らす	火花を散らす（使火星飞溅）	散る	花が散る（花凋谢）
13	照らす	水面を照らす（照亮水面）	照る	日が照る（太阳照耀）
14	出す	声を出す（发出声音）	出る	汗が出る（流汗）
15	直す	癖を直す（改正坏毛病）	直る	機嫌が直る（心情变好）
16	治す	病気を治す（治病）	治る	傷が治る（伤口痊愈）
17	無くす	無駄を無くす（消除浪费）	無くなる	不安が無くなる（不安消失）
18	鳴らす	警鐘を鳴らす（敲响警钟）	鳴る	ベルが鳴る（铃响）
19	逃がす	チャンスを逃がす（错过机会）	逃げる	泥棒が逃げる（小偷逃走）
20	残す	課題を残す（留下课题）	残る	疲れが残る（疲劳未消）
21	伸ばす	手を伸ばす（伸手）	伸びる	背が伸びる（个子长高）
22	冷やす	頭を冷やす（使头脑冷静）	冷える	体が冷える（身体发冷）
23	増やす	知識を増やす（增长知识）	増える	赤字が増える（赤字增加）
24	減らす	支出を減らす（减少支出）	減る	体重が減る（体重减轻）
25	回す	手を回す（手背过去）	回る	目が回る（头晕眼花）

		他動詞		自動詞
26	燃やす	情熱を燃やす（热情洋溢）	燃える	家が燃える（房子着火）
27	戻す	仲を戻す（恢复关系）	戻る	体重が戻る（体重复原）
28	沸かす	風呂を沸かす（烧洗澡水）	沸く	湯が沸く（水烧开）

（2）词尾是「れる」的动词一般是自动词，其对应的词是他动词。这条规律存在少数例外。

		他動詞		自動詞
1	現す	効果を現す（显露效果）	現れる	変化が現れる（出现变化）
2	生む	偏見を生む（产生偏见）	生まれる	子供が生まれる（孩子诞生）
3	売る	商品を売る（出售商品）	売れる	本が売れる（书畅销）
4	折る	紙を折る（折纸）	折れる	骨が折れる（费劲）
5	隠す	顔を隠す（遮住脸）	隠れる	耳が隠れる（耳朵遮住）
6	切る	電話を切る（挂断电话）	切れる	期限が切れる（到期）
7	崩す	バランスを崩す（打乱平衡）	崩れる	列が崩れる（队形打乱）
8	零す	涙をこぼす（落泪）	零れる	笑みがこぼれる（露出笑容）
9	壊す	関係を壊す（破坏关系）	壊れる	雰囲気が壊れる（气氛破坏）
10	知る	実情を知る（知道实情）	知れる	お里が知れる（现出原形）
11	倒す	幕府を倒す（推翻幕府）	倒れる	木が倒れる（树倒下）
12	潰す	暇を潰す（消磨时间）	潰れる	会社が潰れる（公司倒闭）
13	濡らす	頬を濡らす（弄湿面颊）	濡れる	服が濡れる（衣服淋湿）
14	外す	席を外す（离席）	外れる	ねじが外れる（螺丝脱落）
15	乱す	秩序を乱す（扰乱秩序）	乱れる	リズムが乱れる（节奏混乱）
16	汚す	大気を汚す（污染大气）	汚れる	手が汚れる（手脏）
17	割る	薪を割る（劈柴）	割れる	地面が割れる（地面裂开）

常用动词中「入れる」是他动词，属于例外。

	他動詞		自動詞	
例外	入れる	力を入れる（着力）	入る	金が入る（得到钱）

（3）词尾不是「れる」的下一段活用动词一般是他动词，其对应的词是自动词。这条规律存在少数例外。

	他動詞		自動詞	
1	上げる	効率を上げる（提高效率）	上がる	値段が上がる（价格上涨）
2	開ける	窓を開ける（开窗）	開く	戸が開く（门打开）
3	暖める	部屋を暖める（暖和屋子）	暖まる	体が暖まる（身体暖和起来）
4	集める	材料を集める（收集材料）	集まる	注目が集まる（引起关注）
5	改める	考えを改める（改变想法）	改まる	規則が改まる（规则修改）
6	痛める	心を痛める（痛心）	痛む	傷が痛む（伤口疼痛）
7	浮かべる	笑みを浮かべる（浮现笑容）	浮かぶ	涙が浮かぶ（泪水涌出）
8	変える	方法を変える（改变方法）	変わる	時代が変わる（时代变迁）
9	掛ける	時間をかける（花时间）	掛かる	鍵がかかる（锁上）
10	重ねる	努力を重ねる（反复努力）	重なる	不幸が重なる（祸不单行）
11	固める	基礎を固める（巩固基础）	固まる	証拠が固まる（证据确凿）
12	傾ける	耳を傾ける（倾听）	傾く	船が傾く（船只倾斜）
13	決める	計画を決める（决定计划）	決まる	価格が決まる（价格确定）
14	加える	制限を加える（加以限制）	加わる	関係者が加わる（相关者加入）
15	下げる	頭を下げる（低下头）	下がる	熱が下がる（退烧）
16	沈める	声を沈める（沉下声音）	沈む	日が沈む（日落）
17	閉める	店を閉める（关店）	閉まる	扉が閉まる（门扇关闭）
18	進める	計画を進める（推进计划）	進む	開発が進む（开发有进展）
19	育てる	人材を育てる（培养人才）	育つ	産業が育つ（产业壮大）
20	揃える	足並みを揃える（统一步伐）	揃う	条件が揃う（条件齐备）

	他動詞			自動詞	
21	助ける	人を助ける（助人）	助かる	命が助かる（生命得救）	
22	立てる	方針を立てる（制定方针）	立つ	腹が立つ（生气）	
23	建てる	病院を建てる（建造医院）	建つ	記念碑が建つ（树纪念碑）	
24	溜める	水を溜める（存水）	溜まる	仕事が溜まる（工作积压）	
25	縮める	距離を縮める（缩短距离）	縮む	毛穴が縮む（毛孔收缩）	
26	捕まえる	鼠を捕まえる（捕捉老鼠）	捕まる	犯人が捕まる（犯人被抓住）	
27	付ける	印を付ける（做记号）	付く	見当が付く（大致明白）	
28	続ける	論争を続ける（持续争论）	続く	平和が続く（和平持续）	
29	詰める	息を詰める（屏气）	詰まる	血管が詰まる（血管堵塞）	
30	届ける	書類を届ける（递送文件）	届く	手紙が届く（信件送达）	
31	止める	血を止める（止血）	止まる	呼吸が止まる（呼吸停止）	
32	泊める	旅行者を泊める(留旅客住宿)	泊まる	友人が泊まる（朋友投宿）	
33	並べる	肩を並べる（并肩）	並ぶ	数字が並ぶ（数字排列）	
34	乗せる	観客を乗せる（令观众兴奋）	乗る	相談に乗る（参与商量）	
35	載せる	荷物を載せる（装载行李）	載る	記事が載る（报道刊登）	
36	始める	準備を始める（开始准备）	始まる	番組が始まる（节目开始）	
37	広げる	視野を広げる（开阔视野）	広がる	範囲が広がる（范围扩展）	
38	ぶつける	頭をぶつける（撞头）	ぶつかる	視線がぶつかる（视线交汇）	
39	混ぜる	調味料を混ぜる（混合调料）	混ざる	音が混ざる（声音混杂）	
40	まとめる	意見をまとめる（汇总意见）	まとまる	交渉がまとまる(谈判有结果)	
41	見付ける	仕事を見付ける（找到工作）	見付かる	出口が見付かる（出口找到）	
42	止める	お酒を止める（戒酒）	止む	雨が止む（雨停）	
43	緩める	緊張を緩める（缓和紧张）	緩む	気が緩む（疏忽大意）	
44	弱める	力を弱める（削弱力量）	弱る	体が弱る（身体变弱）	

常用动词中「裂ける」「解ける」「抜ける」「焼ける」是自动词，不符合本规律，属于例外。

	他動詞			自動詞	
例外	裂く	仲を裂く（挑拨关系）	裂ける	喉が裂ける（喉咙撕裂）	
例外	解く	謎を解く（解谜）	解ける	術が解ける（法术解开）	
例外	抜く	息を抜く（歇口气）	抜ける	毛が抜ける（掉毛）	
例外	焼く	魚を焼く（烤鱼）	焼ける	トーストが焼ける（吐司烤热）	

少数有对动词不能纳入上述 3 条规律中，需要个别记忆。例如：「繋ぐ」和「繋がる」，「跨ぐ」和「跨る」等。

	他動詞			自動詞	
1	繋ぐ	手をつなぐ（拉手）	繋がる	電話がつながる（电话接通）	
2	跨ぐ	国境を跨ぐ（跨过国境）	跨る	馬に跨る（骑马）	

另外，还需要注意：「預かる」和「預ける」、「授かる」和「授ける」、「教わる」和「教える」虽然形态上与有对动词接近，但其实这些动词都是他动词。其区别不在于自他性，而在于动作的方向性。

	他動詞			他動詞	
1	預かる	子供を預かる（替人照料孩子）	預ける	子供を預ける（托人照料孩子）	
2	授かる	力を授かる（被赋予力量）	授ける	知識を授ける（传授知识）	
3	教わる	料理を教わる（跟人学习烹饪）	教える	料理を教える（教人烹饪）	

7.5 补助动词

补助动词（補助動詞）指本来的意义和用法的独立性比较淡薄，接在其他动词等之后起补助作用的动词，也称为形式动词（形式動詞）。补助动词书写时一般不使用汉字。与补助动词相对，具有动词本来的独立用法的词称为本动词（本動詞）。

☞　電車が走っている。【いる：補助動詞】
　　（电车正在行驶。）
☞　友達がいる。【いる：本動詞】
　　（我有朋友。）
☞　これらは学部生の教育も重視している大学である。【ある：補助動詞】
　　（这些都是重视本科生教育的大学。）
☞　日本の有名な大学にはどのような大学があるだろうか。【ある：本動詞】
　　（日本著名大学有哪些呢？）
☞　じゃがいもをそのまま食べきる。【きる：補助動詞】
　　（把土豆直接吃完。）
☞　ケーキを切る。【切る：本動詞】
　　（切蛋糕。）

补助动词可以根据能否单独构成句节分成两种类型：第 1 种是可以单独构成句节的动词；第 2 种是一部分复合动词的后项动词词素，不能单独构成句节。

第 1 种类型的补助动词有「いる」「ある」「おる」「おく」「みる」「みせる」「しまう」「くる」「いく」「やる」「あげる」「さしあげる」「もらう」「いただく」「くれる」「くださる」「ござる」「する」等。

而 7.3 中提到的「～かける」「～だす」「～はじめる」「～かかる」「～つづける」「～おえる」「～おわる」「～つくす」「～きる」「～とおす」「～ぬく」「～かねる」「～のこす」「～すぎる」「～なおす」「～あう」等形式的语法性复合动词的后项动词词素则属于第 2 种类型的补助动词。

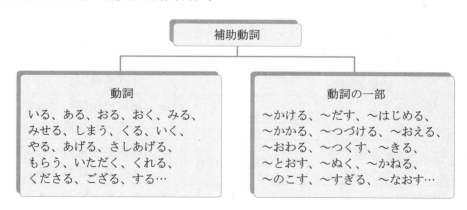

第 2 种类型的补助动词在 7.3 中已经提及，所以这里仅学习第 1 种类型的补助动词。第 1 种类型常用补助动词的主要用法归纳如下。

第 1 种类型常用补助动词的主要用法

	補助動詞	用法		用例
1	いる	動詞連用形＋て＋～	动作、作用持续	☞ 雨が降っている。 （正在下雨。）
			结果持续	☞ 彼女は実家に帰っている。 （她回老家了。）
			状态	☞ 模型は実物に似ている。 （模型与实物相似。）
			动作习惯性反复	☞ バスはいつも混んでいる。 （巴士总是很拥挤。）
			过去已经结束的动作	☞ 3年前に彼に会っている。 （3年前见过他。）
		形容動詞の連用形＋～	状态	☞ 家族は元気でいる。 （家人很健康。）
		ずに＋～ ないで＋～	"不……"的状态持续	☞ 母は何も知らずにいる。 （母亲什么也不知道。）
2	ある	名詞＋で＋～	判断	☞ あの人は医者である。 （那人是医生。）
			状态	☞ 企業は苦しかったはずである。 （企业应该很艰难。）
		形容詞連用形＋～	具有某种状态或性质	☞ 長くもあり短くもある。 （有长有短。）
		形容動詞連用形＋～	具有某种状态或性质	☞ 家の中はにぎやかである。 （家里很热闹。）
		動詞連用形＋て＋～	结果留存	☞ 茶碗が並べてある。 （摆着碗。）
			准备已做好	☞ 許可は申請してある。 （许可已申请。）
		動詞連用形＋つつ＋～	动作、作用正在进行	☞ 措置を実施しつつある。 （措施正逐步实施。）
3	おる	動詞連用形＋て＋～	动作、状态持续	☞ こう考えております。 （我这样考虑。） ☞ 知っておられる方、回答願います。 （知道的人士，请回答。）

	補助動詞		用法	用例
4	おく	動詞連用形＋て＋～	使结果留存	☞ メモして<u>おく</u>といい。（最好记录下来。）
			状态持续	☞ 冷蔵庫にしまって<u>おく</u>。（放进冰箱。）
			放任	☞ お友達のことは放って<u>おき</u>ましょう。（你朋友的事就别管了。）
			事先做好准备	☞ 行く前に電話して<u>おく</u>。（去之前先打个电话。）
			暂时做某事	☞ 一応この程度は言って<u>おく</u>。（暂且说到这个程度。）
5	みる	動詞連用形＋て＋～	尝试做某事	☞ いろいろ質問して<u>みる</u>。（试着问各种问题。）
6	みせる	動詞連用形＋て＋～	"一定做……"，表示说话人强烈的意志	☞ 俺は百歳まで生きて<u>みせる</u>。（老子一定要活到100岁！）
7	しまう	動詞連用形＋て＋～	动作或状态完成，强调结束或增添事与愿违、为难的语气	☞ 肝心な所を忘れて<u>しまった</u>。（把重要的地方忘了。）
8	くる	動詞連用形＋て＋～	向说话人方向靠近	☞ ハエが飛ん<u>で</u>きた。（苍蝇飞来了。）
			在别处做某事后返回	☞ お散歩に行って<u>き</u>ます。（我去散散步再回来。）
			事态出现或现象发生	☞ 新しい問題が生まれて<u>くる</u>。（产生新问题。）
			动作持续反复直到现在	☞ 選手たちには「自分を信じろ」と言って<u>き</u>た。（我一直对选手们说："要相信自己。"）
			事态发展到某阶段	☞ 眠くなって<u>き</u>た。（觉得困了。）
9	いく	動詞連用形＋て＋～	远离	☞ 声が遠ざかって<u>いく</u>。（声音渐渐远去。）
			某倾向增强	☞ あの子は日増しに可愛くなって<u>いく</u>。（那孩子越来越可爱了。）

	補助動詞		用法		用例
			动作、状态持续	☞	こうして次第にシステムを改善して<u>いく</u>。 （就这样逐渐改善系统。）
10	やる	動詞連用形＋て＋～	为别人做某事，用于上对下的关系	☞	子供におもちゃを買って<u>やる</u>。 （给孩子买玩具。）
			怀着强烈的意志做某事	☞	明日辞職して<u>やる</u>。 （我明天要辞职！）
11	あげる	動詞連用形＋て＋～	为别人做某事，用于同辈的关系	☞	案内して<u>あげる</u>。 （给你介绍。）
12	さしあげる	動詞連用形＋て＋～	为别人做某事，是自谦的说法，比「あげる」更有敬意	☞	皆様方にお茶を立てて<u>さしあげ</u>てください。 （请为各位沏茶。）
13	もらう	動詞連用形＋て＋～	请别人为自己做某事，或别人主动为自己做某事，从而自己受益	☞	施設の職員に協力して<u>もらう</u>。 （请设施的职员协助。）
			由于别人的行为，自己受害	☞	そんなことを言って<u>もらっ</u>ては困る。 （你说那种话，就难办了。）
14	いただく	動詞連用形＋て＋～	请别人为自己做某事，或别人主动为自己做某事，从而自己受益，是自谦的说法，比「もらう」有敬意	☞	人員を確保して<u>いただく</u>。 （请为我们确保人数。）
		お＋動詞連用形＋～ ご＋サ変動詞語幹＋～	请别人为自己做某事，或别人主动为自己做某事，从而自己受益，是自谦的说法，比「動詞連用形＋て＋いただく」更有敬意	☞	その点だけお答え<u>いただき</u>たいと思います。 （仅就这一点，我想请您回答。）
15	くれる	動詞連用形＋て＋～	别人为自己做某事，从而自己受益	☞	彼女が東京駅まで送って<u>くれ</u>た。 （她把我送到了东京站。）
			由于别人做某事，自己受害	☞	お前たちはとんでもないことをして<u>くれた</u>。 （你们给我惹了大麻烦。）

	補助動詞	用法		用例
16	くださる	動詞連用形＋て＋〜	別人为自己做某事，从而自己受益，是尊敬的说法，比「くれる」有敬意	☞ 担当の方はとても親切に説明してくださいました。（负责人非常热情地为我做了说明。）
		お＋動詞連用形＋〜 ご＋サ変動詞語幹＋〜	別人为自己做某事，从而自己受益，是尊敬的说法，比「動詞連用形＋て＋くださる」更有敬意	☞ ようこそお越しくださいました。（欢迎您前来。）
17	ござる	名詞＋で＋〜	判断，是郑重的说法	☞ これは否定しがたい事実でございます。（这是难以否定的事实。）
18	する	動詞連用形＋は、も、でも、さえ、こそ＋〜	对动作或动作的否定形式加以强调	☞ 忘れもしない。（绝不会忘记。）
		お＋動詞連用形＋〜 ご＋サ変動詞語幹＋〜	表示自谦	☞ 皆さまのご参加を心よりお待ちしています。（衷心期待各位参加。）

📝 课外练习

一、次の表の空欄に、各語の語尾の活用を記入しなさい。

動　詞　活　用　表

動詞の種類	動詞の基本形	活用形／語幹	未然形	連用形	終止形	連体形	仮定形	命令形
五段活用動詞	焼く							
	飲む							
	洗う							
	話す							
	なさる							

動詞の種類	動詞の基本形	語幹 活用形	未然形	連用形	終止形	連体形	仮定形	命令形
上一段活用動詞	見る							
	生きる							
	できる							
下一段活用動詞	出る							
	答える							
カ行変格活用動詞	来る							
サ行変格活用動詞	する							
	練習する							

二、活用の種類によって次の動詞を分類しなさい。

仰ぐ、焦る、操る、営む、植える、老いる、覆う、納める、襲う、陥る、脅かす、飼う、省みる、関する、稼ぐ、構える、絡む、渇く、禁ずる、企てる、削る、煙る、命ずる、志す、感ずる、試みる、凝る、遮る、来る、避ける、授ける、妨げる、辞する、騒ぐ、触る、強いる、染みる、締める、記す、据える、滑る、済む、擦る、迫る、攻める、携わる、尋ねる、漂う、経つ、仕える、尽きる、継ぐ、尽くす、遂げる、する、唱える、富む、訳する、控える、率いる、浸す、誇る、褒める、譲る、論ずる、揺らぐ、緩める、揺れる、甘んずる、隔てる、経る、掘る、勝る、決する、交わる、巡る、更ける、踏まえる、踏む

五段活用動詞：

_____

_____

_____

_____

上一段活用動詞：

_____

_____

_____

下一段活用動詞：

_____

_____

_____

カ行変格活用動詞：

_____

サ行変格活用動詞：

_____

_____

三、次の動詞は五段活用動詞か一段活用動詞か指摘しなさい。

交じる、交ぜる、握る、見せる、焦る、任せる、締める、湿る、占める、閉める、
裏切る、限る、食い千切る、上げる、下げる、陰る、曲げる、捧げる、齧る、着る、
切る、明ける、嘲る、蹴る、遮る、しくじる、茂る、喋る、知る、変える、帰る、
返る、漲る、蘇る、甘える、述べる、滑る、浮かべる、並べる、過ぎる、契る、
寝る、練る、罵る、入れる、入る、走る、翻る、老ける、耽る、経る、減る、参る、
入れ替える、居る、要る、陥る、討ち入る、干る、散る、弄る、応じる

五段活用動詞：

_____

_____

_____

一段活用動詞：

_____

_____

_____

_____

四、次の単純動詞に振り仮名をつけなさい。

飽きる、欺く、扱う、謝る、著す、傷める、偽る、挑む、訴える、促す、奪う、
恨む、潤う、犯す、怠る、抑える、脅す、訪れる、衰える、織る、偏る、担ぐ、
兼ねる、交わす、築く、競う、鍛える、腐る、崩す、砕く、朽ちる、覆す、
悔やむ、敷く、茂る、慕う、従う、縛る、絞る、進める、廃れる、沿う、
損なう、染める、耐える、耕す、蓄える、黙る、賜る、垂れる、誓う、縮む、
費やす、慎む、募る、貫く、説く、伴う、慰める、嘆く、怠ける、濁る、担う、
脱ぐ、粘る、練る、臨む、映える、図る、励む、恥じる、弾む、果てる、
跳ねる、阻む、生やす、響く、膨らむ、舞う、賄う、紛れる、設ける、潜る、
催す、盛る、養う、敗れる、病む、和らげる、群がる、恵む、滞る、滅びる

五、次の複合動詞に振り仮名をつけなさい。

仰ぎ見る、遊び戯れる、洗い清める、併せ持つ、言い繕う、入り組む、
請け負う、受け継ぐ、打ち砕く、訴え出る、思い煩う、蹴飛ばす、責め苛む、
耐え忍ぶ、漂い出る、辿り着く、出揃う、滲み出る、練り固める、覗き見る、
這い入る、生え茂る、膨れ上がる、思い惑う、見積もる、割り当てる

六、次の派生動詞に振り仮名をつけなさい。

打ち消す、押し渡る、押っ広げる、差し押さえる、立ち返る、
突っ返す、取り扱う、引き続く、引っ手繰る、ぶち上げる、
黒みがかる、興がる、汗ぐむ、眠りこける、言いさす、垢じみる、秩序立つ、
調子づく、位置づける、気色ばむ、欲張る、大人びる、高ぶる、芝居めく

七、次の文中の動詞を見つけ、自動詞か他動詞かを判断し、その基本形を＿＿＿に書き入れなさい。

> 　　森の神様が砂原を旅する人々のために木や竹を生やして、真青に茂りました。その真中に清い泉を湧かして渇いた人々に飲ましました。すると大勢の人が来て木の下へ家を立て並べて森のまわりに柵をして、中へ休みに入る人からお金を取りました。水を飲む人からはその上にまたお金を取りました。
> 　　森の神様はこんな意地の悪い人々を憎んで、森を枯らして泉を涸らしてしまいました。
> 　　旅人からお金を取った人々は大層困って「何という意地の悪い神様だろう」と、森の神様を怨みました。
> 　　森の神様は言いました。
> 　　「私はお前たちのためにこの森をこしらえたのではない。旅人のためにこしらえたのだ。」

自動詞：

＿＿＿＿＿＿＿＿＿＿＿＿＿＿＿＿＿＿＿＿＿＿＿＿＿＿＿＿＿＿＿＿＿＿＿＿＿＿

他動詞：

＿＿＿＿＿＿＿＿＿＿＿＿＿＿＿＿＿＿＿＿＿＿＿＿＿＿＿＿＿＿＿＿＿＿＿＿＿＿

＿＿＿＿＿＿＿＿＿＿＿＿＿＿＿＿＿＿＿＿＿＿＿＿＿＿＿＿＿＿＿＿＿＿＿＿＿＿

八、次の各文中の下線を引いた言葉の品詞名を（　　　　　　）の中に書きなさい。

　　（注意：助詞や助動詞は必ずその下位分類の名で書きなさい。）

1.　ついでがあり次第お届けします。　（　　　　　　　　　　）

2.　大阪は東京についで大きな都会です。　（　　　　　　　　　　）

3.　いまかえってきたばかりです。　（　　　　　　　　　　）

4.　道がこんでいるときは、自動車より歩くほうがかえって早い。（　　　　　　　　　　）

5.　うっかり約束を忘れてしまった。　（　　　　　　　　　　）

6.　うっかりしてころんでしまった。　（　　　　　　　　　　）

7.　なりは小さいが力はある。　（　　　　　　　　　　）

8.　子供は子供なりの考えがある。　（　　　　　　　　　　）

9.　山へなり海へなり行く。　（　　　　　　　　　　）

10.　彼は病気になりました。　（　　　　　　　　　　）

11.　彼は細君の言いなりしだいになっている。　（　　　　　　　　　　）

12.　帰ってくるなり寝てしまった。　（　　　　　　　　　　）

九、次の各文の（　　）の中から正しいものを選んでその記号に○を付けなさい。

1.　彼は食事を（a する　b した）後、手を洗います。

2.　仕事を（a する　b した）前に、やり方を考えなさい。

3.　大阪に（a 行った　b 行く）途中、名古屋に寄りました。

4.　九州に（a 行く　b 行った）とき、この地図を持っていってください。

5.　京都に（a 行く　b 行った）とき、京人形を買ってきました。

6.　虹がだんだん消えて（a いく　b くる）。

7.　彼の考えが分かって（a いった　b きた）。

8.　友達を迎えに駅へ行って（a いく　b くる）。

9.　ドアにかぎがかけて（a ある　b いる　c おく）。

10.　電話をかけて（a いた　b あった　c おいた）ほうがいいです。

11.　帰って（a みれ　b あれ　c いれ　d おけ）ば、家にはだれもいなかった。

12.　ホテルは予約して（a いる　b ある　c みる　d おく）から、問題はないんです。

13.　ばかなことを言って（a いた　b あった　c しまった）。

十、中国語の"能借给我……吗？"に対応する日本語の表現はどのようなものであろうか。
1〜15の表現があるが、次の（　　　　　）に入れるのにふさわしいものに○、ふさわしくないものに×をつけなさい。

　　　中国語：如果您方便的话，那本书能借给我一个星期左右吗？

　　　日本語：もし、お差し支えなければ、その本を一週間ばかり（　　　　　　　）

1.　お貸しくださいませんでしょうか。

2.　お貸ししてくださいませんでしょうか。

3.　お貸しいただきませんでしょうか。

4.　お貸しいただけませんでしょうか。

5.　お貸しできませんでしょうか。

6.　貸してくださいませんでしょうか。

7.　貸していただきませんでしょうか。

8.　貸していただけませんでしょうか。

9.　お貸しねがいませんでしょうか。

10.　お貸しねがえませんでしょうか。

11.　借りていただけませんでしょうか。

12.　お借りできませんでしょうか。

13. お借りしてもよろしいでしょうか。

14. 貸してもよろしいでしょうか。

15. お貸ししてもよろしいでしょうか。

十一、次の文章を朗読し、中国語に訳しなさい。

金田一春彦は動詞の表す動作・作用が時間的にどのように捉えられているかによって、次の数種類が立てられることを説いた。すなわち、状態動詞、継続動詞、瞬間動詞及び第四種の動詞である。

動詞を二分して動作を表す動作動詞と状態を表す状態動詞とにする。「机がある」の「ある」、「英語の会話ができる」の「できる」など、「～ている」の形にならないものを状態動詞とし、「～ている」の形になるものを動作動詞とする。

継続動詞は、ある時間内続いて行われる動作・作用を表す動詞である。「～ている」の形で動作・作用の進行の状態を表す。「読む、書く、（雨が）降る、（風が）吹く」などである。一方、瞬間動詞は、瞬間に終わってしまう動作・作用を表す動詞である。「～ている」の形で、「その動作・作用が終わってその結果が残存している」ことを表す。「死ぬ、（電灯が）付く、結婚する、卒業する」などである。

金田一春彦のいう第四種の動詞は、状態を帯びる意の動詞である。いつも「～ている」の形で状態を表すのに用いられる。「山がそびえている」の「そびえる」、「あの人は高い鼻をしている」の「する」などである。

第8课　形容词

8.1　形容词的性质和用法

形容词（形容詞^{けいようし}）是表示事物的性质、状态或心情、感情等，基本形以「い」结尾的独立词。形容词属于用言，有活用。

形容词的用法不少，可以构成谓语、连体修饰语、连用修饰语等。其中，可以单独构成谓语，是形容词最大的特点。

（1）形容词可以单独构成谓语。

> ☞　こういう発見があるから、旅は楽しい。
> 　　（因为有这样的发现，所以旅行很快乐。）
> ☞　下北半島の冬は寒い。
> 　　（下北半岛的冬天很冷。）

形容词也可以后续助动词、助词构成谓语。

> ☞　人の善意に触れるというのは、本当にすばらしかった。
> 　　（接触到别人的善意，真的很棒。）
> ☞　歩くのが遅いよ。
> 　　（走得很慢啊。）

（2）形容词可以单独构成连体修饰语。

> ☞　あの小説家はとても優しい方だったと思われます。
> 　　（我认为那个小说家是非常善良的人。）
> ☞　短い間でしたが、どうもお世話になりました。
> 　　（虽然时间很短，谢谢您的照顾。）

形容词也可以后续助动词、助词构成连体修饰语。

> ☞　今までの人生の中で一番嬉しかった出来事は何ですか？
> 　　（迄今为止人生中最开心的事情是什么？）

（3）形容词可以单独构成连用修饰语。

> ☞　その問題について細かく伺おうと思っております。
> （关于那个问题我想详细请教。）
> ☞　先生からご回答をいただいて、私どもも非常に心強く感じたわけで
> ございます。
> （从老师那里得到答复，我们也感到非常有信心。）

形容词也可以后续助动词、助词构成连用修饰语。

> ☞　この反論にはあまり説得力がないように思える。
> （我觉得这个反驳没有什么说服力。）

此外，形容词的词干有很强的独立性，有时在句子中可以单独构成谓语，表示感叹、惊讶等。

> ☞　【子供たちが大変な速さでカレーを食べ終わった様子を見て】はや！
> （【看到孩子们飞快地吃完咖喱】好快！）
> ☞　【木の大変高いところにボールが引っかかったのを見て】うわ、たか！
> （【看到球卡在树上非常高的地方】哇，好高！）
> ☞　【ビールを飲んで】あー、これうま！
> （【喝啤酒】啊，这个好喝！）

形容词词干也可以后续样态助动词「そうだ」构成谓语、连体修饰语、连用修饰语等。

> ☞　そっちの服の方が高そうだ。
> （那边的衣服看起来比较贵。）
> ☞　スーパーマーケットにはおいしそうなお菓子がある。
> （超市里有看上去很好吃的点心。）
> ☞　彼は面白くなさそうに言った。
> （他一脸无趣地说。）

8.2　形容词的活用

形容词的活用形有 5 种：未然形、连用形、终止形、连体形和假定形。形容词没有命令形。

下面是形容词「長い」的活用表。形容词的词尾都是「い」，所以所有形容词活用词尾的变化都与「長い」的「い」变化相同。

形容词「長い」活用表

基本形	語幹	活用語尾					
		未然形	連用形	終止形	連体形	仮定形	命令形
長い （なが）	長 （なが）	かろ から	く かっ	い	い	けれ	○

形容词「長い」的基本形是「長い」。

形容词的词尾是「い」。因此，「長い」活用表中，「未然形」「連用形」「終止形」「連体形」「仮定形」下面对应的部分填写的都是词尾「い」的变化。

「い」的「未然形」有两种形式，分别是「かろ」和「から」。「かろ」可以后续助动词「う」，「から」可以后续助动词「ぬ」。

「い」的「連用形」有两种形式，分别是「く」和「かっ」。「く」可以连接用言、表示中顿或后续助词「て」「は」「も」等，「かっ」可以后续助动词「た」和助词「たり」。

「い」的「終止形」是「い」。终止形「い」可以用来结束句子，也可以后续助动词「です」「らしい」和助词「が」「から」「し」「や」「か」「よ」等。

「い」的「連体形」是「い」。连体形「い」可以用来连接体言，也可以后续助动词「ようだ」和助词「より」「のに」「ので」「ほど」「だけ」「まで」等。

「い」的「仮定形」是「けれ」。假定形「けれ」可以后续助词「ば」等。

形容词的连用形后续「ございます」或「存じます」等时，经常会发生ウ音便（ウ音便（おんびん））。发生ウ音便时，不仅形容词词尾要变成「ウ」，而且有时词干的最后 1 个假名也会改变。

下面的表格列举了形容词「ウ」音便后续「ございます」的情况。

形容词ウ音便后续「ございます」

	形容詞語幹 最後の音	形容詞例	形容詞のウ音便＋ございます
1	ア段音	ありがたい（有難い）	ありがとうございます
		はやい（早い）	はようございます
		たかい（高い）	たこうございます
		あさい（浅い）	あそうございます
		すくない（少ない）	すくのうございます
		ちいさい（小さい）	ちいそうございます

	形容詞語幹 最後の音	形容詞例	形容詞のウ音便＋ございます
2	イ段音	よろ<u>し</u>い（宜しい）	よろ<u>しゅう</u>ございます
		うれ<u>し</u>い（嬉しい）	うれ<u>しゅう</u>ございます
		きび<u>し</u>い（厳しい）	きび<u>しゅう</u>ございます
		はげ<u>し</u>い（激しい）	はげ<u>しゅう</u>ございます
		ややこ<u>し</u>い	ややこ<u>しゅう</u>ございます
		むずか<u>し</u>い（難しい）	むずか<u>しゅう</u>ございます
		うつく<u>し</u>い（美しい）	うつく<u>しゅう</u>ございます
		おお<u>き</u>い（大きい）	おお<u>きゅう</u>ございます
3	ウ段音	わ<u>る</u>い（悪い）	わ<u>るう</u>ございます
		ひ<u>く</u>い（低い）	ひ<u>くう</u>ございます
		さ<u>む</u>い（寒い）	さ<u>むう</u>ございます
		ふ<u>る</u>い（古い）	ふ<u>るう</u>ございます
4	オ段音	お<u>お</u>い（多い）	お<u>おう</u>ございます
		つ<u>よ</u>い（強い）	つ<u>よう</u>ございます
		ひ<u>ろ</u>い（広い）	ひ<u>ろう</u>ございます

　　如上表所示，形容词「ウ」音便后续「ございます」主要分成四种情况：

（1）当形容词词干最后 1 个音节是「ア」段音时，这个音节变成「オ」段音，同时词尾「イ」变成「ウ」；

（2）当形容词词干最后 1 个音节是「イ」段音时，这个音节变成「ウ」段拗音，同时词尾「イ」变成「ウ」；

（3）当形容词词干最后 1 个音节是「ウ」段音时，这个音节没有变化，仅词尾「イ」变成「ウ」；

（4）当形容词词干最后 1 个音节是「オ」段音时，这个音节没有变化，仅词尾「イ」变成「ウ」。

8.3　形容词的构成

　　形容词按其构成方式可以分为：单纯形容词（単純形容詞）和合成形容词（合成形容詞）。合成形容词又可以分为：复合形容词（複合形容詞）、派生形容词（派生

形容詞）和叠语形容词（畳語形容詞）。

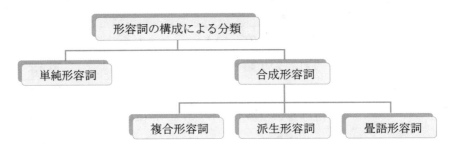

（1）单纯形容词（単純形容詞）和合成形容词（合成形容詞）

单纯形容词指按现阶段的语言概念，从意义和词形上不可以再分成两个或两个以上词素的形容词。

合成形容词指按现阶段的语言概念，从意义和词形上可以再分成两个或两个以上词素的形容词。合成形容词包括复合形容词、派生形容词和叠语形容词。

> ☞ 単純形容詞：良い、ない、寒い、多い、低い、楽しい、暖かい…
> ☞ 合成形容詞：肌寒い、粘り強い、か細い、忘れっぽい、よそよそしい…

（2）复合形容词（複合形容詞）

复合形容词指从意义和词形上，由两个或两个以上具有独立概念的词素构成的形容词。

构成复合形容词的词素中，后项词素都是形容词词素，前项词素大多是名词词素，也可以是形容词词素、动词词素、副词词素等。

> ☞ 名詞＋形容詞→複合形容詞
> 幅広い、心細い、肌寒い、目新しい、口堅い、気まずい、奥深い、塩辛い…
> ☞ 形容詞の語幹＋形容詞→複合形容詞
> 青白い、暑苦しい、甘酸っぱい、面白可笑しい、悪賢い…
> ☞ 動詞の連用形＋形容詞→複合形容詞
> 恐れ多い、粘り強い、聞き苦しい、慎み深い、見苦しい…
> ☞ 副詞＋形容詞→複合形容詞
> ひょろ長い…

（3）派生形容词（派生形容詞）

派生形容词指附有接头词或接尾词的形容词。

在含有接头词的派生形容词中，接头词主要用来加强语气或增添意义。

> ☞ 　接頭語を含む派生形容詞：
> 　　うそ寒い、うら若い、お寒い、か細い、気高い、小汚い、図太い、
> 　　しち難しい、素早い、空恐ろしい、た易い、手荒い、どぎつい、
> 　　どす黒い、生温い、野太い、ひだるい、ほの白い、ほろ苦い、
> 　　真新しい、真っ黒い、物寂しい…

在含有接尾词的派生形容词中，接尾词可以增添一定的意义或语感。如果前部词素原本不是形容词，接尾词还可以起到词类转化的作用。

> ☞ 　接尾語を含む派生形容詞：
> 　　晴れがましい、みだりがわしい、涙ぐましい、油っこい、煙たい、
> 　　未練たらしい、忘れっぽい、厚ぼったい、古めかしい、誇らしい…

另外，语法学家们对「～難い」「～づらい」「～やすい」「～にくい」「～臭い」等词中后项部分的看法不统一，有些认为是派生形容词的一部分，属于接尾词或者类似接尾词，有些则认为是复合形容词的一部分，属于补助形容词。

> ☞ 　信じ難い、話しづらい、分かりやすい、歩きにくい、水臭い…

（4）叠语形容词（畳語形容詞）

叠语形容词指由同一个词素重叠，再后续「しい」构成的形容词。重叠的词素可以是形容词词干、名词、动词连用形等。其中，动词连用形很少。

> ☞ 　形容詞の語幹＋同一形容詞の語幹＋しい→畳語形容詞
> 　　荒々しい、痛々しい、苦々しい、弱々しい、憎々しい、白々しい…
> ☞ 　名詞＋同一名詞＋しい→畳語形容詞
> 　　事々しい、福々しい、物々しい、よそよそしい、華々しい…
> ☞ 　動詞の連用形＋同一動詞の連用形＋しい→畳語形容詞
> 　　晴れ晴れしい、馴れ馴れしい…

8.4　补助形容词（補助形容詞）

补助形容词指本来的意义和用法的独立性比较淡薄，接在其他用言之后起补助作用的形容词，也称为形式形容词（形式形容詞）。

补助形容词书写时一般不使用汉字。补助动词和补助形容词统称为补助用言（補

助用言），也称为形式用言（形式用言）。

补助形容词主要有「ない」「ほしい」等。有些语法学家认为「難い」「づらい」「やすい」「にくい」「臭い」等也属于补助形容词。

「ない」作为形容词时，表示"没有、不存在……"的意思。作为补助形容词时，「ない」失去了其本来的"没有、不存在……"的意思，接在名词后续「で（は）」、形容词连用形、形容动词连用形、部分助动词连用形等后面对这些词加以否定，表示"不……"的意思。

☞　両者の間に大きな相違点が<u>ない</u>。【ない：形容詞　表示"没有……"】
　　（两者之间<u>没有</u>很大的差异。）

☞　それは人の耳に聴こえる音では<u>ない</u>。【ない：補助形容詞　表示"不……"】
　　（那<u>不</u>是人耳能听见的声音。）

☞　あの映画はあまり面白<u>くない</u>。【ない：補助形容詞　表示"不……"】
　　（那部电影<u>不</u>太有趣。）

☞　生活は楽で<u>ない</u>。【ない：補助形容詞　表示"不……"】
　　（生活<u>不</u>轻松。）

☞　北へは行きた<u>くない</u>。【ない：補助形容詞　表示"不……"】
　　（<u>不</u>想去北方。）

「ほしい」作为形容词时，表示"想要得到……"的意思。作为补助形容词时，「ほしい」接在动词连用形后续接续助词「て」后面，表示希望对方做某事，接在动词未然形后续「ないで」后面，表示希望对方不做某事。

☞　考える時間が<u>欲しい</u>。【ほしい：形容詞　表示"想要得到……"】
　　（<u>想要得到</u>思考的时间。）

☞　経費の削減について協力して<u>ほしい</u>。【ほしい：補助形容詞　表示希望对方做某事】
　　（<u>希望你</u>在经费削减方面加以协助。）

☞　悪口を言わ<u>ないでほしい</u>。【ほしい：補助形容詞　接在「ないで」后面，表示希望对方不做某事】
　　（<u>希望你不要</u>说坏话。）

課外練習

一、次の表の空欄に各語の語尾の活用形を記入しなさい。

（注意：活用形のない場合は空欄に〇をつけなさい。）

形　容　詞　活　用　表

基本形	語幹 活用形	未然形	連用形	終止形	連体形	仮定形	命令形
よい							
寒い							
楽しい							
小さい							
すばらしい							

二、次の各文中の下線を引いた言葉の品詞名を（　　　　）の中に書きなさい。

（注意：助詞や助動詞は必ずその下位分類の名で書きなさい。）

1.　それは<u>なく</u>てもさしつかえは<u>ない</u>。　（　　　　）（　　　　）

2.　水が<u>なけれ</u>ば何物も生きていることはできない。

　　　（　　　　）（　　　　）

3.　ぼくはそんなことは知ら<u>ない</u>。　（　　　　）

4.　暑くも<u>ない</u>し寒くも<u>ない</u>。　（　　　　）（　　　　）

5.　窓を閉め<u>ない</u>でください。　（　　　　）

6.　都合が悪いなら、行か<u>なく</u>てもかまわ<u>ない</u>。　（　　　　）（　　　　）

7.　この仕事は彼では頼り<u>ない</u>。　（　　　　）

8.　3月31日までに申込書を出さ<u>なけれ</u>ばなら<u>ない</u>。　（　　　　）（　　　　）

9.　彼は味気<u>ない</u>生活を送っていた。　（　　　　）

10.　こんなことをしてはだめじゃ<u>ない</u>か。　（　　　　）

11.　これは彼のもの<u>らしい</u>。　（　　　　）

12.　学生なら学生<u>らしく</u>しなさい。　（　　　　）

13.　彼は彼女が好き<u>らしい</u>。　（　　　　）

14.　あの人は不合格だった<u>らしい</u>。　（　　　　）

15.　そんなことを言うのはいかにも彼<u>らしい</u>。　（　　　　）

16.　どうやら事実<u>らしい</u>。　（　　　　）

三、次の単純形容詞に振り仮名をつけなさい。

浅ましい、危ない、勇ましい、怪しい、粗い、淡い、卑しい、惜しい、堅い、
難い、臭い、悔しい、汚らわしい、快い、好ましい、騒がしい、渋い、
酸っぱい、切ない、逞しい、貴い、尊い、乏しい、懐かしい、悩ましい、
望ましい、激しい、甚だしい、久しい、紛らわしい、喜ばしい、煩わしい

四、次の複合形容詞に振り仮名をつけなさい。

耳新しい、格好いい、片腹痛い、見目麗しい、残り多い、名残惜しい、
義理堅い、歯痒い、塩辛い、意地汚い、腹黒い、息苦しい、耳聡い、
口寂しい、計算高い、行儀正しい、程近い、人懐かしい、気恥ずかしい、
辛抱強い、執念深い、涙もろい、奥床しい、心弱い、底意地悪い、浅黒い、
甘辛い、薄暗い、堅苦しい、重苦しい、細長い、疑い深い、寝苦しい、
回りくどい、蒸し暑い、腹立たしい

五、次の派生形容詞に振り仮名をつけなさい。

心寂しい、か弱い、気怠い、小暗い、しち面倒臭い、空恥ずかしい、
手強い、ど偉い、生暖かい、ひ弱い、仄暗い、真っ白い、物憂い、
忘れ難い、恩着せがましい、人懐っこい、後ろめたい、憎たらしい、
気障っぽい、腫れぼったい、艶めかしい、勿体らしい

六、次の畳語形容詞に振り仮名をつけなさい。

重々しい、軽々しい、長々しい、初々しい、美々しい、雄々しい、女々しい、
毒々しい、騒々しい、若々しい、仰々しい、生々しい、馬鹿馬鹿しい、
猛々しい、艶々しい、疎々しい、甲斐甲斐しい、角々しい、図々しい、
由々しい、凛々しい、麗々しい、刺々しい、瑞々しい、禍々しい、空々しい

七、次の文中の（　　）に入れるのに適当なものを末尾のA～Gから選び、番号で記入
しなさい。

　　むかし、あるところに一匹の竜が住んでいました。力が非常に（　　）、
形も大層（　　）、それに（　　）毒を持っていましたので、あらゆる生
き物がこの竜に遭えば、（　　）ものは目に見ただけで気を失って倒れ、
（　　）ものでもその毒気にあたってまもなく死んでしまうほどでした。こ
の竜はあるとき、（　　）心を起して、これからはもう（　　）ことをし
ない、すべてのものを悩まさないと誓いました。そして、静かなところを求め
て林の中に入ってじっと道理を考えていましたが、とうとう疲れて眠りました。

　　A悪い　B激しい　C強く　D強い　Eよい　F恐ろしく　G弱い

八、次の段落を朗読し、中国語に訳しなさい。

　　形容詞は典型的な意味として人や事物の属性、人の感覚や感情を表す。活用
という語形変化をするので、文の中では連体修飾語として機能するほか、述語
や連用修飾語としても機能する。
　　動詞が動きや変化といった動的な事態を表すものが中心であるのに対して、
形容詞は静的な事態を表す。形容詞を意味の点から、属性を表すもの、感覚や
感情を表すもの、関係性や態度を表すものなどに分類することがある。感覚や
感情を表す形容詞が非過去形の言い切りの述語になる場合には、主語に一人称
の名詞しか使えないという人称制限が観察される。

（小矢野哲夫）

第9课　形容动词

9.1　形容动词的性质和用法

形容动词（形容動詞）是表示事物的性质、状态等，基本形以「だ」或「です」结尾的独立词。形容动词属于用言，有活用。

形容动词的用法不少，可以构成谓语、连体修饰语、连用修饰语等。其中，可以单独构成谓语，是形容动词最大的特点。

（1）形容动词可以单独构成谓语。

> ☞　起業家にとって、学習意欲や好奇心は非常に<u>大切だ</u>。
> 　　（对于创业者来说，学习的热情和好奇心非常重要。）
> ☞　海は<u>穏やかです</u>。
> 　　（大海很平静。）

形容动词也可以后续助动词、助词构成谓语。

> ☞　会社はマスコミ対応に<u>慎重でし</u>た。
> 　　（公司对待媒体很慎重。）
> ☞　その物語りはかなり<u>有名</u>だね。
> 　　（那个故事相当有名啊。）

（2）形容动词可以单独构成连体修饰语。

> ☞　中学生や高校生でも、<u>得意な</u>科目と<u>不得意な</u>科目があります。
> 　　（初中生和高中生也有擅长的科目和不擅长的科目。）
> ☞　本当に<u>幸せな</u>人であった。
> 　　（真是个幸福的人。）

形容动词也可以后续助动词、助词构成连体修饰语。

> ☞　じゅうぶん<u>清潔な</u>ような気がします。
> 　　（我感觉已经很干净了。）

（3）形容动词可以单独构成连用修饰语。

> ☞　今の窮状を緩和するため迅速に作業を進める。
> 　　（为了缓解目前的困境，迅速推进工作。）
> ☞　スケールは遥かに小さい。
> 　　（规模小得多。）

形容动词也可以后续助动词、助词构成连用修饰语。

> ☞　世論調査でも明らかなように、国民は依然として物価安定にきわめ
> 　　て大きな関心を寄せています。
> 　　（舆论调查也明确显示，国民依然对物价的稳定给予极大的关心。）

此外，形容动词的词干有很强的独立性，有时在句子中可以单独构成谓语，表示感叹、惊讶等。

> ☞　キノコが大好き！
> 　　（我最喜欢蘑菇！）
> ☞　わっ、笑顔が、すてき！
> 　　（哇，笑容太棒了！）
> ☞　ここは景色がきれい！
> 　　（这里景色真美！）

形容动词词干也可以后续助词以及样态助动词「そうだ」、推量助动词「らしい」等构成谓语、连体修饰语、连用修饰语等。

> ☞　あそこはちょっと不便かな。
> 　　（那里有点不方便吧。）
> ☞　元気そうな赤ちゃんね。
> 　　（看上去很健康的婴儿啊。）

9.2　形容动词的活用

形容动词按其活用形式可以分成两大类：ダ型活用形容动词（ダ型活用形容動詞）和タルト型活用形容动词（タルト型活用形容動詞）。

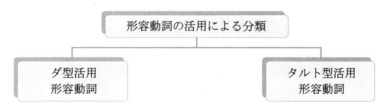

9.2.1 ダ型活用形容动词

ダ型活用形容动词，又称为ニナ型活用形容动词或ダナ型活用形容动词。其词尾是「だ」或「です」。「です」是敬体表达方式。「だ」与「です」的活用方式不同。

以「だ」为词尾的形容动词活用形有 5 种：未然形、连用形、终止形、连体形和假定形。没有命令形。

下面是形容动词「素直だ」的活用表。其他以「だ」为词尾的形容动词的词尾变化都与「素直だ」的「だ」变化相同。

形容动词「素直だ」活用表

基本形	語幹	活用語尾					
		未然形	連用形	終止形	連体形	仮定形	命令形
素直_{すなお}だ	素直_{すなお}	だろ	だっ で に	だ	な	なら	○

形容动词「素直だ」的基本形是「素直だ」。

词尾是「だ」。「素直だ」活用表中，「未然形」「連用形」「終止形」「連体形」「仮定形」下面对应的部分填写的都是词尾「だ」的变化。

「だ」的「未然形」是「だろ」。「だろ」可以后续助动词「う」。

「だ」的「連用形」有三种形式，分别是「だっ」「で」和「に」。「だっ」可以后续助动词「た」、助词「たり」等，「で」可以连接用言、表示中顿或后续助词「は」「も」「さえ」等，「に」可以作为连用修饰语修饰用言。

「だ」的「終止形」是「だ」。终止形「だ」可以用来结束句子，也可以后续传闻助动词「そうだ」和助词「が」「から」「し」「な」「よ」等。

「だ」的「連体形」是「な」。连体形「な」可以用来连接体言，也可以后续助动词「ようだ」和助词「のに」「ので」「ほど」「だけ」「まで」等。

「だ」的「仮定形」是「なら」。假定形「なら」可以后续助词「ば」等。

以「です」为词尾的形容动词活用形只有 3 种：未然形、连用形和终止形。没有连体形、假定形和命令形。

下面是形容动词「素直です」的活用表。其他以「です」为词尾的形容动词的词尾变化都与「素直です」的「です」变化相同。

形容动词「素直です」活用表

基本形	語幹	活用語尾					
		未然形	連用形	終止形	連体形	仮定形	命令形
素直(すなお)です	素直(すなお)	でしょ	でし	です	○	○	○

形容动词「素直です」的基本形是「素直です」。

词尾是「です」。「素直です」活用表中，未然形 連用形 終止形 下面对应的部分填写的都是词尾「です」的变化。

「です」的未然形是「でしょ」。「でしょ」可以后续助动词「う」。

「です」的連用形是「でし」。「でし」可以后续助动词「た」、助词「て」「たり」等。

「です」的終止形是「です」。终止形「です」可以用来结束句子，也可以后续传闻助动词「そうだ」和助词「が」「から」「し」「か」「よ」等。

在形容动词中，「こんなだ」「そんなだ」「あんなだ」「どんなだ」「同じだ」这些词的活用比较特殊。当这些词后续体言时，不是「こんなな／そんなな／あんなな／どんなな／同じな＋体言」的形式，应该是词干直接后续体言，即「こんな／そんな／あんな／どんな／同じ＋体言」的形式。有些语法学家把「こんな」「そんな」「あんな」「どんな」看作连体词，因此，本书在「～な」形连体词部分也列出了「こんな」「そんな」「あんな」「どんな」这4个词。

- ☞ 数年前、こんな事がありました。【こんな＋事】
  （几年前，发生过这样一件事。）
- ☞ そんなときもある。【そんな＋とき】
  （也有那样的时候。）
- ☞ あんな失敗は二度と繰り返したくない。【あんな＋失敗】
  （那样的失败我不想再重复一次。）
- ☞ どんな問題が起きているのですか？【どんな＋問題】
  （发生了什么样的问题？）
- ☞ 私も家族も同じ意見です。【同じ＋意見】
  （我和家人都是同样的意见。）

不过，「こんなだ」「そんなだ」「あんなだ」「どんなだ」「同じだ」后续「の」「ので」「のに」等助词时，仍然使用「こんなな／そんなな／あんなな／どんなな／同じな＋助詞」的形式。

- あの人の歌ってみんなあんななの？【あんなな＋の】

  （那个人的歌都是那样的吗？）
- これなら調理法が同じなので手間がかからないです。【同じな＋ので】

  （这样的话，因为烹饪方法相同，所以不费事。）
- 時給は同じなのに、あなたのほうがより多くの仕事をしなければならない羽目になる。【同じな＋のに】

  （虽然时薪相同，但你却不得不做更多的工作。）

9.2.2 タルト型活用形容动词

タルト型活用形容动词在文语中属于タリ活用，词尾是「たり」。在现代口语中，只有连用形和连体形这两种活用形。因为其连体形是「たる」，连用形是「と」，所以称为タルト型活用形容动词，又称为トタル型活用形容动词。

下面是形容动词「堂々たり」的现代口语活用表。其他以「たり」为词尾的形容动词在现代口语中的词尾变化都与「堂々たり」的「たり」变化相同。

形容动词「堂々たり」活用表（现代口语）

基本形	語幹	活用語尾					
		未然形	連用形	終止形	連体形	仮定形	命令形
堂々_{どうどう}たり	堂々_{どうどう}	○	と	○	たる	○	○

形容动词「堂々たり」的基本形是「堂々たり」。词尾是「たり」。

「たり」的「連用形」是「と」。连用形「と」可以用来连接用言等。

「たり」的「連体形」是「たる」。连体形「たる」可以用来连接体言等。

此外，还可以用「～として」的形式连接用言，用「～とした」的形式连接体言。

- 堂々と自信を持って実行しましょう。

  （堂堂正正地怀着自信去实行吧。）
- 五十がらみの堂々たる体躯の男だ。

  （是个五十岁左右身材魁梧的男人。）
- 彼は堂々として見える。

  （他看上去仪表堂堂。）
- 彼は声を張りあげ、堂々とした態度で意見を述べた。

  （他提高声音，以堂堂正正的态度陈述了意见。）

タルト型活用形容动词的词干大部分由两个汉字构成，也有少数由一个汉字构成。由两个汉字构成时，有些是同一汉字的重叠，有些是一个汉字后续「然」「乎」等，

还有些是两个意义相近汉字的组合。

☞　タルト型活用形容動詞の語幹

堂々、茫々、悠々、滔々、寥々、微々、満々、切々、平々凡々…

公然、整然、毅然、敢然、判然、依然、漠然、決然、歴然…

断乎、確乎、醇乎、茫乎…

絢爛、惨憺、彷彿、混沌、暗澹、朦朧、颯爽、澎湃…

惨、漠、厳、凛…

9.3　形容动词的构成

形容动词按其构成方式可以分为：复合形容动词（複合形容動詞）、派生形容动词（派生形容動詞）和叠语形容动词（畳語形容動詞）。

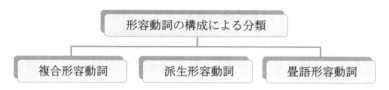

（1）复合形容动词（複合形容動詞）

复合形容动词指从意义和词形上，由两个或两个以上具有独立概念的词素构成的形容动词。

☞　複合形容動詞
いやだ、安心だ、親切だ、必要だ、熱心だ、暇だ、スマートだ、ラッキーだ…

有很多复合形容动词的词干也可以作为名词使用。

☞　形容動詞の語幹が名詞の性質を有するもの
巧み、幸せ、安心、親切、必要、熱心、暇、元気、平和、幸福、健康、正確、丁寧、自由、堅固、正直、上手、下手、得意、便利、不便、円滑、温和、過剰、寛容、希少、純粋、精密、善良、大胆、頻繁、平静、明白、勇敢、ラッキー…

（2）派生形容动词（派生形容動詞）

派生形容动词指附有接头词或接尾词的形容动词。

在含有接头词的派生形容词中，接头词主要用来加强语气或增添意义。

117

> ☞ 接頭語を含む派生形容動詞：
>
> 生真面目だ、素直だ、真っ白だ、まん丸だ、大威張りだ、小利口だ、
>
> 物静かだ、お気の毒だ、ご機嫌だ、過度だ、大好きだ、不満足だ、
>
> 無作法だ、未完成だ、無感動だ…

在含有接尾词的派生形容词中，接尾词可以增添一定的意义或语感。如果前部词素原本不是形容动词，接尾词还可以起到词类转化的作用。

> ☞ 接尾語を含む派生形容動詞：
>
> 静かだ、あり気だ、苦しげだ、賑やかだ、清らかだ、忘れがちだ、
>
> 印象的だ…

（3）叠语形容动词（畳語形容動詞）

叠语形容动词指由同一个词素重叠，再后续「だ」构成的形容动词。

> ☞ 畳語形容動詞
>
> 色々だ、様々だ、別々だ、散々だ、種々だ…

📝 课外练习

一、次の表の空欄に各語の語尾の活用形を記入しなさい。

（注意：活用形のない場合は空欄に〇をつけなさい。）

形 容 動 詞 活 用 表

基本形	語幹　活用形	未然形	連用形	終止形	連体形	仮定形	命令形
下手だ							
健康だ							
きれいだ							
楽です							
にぎやかです							
合理的です							
滔々たり							

二、形容動詞としての用法を持つものを次のa～lから選び、記号に○を付けなさい。

a 完全	b 信用	c 正直	d 合理
e 元気	f 信頼	g 経済	h 安全
i 緊迫	j 健康	k 用心	l 幸福

三、次の各文中の下線を引いた言葉の品詞名を（　　）の中に書きなさい。

1. 何人かが小声で心配そうに話している。（　　　　　　　　　）
2. そんなに心配しなくても大丈夫ですよ。（　　　　　　　　　）
3. これで今晩の夕食の心配はいらない。（　　　　　　　　　）
4. あの人は盗まれるのが心配で金を地中に埋めておく。（　　　　　　　　　）
5. マウスでいちいち更新をクリックしなくてもいいから便利なんです。
 （　　　　　　　　　）
6. 彼女たちは幸せそうに歌っていたのだ。（　　　　　　　　　）
7. 彼はあまり元気がなさそうな顔をしていた。（　　　　　　　　　）
8. 彼は正直者です。（　　　　　　　　　）
9. 正直に言って、困っているんだ。（　　　　　　　　　）
10. 危険が伴う。（　　　　　　　　　）
11. 患者はまだ危険な状態にある。（　　　　　　　　　）
12. われわれは断固と反対する。（　　　　　　　　　）
13. その去っていく態度もまことに、堂々たるものである。（　　　　　　　　　）

四、次の複合形容動詞に振り仮名をつけなさい。

> 陰湿だ、格別だ、過密だ、頑丈だ、肝心だ、窮屈だ、強硬だ、極端だ、軽率だ、
> 謙虚だ、厳重だ、健全だ、厳密だ、賢明だ、高尚だ、好調だ、巧妙だ、柔軟だ、
> 詳細だ、神聖だ、迅速だ、慎重だ、切実だ、壮大だ、素朴だ、怠慢だ、多大だ、
> 忠実だ、敏感だ、貧弱だ、膨大だ、密接だ、明朗だ、優位だ、冷淡だ、露骨だ

五、次の派生形容詞に振り仮名をつけなさい。

> 不親切だ、無関心だ、不適切だ、不平等だ、不細工だ、無遠慮だ、無神経だ、
> 無風流だ、大嫌いだ、大急ぎだ、小まめだ、真っ直ぐだ、物哀れだ、
> 厳かだ、愚かだ、健やかだ、華やかだ、遥かだ、朗らかだ、滑らかだ、

微かだ、細かだ、細やかだ、圧倒的だ、意識的だ、概念的だ、画一的だ、画期的だ、過渡的だ、技術的だ、奇跡的だ、驚異的だ、強制的だ、局地的だ、記録的だ、劇的だ、現実的だ、合理的だ、根本的だ、人為的だ、積極的だ、総合的だ、断片的だ、徹底的だ、浪花節的だ、飛躍的だ、包括的だ、倫理的だ

六、次のタルト型活用形容動詞の語幹に振り仮名をつけなさい。

純然、鬱然、冷然、騒然、蒼然、暗然、厳然、凛々、赫々、遅々、隆々、脈々、飄々、蒼々、燦々、荒涼、忠誠、燦爛、連綿、飄逸、閑散、悠揚、寂寞、繚乱、威風堂々、理路整然、面目躍如、質実剛健、意気軒昂

七、次の文章を朗読し、中国語に訳しなさい。

　　今日いうところの形容動詞というものにかかわりのある言及は江戸期の語学にも多少はあり、明治時代には「形容動詞」という名称も始まっている。昭和に入って吉沢義則が独立の1品詞として立てるべきことを主張し、橋本進吉が詳しい検討の結果、文語ではナリ活用・タリ活用の2種、口語ではダ活用の1種の形容動詞を認めるべきことを結論とした。この橋本説は文部省の文法教科書に採用されて一般に広まった。

　　同じ「形容動詞」を1品詞として立てる説でも、寺村秀夫は、「意味の上では形容詞といってよいが、述語として使うときには名詞のように判定詞の助けが要る」ことから、形容詞と名詞の中間的性格を持つものとして、これに「名詞的形容詞」という名を与えている。

　　このような、形容動詞を積極的に立てる立場に対して、他方では品詞として立てることに反対する否定論もあって、盛んな論争を呼び起こし、現在でも決着をみるまでに至っていない。否定論の代表的なものには、まず時枝誠記説がある。この説は、常識的な言語意識として「静か、勇敢」などは1語として感じられることなどから、いわゆる形容動詞の語幹は「詞」であるとする。そして、語尾は指定の助動詞「だ」の活用系列、すなわち「辞」であって、形容動詞は1語ではなく、詞と辞の結合であると説明した。

　　「形容動詞」についてどう考えるかは、単語とは何か、品詞とは何か、活用とは何か、など文法研究の根本にかかわる問題である。

（西尾寅弥）

第 10 课　敬语

敬语（敬語）指讲话者对听话者或者谈话中提到的人及有关事物表示敬意时使用的语言表达方式。敬语可以分成 5 种类型：尊敬语（尊敬語）、谦让语Ⅰ（謙譲語Ⅰ）、谦让语Ⅱ（謙譲語Ⅱ）、郑重语（丁寧語）和美化语（美化語）。

10.1　尊敬语（尊敬語）

尊敬语指讲话者对听话者或者谈话中提到的人及有关事物等表示尊敬时使用的语言表达方式。

尊敬语形式多样，接头词、动词、助动词、一些句型等都可以构成尊敬表达方式。

（1）接头词

表示尊敬的接头词中，最常用的是「お」和「ご」。原则上，「お」后续和语词汇，「ご」后续汉语词汇。不过也存在不少例外。

> ☞　お～
> お名前、お仕事、お時間、お電話、お手紙、お食事、お留守、
> お部屋、お宅、お顔、お気持ち、お話、お誕生日、お忙しい、
> お早い、お美しい、お若い、お優しい、お元気だ、お好きだ、
> お上手だ、お気の毒だ、お見事だ、おきれいだ、おかわいそうだ…
> ☞　ご～
> ご家族、ご両親、ご兄弟、ご意見、ご著書、ご研究、ご住所、
> ご出身、ご病気、ご希望、ご立派だ、ご健康だ、ご心配だ、
> ご多忙だ、ご満足だ、ご不満だ、ご親切だ…

除了「お」和「ご」，「御」「貴」「尊」「高」「令」「芳」等也是表示尊敬

的接头词。其中有些接头词还可以与接头词「ご」并用。「お」「ご」「御」以外表示尊敬的接头词一般都用于书面语。

```
☞ 御〜
   御地、御身、御礼、御社、御校、御行、御院、御施設、御庁…

☞ 貴〜
   貴意、貴国、貴地、貴社、貴校、貴学、貴行、貴院、貴紙、貴店…

☞ 尊〜
   尊顔、尊父、尊公、尊書、尊堂、尊体、尊命…

☞ 高〜
   高見、高説、高著、高名、高配、高志、高評、高堂…

☞ 令〜
   令息、令嬢、令夫人、令閨、令室…

☞ 芳〜
   芳名、芳志、芳意、芳顔、芳書、芳信、芳墨…

☞ 接頭語の併用
   ご高評、ご高説、ご高配、ご尊父、ご令室…
```

（2）动词

对他人的动作、行为等表示尊敬的动词称为尊敬动词（尊敬の動詞）。尊敬动词也属于尊敬语。并不是所有动词都有其相对应的尊敬动词，以下列出了一些常用的尊敬动词，这些尊敬动词所表示的敬意程度很高，在正式场合频繁使用。

常用尊敬动词

	動詞	尊敬の動詞	用例
1	いる	いらっしゃる	☞ そう思ってる方はいらっしゃいますか。 （有哪位那样想吗？）
2	行く	いらっしゃる	☞ どこへいらっしゃったんでしょうね。 （去哪里了呢？）
3	来る	いらっしゃる 見える	☞ 入場者が朝いらっしゃった。 （入场者早晨来了。） ☞ たいへん変った客が見えました。 （来了非常奇怪的客人。）

	動詞	尊敬の動詞	用例
4	言う	おっしゃる	☞ 会長はこうおっしゃいました。 （会长是这么说的。）
5	する	なさる	☞ 皆様ならどうなさいますか。 （如果是各位，会怎么做呢？）
6	食べる	召し上がる 上がる	☞ ご自由に召し上がって下さい。 （请随便吃。）
7	飲む	召し上がる 上がる	☞ 先生はお仕事が多忙な上に体調を崩されて、お酒を召し上がらなくなった。 （老师工作繁忙，再加上身体不好，酒也不喝了。）
8	くれる	くださる	☞ 回答をくださった方ありがとうございました。 （给予回答的各位，谢谢。）

サ变动词「～する」的尊敬动词是「～なさる」，在正式场合经常使用。

> ☞ 尊敬の動詞「～なさる」
> 　紹介なさる、質問なさる、勉強なさる、心配なさる、説明なさる、
> 　引用なさる、言及なさる、説得なさる、相談なさる、検討なさる、
> 　研究なさる、提案なさる、発表なさる、約束なさる、出発なさる、
> 　成長なさる、入賞なさる、苦労なさる、入院なさる、調査なさる、
> 　行動なさる、反省なさる、利用なさる、指導なさる、判断なさる、
> 　確認なさる、結婚なさる、出張なさる…

（3）助动词

　　动词未然形后续尊敬助动词「（ら）れる」可以构成尊敬语。这种表达方式虽然敬意程度不是很高，但还是含有敬意的，与使用一般动词相比，语气恭敬，因此在日常生活中频繁使用。

动词未然形＋尊敬助动词「（ら）れる」

	動詞	動詞未然形＋ （ら）れる	用例
1	行く	行かれる	☞ これから、どちらへ行かれますか。 （现在您去哪儿啊？）
2	来る	来られる	☞ 午後、田中さんと高橋理事長が来られるわけです。 （下午田中先生和高桥理事长会来。）

123

	動詞	動詞未然形＋（ら）れる	用例
3	言う	言われる	☞ 今回の、これは岩崎委員が昔言われていた案とは若干違うんですよね。 （这次的方案和岩崎委员以前说的方案有一些不同吧。）
4	する	される	☞ 皆様でしたらどうされますか。 （如果是各位，会怎么做呢？）
5	食べる	食べられる	☞ 先生は庄川へ行くことを決意され、車の中で昼食を食べられた。 （老师决定去庄川，在车里吃了午餐。）
6	飲む	飲まれる	☞ 何か飲まれますか。 （您喝什么吗？）
7	読む	読まれる	☞ その記事を読まれましたでしょうか。 （您读了那篇报道吗？）
8	書く	書かれる	☞ あの随筆家が書かれた、大正時代の東京の人々の生活についても、知らないことばかりである。 （关于那位随笔家写的大正时代东京人的生活，很多是我不知道的。）
9	受ける	受けられる	☞ こうした被害を受けられました方々に対し、心からお見舞いを申し上げる次第でございます。 （我向此次受灾的各位表示诚挚的慰问。）
10	勉強する	勉強される	☞ フランス語など英語以外の外国語を趣味として勉強されている方は、やはり英語は得意なのでしょうか。 （把法语等英语以外的外语作为兴趣爱好学习的人，还是很擅长英语的吧？）
11	旅行する	旅行される	☞ その島についてご存知の方、旅行されたことのある方がいらっしゃいましたら教えてください。 （如果有哪位了解那个岛、去旅行过，请告诉我。）

（4）句型

有不少句型也可以构成尊敬语。如：「お（ご）～になる」「ご～なさる」「お（ご）～です（だ）」「お（ご）～くださる」「～で（て）いらっしゃる」等。

124

①お＋動詞連用形　＋になる
　ご＋サ変動詞語幹＋になる

句型「お（ご）～になる」表示尊敬，敬意程度较高，在正式场合频繁使用。

和语动词一般用「お＋動詞連用形＋になる」这个句型。

「お＋動詞連用形＋になる」使用举例

	動詞	お～になる	用例
1	読む	お読みになる	☞ 商品詳細をよくお読みになってから質問していただけますか。 （请仔细阅读商品详情后提问，好吗？）
2	書く	お書きになる	☞ すばらしい論文もお書きになっています。 （您还撰写了优秀的论文。）
3	聞く	お聞きになる	☞ あの事件のことを、お聞きになったんですね？ （关于那个事件，您听说了吧？）
4	話す	お話しになる	☞ ただいま先生がお話しになったとおりでございます。 （正如老师您刚才说的那样。）
5	飲む	お飲みになる	☞ 先生は表情を変えず、ただただお飲みになるばかりでした。 （老师面不改色，只是一个劲地喝酒。）
6	帰る	お帰りになる	☞ お帰りになって結構でございます。 （您可以回去了。）
7	考える	お考えになる	☞ 皆さんは如何にお考えになりますか。 （各位是如何考虑的呢？）
8	使う	お使いになる	☞ 二階の広いお部屋が、空いていますからお使いになってください。 （二楼的大房间现在空着，请使用。）
9	答える	お答えになる	☞ 裁判所は直接にお答えにならなかったようであります。 （法院似乎没有直接回答。）
10	調べる	お調べになる	☞ そういう点をお調べになったことはありませんか。 （那方面您没有调查过吗？）
11	疲れる	お疲れになる	☞ お疲れになったでしょう。 （您累了吧。）

	動詞	お～になる	用例
12	持つ	お持ちになる	☞ 興味をお持ちになったのだったら是非お試しください。 （您如果感兴趣，请一定试试。）

汉语サ变动词则一般用「ご＋サ变動詞語幹＋になる」这个句型。实际使用时，这个句型中的「ご」有时写成汉字「御」。

「ご＋サ变動詞語幹＋になる」使用举例

	動詞	ご～になる	用例
1	利用する	ご利用になる	☞ 喫茶店をよくご利用になる方にお尋ねします。 （想问一下经常去咖啡馆的人士。）
2	理解する	ご理解になる	☞ 再発の可能性をご理解になりましたね。 （对于复发的可能性，您理解了吧。）
3	参加する	ご参加になる	☞ 様々な方が御参加になっています。 （有各种各样的人士参加。）
4	入会する	ご入会になる	☞ あの方がご入会になっていたら、私も入りたいと思います。 （如果那一位入会的话，我也想加入。）
5	記憶する	ご記憶になる	☞ その日のことはよくご記憶になっているでしょう。 （那天的事，您记得很清楚吧？）
6	指摘する	ご指摘になる	☞ 御指摘になっているように、その理屈が成り立つわけです。 （正如您所指出的那样，那道理是成立的。）
7	出勤する	ご出勤になる	☞ 先生は昨日9時ごろにご出勤になりました。 （老师昨天9点左右上班。）
8	確認する	ご確認になる	☞ これに該当していないかどうか、もう1度ご確認になり、該当していないなら問い合わせてみるべきでしょう。 （您再次确认是否与此相符合，如果不符合，那应该咨询一下吧。）
9	推薦する	ご推薦になる	☞ 審議会の委員さんは、知恵を絞って、討議をして御推薦になるでしょう。 （审议会的委员会绞尽脑汁，讨论后进行推荐吧。）

	動詞	ご～になる	用例
10	判断する	ご判断になる	☞ これは最終的には裁判所が御判断になることでございます。 （这最终是由法院做出判断的。）

需要注意的是，「いる」「行く」「来る」「見る」「寝る」「着る」「死ぬ」等动词不能直接用于「お（ご）～になる」句型，这时可以替换成其他意义相近的动词，再使用「お（ご）～になる」句型。

不能直接用于「お（ご）～になる」句型的动词

	動詞	お（ご）～になる	用例
1	いる	おいでになる	☞ 大阪市には多くの在日外国人の方がおいでになります。 （大阪市有很多在日外国人士。） ☞ 司法長官は出席しておいでになりませんでしたか。 （司法长官没有出席吗？）
2	行く	おいでになる お越しになる	☞ 先生は沖縄までおいでになりました。 （老师甚至去了冲绳。） ☞ 会長が経産省にお越しになったことは事実でございます。 （会长去了经济产业省，这是事实。）
3	来る	おいでになる お越しになる お見えになる	☞ 昨日おいでになった方といろいろ話しました。 （和昨天光临的人士谈了很多。） ☞ 車でお越しになったほうが非常に便利です。 （开车来会非常方便。） ☞ 奥さまがお見えになりました。 （夫人来了。）
4	見る	ご覧になる	☞ 現物をご覧になれば、おわかりいただけると思うんです。 （如果看到实物，我想您会明白。）
5	寝る	お休みになる	☞ 先生、就寝の仕度ができました。誠一さんと私がずっとそばにいますから、安心してお休みになってください。 （老师，就寝的准备做好了。诚一和我一直在您身边，请您放心休息吧。）

	動詞	お（ご）〜になる	用例
6	着る	お召しになる	☞ 和服を<u>お召しになる</u>高年齢層が徐々に減りつつあります。 （穿和服的老年人正逐渐减少。）
7	死ぬ	お亡くなりになる	☞ 今回の災害で<u>お亡くなりになった</u>方に心からお悔やみ申し上げます。 （我向此次灾害中遇难的人士表示沉痛的哀悼。）

② ご＋サ変動詞語幹＋なさる

句型「ご〜なさる」表示尊敬，敬意程度较高。汉语サ变动词可以用于「ご＋サ変動詞語幹＋なさる」这个句型。

实际使用时，这个句型中的「ご」有时写成汉字「御」。

「ご＋サ変動詞語幹＋なさる」使用举例

	動詞	ご〜なさる	用例
1	安心する	ご安心なさる	☞ あの方もこれではじめて<u>御安心なさい</u>ました。 （那位这才放心了。）
2	検討する	ご検討なさる	☞ この課題は<u>御検討なさい</u>ましたでしょうか。 （这个课题您研究过了吗？）
3	指摘する	ご指摘なさる	☞ 中小企業の動向については先生が<u>御指摘なさる</u>ようなことがあるわけであります。 （关于中小企业的动向，老师所指出的情况是存在的。）
4	心配する	ご心配なさる	☞ 費用の件で<u>ご心配なさる</u>必要はございません。 （关于费用，您不必担心。）
5	結婚する	ご結婚なさる	☞ <u>ご結婚なさる</u>んですってね。 （听说您快结婚了吧。）
6	苦労する	ご苦労なさる	☞ 奥さんの介護で<u>ご苦労なさっ</u>たのでしょう。 （为照顾夫人，您很辛苦吧。）
7	遠慮する	ご遠慮なさる	☞ <u>ご遠慮なさ</u>らず、お菓子を召し上がってください。 （您别客气，请吃点心。）
8	利用する	ご利用なさる	☞ その駅を<u>御利用なさる</u>お客様が一体どのくらいいるでしょうか。 （使用那个车站的乘客究竟有多少呢？）

　　另外，也存在「お＋動詞連用形＋なさる」这个表示尊敬的句型。但是这个句型给人比较陈旧的感觉，现在很少使用了，逐渐被「お＋動詞連用形＋になる」取代。

③ お＋動詞連用形　＋です（だ）
　　ご＋サ変動詞語幹＋です（だ）

　　句型「お（ご）～です（だ）」也可以表示尊敬。

　　和语动词一般用「お＋動詞連用形＋です（だ）」这个句型。「お＋動詞連用形＋です（だ）」在正式场合经常使用。

　　与「お～になる」句型相似，「いる」「行く」「来る」「見る」「寝る」「着る」「死ぬ」等动词不能用于「お～です（だ）」句型。另外，动词「知る」也不能用于该句型，动词「知る」的尊敬语是「ご存じです（だ）」。

「お＋動詞連用形＋です（だ）」使用举例

	動詞	お～です（だ）	用例
1	読む	お読みです（だ）	☞ もしまだお読みでなかったら一度読んでみてください。 （如果您还没有阅读，请尝试读一次。）
2	聞く	お聞きです（だ）	☞ リクエストをお聞きでしょうか。 （您听到要求了吗？）
3	待つ	お待ちです（だ）	☞ お連れ様、お待ちでいらっしゃいます。 （您的同伴在等您。）
4	帰る	お帰りです（だ）	☞ もう、お帰りですか。 （您已经要回去了吗？）
5	考える	お考えです（だ）	☞ 外務大臣もそういうふうにお考えですね。 （外务大臣也是那样想的吧。）
6	使う	お使いです（だ）	☞ 皆さんの家の断熱材はどのようなものをお使いでしょうか。 （各位家里使用什么样的保温材料呢？）
7	調べる	お調べです（だ）	☞ そのことで何かお調べでしたか。 （关于那件事您做过什么调查吗？）
8	休む	お休みです（だ）	☞ 奥さまはまだお休みですか。 （您夫人还在休息吗？）
9	持つ	お持ちです（だ）	☞ みなさんは今回の選挙についてどのような意見をお持ちでしょうか。 （大家对于此次选举有什么样的意见呢？）

	動詞	お～です（だ）	用例
10	出かける	お出かけです（だ）	☞ どこかへお出かけですか？ （您要去哪儿吗？）

汉语サ变动词则用「ご＋サ変動詞語幹＋です（だ）」这个句型。不过，除了动词「知る」的尊敬语「ご存じです（だ）」在日常生活中频繁使用外，其他サ变动词很少使用该句型。

> ☞ バラの花言葉をご存じですか。
> 　（您知道玫瑰的花语吗？）
> ☞ 山下さんの住所をご存じですね。
> 　（您知道山下先生的住址吧。）
> ☞ 何か良いレシピをご存じでしたら教えてください。
> 　（如果您知道什么好的食谱，请告诉我。）
> ☞ 伊万里、唐津、有田など、陶磁器に趣味がない方でも、その名前は
> 　ご存じでしょう。
> 　（伊万里、唐津、有田等，即便是对陶瓷不感兴趣的人，也知道这些
> 　名字吧。）
> ☞ 読者のみなさんは、「80 対 20 の法則」というのをご存じだろうか。
> 　（各位读者知道"80/20 法则"吗？）
> ☞ ご主人が生命保険に入っていらしたのを、奥様は当然ご存じだった
> 　わけですね。
> 　（夫人当然知道她丈夫投保了人寿保险吧。）

④ お＋動詞連用形＋くださる
　　ご＋サ変動詞語幹＋くださる

句型「お（ご）～くださる」是尊敬语，用于别人为自己做某事，从而自己受益的情况，在正式场合和日常生活中频繁使用。

和语动词一般用「お＋動詞連用形＋くださる」这个句型。

与「お～になる」「お～です（だ）」句型相似，「居る」「行く」「来る」「見る」「寝る」「着る」「死ぬ」「知る」等动词也不能用于「お～くださる」句型。

「お＋動詞連用形＋くださる」使用举例

	動詞	お～くださる	用例
1	読む	お読みくださる	☞ 本をお読みくださった方が、お手紙をくだ さった。 （读我书的人士给我写了信。）

	動詞	お〜くださる	用例
2	書く	お書きくださる	☞ 番号をお書きください。 （请写号码。）
3	聞く	お聞きくださる	☞ 詳しくは村田先生にお聞きください。 （详细情况请询问村田老师。）
4	話す	お話しくださる	☞ その中身をお話しくださいますか。 （请您给我说一下内容，好吗？）
5	飲む	お飲みくださる	☞ 牛乳をお飲みください。 （请喝牛奶。）
6	帰る	お帰りくださる	☞ お気をつけて、お帰りください。 （您回去时请多加小心。）
7	考える	お考えくださる	☞ 費用対効果もお考えください。 （也请考虑性价比。）
8	使う	お使いくださる	☞ 別のソフトをお使いください。 （请使用别的软件。）
9	答える	お答えくださる	☞ みなさんがご親切にお答えくださって、ありがとうございました。 （大家热情地回答我，很感谢。）
10	待つ	お待ちくださる	☞ 誠に恐れ入りますが、もうしばらくお待ちください。 （实在不好意思，请再稍等一会儿。）
11	教える	お教えくださる	☞ 先生がお教えくださったことが、ようやく分かるようになりました。 （终于明白了老师教我的内容。）
12	持つ	お持ちくださる	☞ どうぞ、おみやげにお持ちください。 （作为礼物，请收着。）

　　汉语サ变动词则一般用「ご＋サ変動詞語幹＋くださる」这个句型。实际使用时，这个句型中的「ご」有时写成汉字「御」。

「ご＋サ変動詞語幹＋くださる」使用举例

	動詞	ご〜くださる	用例
1	利用する	ご利用くださる	☞ 次の列車をご利用ください。 （请乘坐下一趟列车。）
2	理解する	ご理解くださる	☞ お答えできかねますのでご理解ください。 （我难以答复，请您理解。）

	動詞	ご〜くださる	用例
3	参加する	ご参加くださる	☞ この研究会は、よろしかったら一度<u>ご参加ください</u>。 （这个研究会，如果可以的话请参加一次。）
4	指摘する	ご指摘くださる	☞ 教授が<u>御指摘くださった</u>ように、それはとても大切です。 （正如教授您指出的那样，那是很重要的。）
5	協力する	ご協力くださる	☞ まだ審査中ですので、<u>ご協力ください</u>。 （还在审查中，所以请您配合。）
6	確認する	ご確認くださる	☞ 以下の項目を<u>ご確認ください</u>ませんでしょうか。 （能否请您确认以下项目？）
7	了承する	ご了承くださる	☞ 本書に書かれていることが一部通用しないことがあるかもしれませんが<u>ご了承ください</u>。 （本书所写的内容也许有一部分不通用，请谅解。）
8	参照する	ご参照くださる	☞ 説明書を<u>ご参照ください</u>。 （请参照说明书。）

　　句型「〜てくださる」也用于别人为自己做某事，从而自己受益的情况，在日常生活中频繁使用。不过，「〜てくださる」的敬意程度低于「お（ご）〜くださる」。

　　还需要注意的是，「くださる」前不能同时使用「お（ご）」和「て」，也就是说，「お（ご）〜てくださる」这个形式是错误的。

> ☞ お（ご）〜くださる　　○
> 　　お待ちくださる　　　○
> 　　ご協力くださる　　　○
> ☞ 〜てくださる　　　　　○
> 　　待ってくださる　　　○
> 　　協力してくださる　　○
> ☞ お（ご）〜てくださる　×
> 　　お待ってくださる　　×
> 　　ご協力してくださる　×

⑤　名詞＋でいらっしゃる
　　動詞連用形＋ていらっしゃる
　　形容詞連用形＋ていらっしゃる
　　形容動詞連用形＋いらっしゃる

　　句型「～で（て）いらっしゃる」是尊敬语。

　　「名詞＋だ」的尊敬语是「名詞＋でいらっしゃる」，在正式场合和日常生活中经常使用。

> ☞　たしか、金井さんでいらっしゃいましたね。
> 　　（我记得您是金井先生吧。）
> ☞　山田さんは正直な大臣でいらっしゃいます。
> 　　（山田先生是位正直的大臣。）
> ☞　あ、奥さんでいらっしゃいますか。
> 　　（啊，是夫人吗？）

　　「動詞連用形＋ている」的尊敬语是「動詞連用形＋ていらっしゃる」，在正式场合和日常生活中经常使用。

> ☞　この辺どう理解していらっしゃいますか。
> 　　（这方面您如何理解呢？）
> ☞　覚えていらっしゃいますか。
> 　　（您还记得吗？）
> ☞　環境関連分野で約 64 万人の方が働いていらっしゃいます。
> 　　（大约有 64 万人在环境相关领域工作。）
> ☞　大宮さんは、将来のことで悩んでいらっしゃいます。
> 　　（大宫先生在为将来的事烦恼。）

　　形容词可以用「形容詞連用形＋ていらっしゃる」这个句型。有时形容词前还可以加上接头词「お」，构成「お＋形容詞連用形＋ていらっしゃる」。该句型使用频率很低。

> ☞　指が細くていらっしゃいます。
> 　　（手指很细。）
> ☞　まだお若くていらっしゃるのに、なぜ再婚なさらないのかと不思議なのです。
> 　　（还很年轻，却为什么不再婚，感到不可思议。）

　　形容动词可以用「形容動詞連用形＋いらっしゃる」这个句型。有时形容动词前还可以加上接头词「お」或「ご」，构成「お（ご）＋形容動詞連用形＋いらっしゃる」。

> ☞ 校長先生は<u>多忙でいらっしゃる</u>のだ。
>   （校长很繁忙。）
>
> ☞ <u>お元気でいらっしゃい</u>ますか。
>   （您身体好吗？）
>
> ☞ あのお方は<u>ご立派でいらっしゃい</u>ます。
>   （那一位很优秀。）

10.2　谦让语Ⅰ（謙譲語Ⅰ）

谦让语（謙譲語Ⅰ）指讲话者为了对听话者或者谈话中提到的人表示敬意，以谦逊的态度叙述自己（或自己一方）的行为及有关事物时使用的语言表达方式。

谦让语可以进一步分为谦让语Ⅰ（謙譲語Ⅰ）和谦让语Ⅱ（謙譲語Ⅱ）两种类型。

谦让语Ⅰ所涉及自己（或自己一方）的行为以受尊敬的人为对象，讲话者通过以谦逊的态度叙述自己（或自己一方）的行为，从而向行为对象（即受尊敬的人）表示敬意。受尊敬的人可以是听话者，也可以是谈话中提到的人。

谦让语Ⅱ指讲话者以谦逊的态度叙述自己（或自己一方）的行为，从而向听话者表示敬意。

谦让语Ⅰ形式有不少，接头词、动词、一些句型等都可以构成谦让语Ⅰ的表达方式。

（1）接头词

接头词「お」和「ご」有时可以构成谦让语Ⅰ的表达方式。

> ☞ わたしは、もう一度、上川先生に<u>お手紙</u>をさし上げるつもりなの。
>   （我打算再给上川老师写封信。）
>
> ☞ 私の<u>ご説明</u>が十分ではなかったかと存じますが。
>   （我的说明可能不够充分。）
>
> ☞ <u>ご報告</u>が遅れて、申し訳ございません。
>   （向您汇报晚了，实在抱歉。）

此外，接头词「拝」也可以构成谦让语Ⅰ。

> 拝〜
>
> 拝見、拝借、拝受、拝領、拝察、拝謁、拝顔、拝眉、拝賀、拝啓、
> 拝辞、拝聴、拝呈、拝読…

（2）动词

以谦逊的态度叙述自己（或自己一方）的动作、行为等时使用的动词称为谦让动词（謙譲の動詞）。谦让动词也属于谦让语。

并不是所有动词都有其相对应的谦让动词，以下列举属于谦让语Ⅰ的常用谦让动词及表示谦让的短语，这些动词和短语在正式场合频繁使用。

属于谦让语Ⅰ的常用谦让动词及短语

	動詞	謙譲の動詞、フレーズ	用例
1	聞く尋ねる	伺う	☞ 広く一般の意見を伺うことが非常に大切でございますが。 （广泛听取大众的意见是非常重要的。）
2	訪ねる	伺う	☞ 先生のお宅に伺うと、ほっとします。 （拜访老师的家，感觉很放松。）
3	言う	申し上げる	☞ 先ほど私が申し上げたのと全く同じ御説明であったというふうに思っております。 （我觉得您的说明与我刚才说的完全相同。）
4	知る	存じ上げる	☞ 今ご指摘の問題は、私も個人的によく存じ上げております。 （刚才您指出的问题，我个人也是很了解的。）
5	あげる	差し上げる	☞ この方々に対しては奨学金を差し上げるということで、51億円用意をさせていただいております。 （对于这些人士我们将给予奖学金，所以准备了51亿日元。）
6	もらう	いただく	☞ あの大学者からお葉書をいただきました。 （收到了那位大学者寄来的明信片。）
7	見る	拝見する	☞ この内容を拝見しますと大変お気の毒な状況です。 （我拜读了其中的内容，感觉是非常可怜的状况。）
8	借りる	拝借する	☞ お力も拝借したいと思うんですが、いかがでしょうか。 （我也想借助您的力量，可以吗？）

	動詞	謙讓の動詞、フレーズ	用例
9	会う	お目に掛かる	☞ 三年前東京で堀田先生にお目にかかりました。 （三年前在东京见过堀田老师。）
10	見せる	お目に掛ける ご覧に入れる	☞ その一例をお目にかけましょう。 （给您看其中的一个例子吧。） ☞ とてもいい商品が入っておりますので、ぜひご覧に入れたいと思っていたのですが。 （我得到了非常好的商品，想请您一定看看。）

（3）句型

构成谦让语Ⅰ的句型有「お（ご）～する」「お（ご）～申し上げる」「～ていただく」「お（ご）～いただく」等。

> ① お＋動詞連用形＋する
> ご＋サ変動詞語幹＋する

句型「お（ご）～する」构成谦让语Ⅰ，在比较客气的对话中频繁使用。

需要注意的是，谦让语Ⅰ是对行为对象表示敬意。「いる」「行く」「来る」「起きる」「寝る」「食べる」「飲む」「着る」「勉強する」「練習する」「乗車する」等动词所表示的是仅属于自己的行为，并不涉及他人，不能用于「お（ご）～する」句型。

表示涉及他人行为的动词中，和语动词一般用「お＋動詞連用形＋する」这个句型。

「お＋動詞連用形＋する」使用举例

	動詞	お～する	用例
1	届ける	お届けする	☞ 翌日商品をお届けします。 （第二天把商品给您送去。）
2	願う	お願いする	☞ ご協力をお願いします。 （请您协助。）
3	答える	お答えする	☞ 現時点において、お尋ねの点にお答えすることは困難であります。 （目前难以回答您提出的问题。）
4	話す	お話しする	☞ 詳しくお話ししましょう。 （我给您详细讲一下吧。）
5	教える	お教えする	☞ 事実をお教えします。 （我把事实告诉您。）

	動詞	お〜する	用例
6	借りる	お借りする	☞ お知恵を<u>お借りし</u>たいです。 （我想借助您的智慧。）
7	貸す	お貸しする	☞ <u>お貸しする</u>のはかまいませんけれど、返却して下さいね。 （借给您没关系，不过请还给我啊。）
8	知らせる	お知らせする	☞ 調査結果を<u>お知らせし</u>ます。 （告诉您调查结果。）
9	任せる	お任せする	☞ 先生にすべて<u>お任せし</u>ます。 （全托付给老师了。）
10	渡す	お渡しする	☞ 具体的な資料も全部<u>お渡しし</u>てあります。 （具体的资料已经全部交给您了。）
11	勧める	お勧めする	☞ 本書では、次のような非常にシンプルな方法で経営計画書を作成されることを、皆さんに<u>お勧めし</u>たいと思います。 （在本书中，我想向大家推荐以下这种非常简单的方法来制作经营计划书。）
12	断る	お断りする	☞ 子どもの邪魔にならないようテレビの取材は<u>お断りし</u>ます。 （为了不打扰孩子而谢绝电视采访。）
13	祝う	お祝いする	☞ やっとこれで皆が揃ったから、改めて隆ちゃんの入学を<u>お祝いし</u>よう。 （大家终于都到齐了，我们再次庆祝阿隆入学吧。）
14	会う	お会いする	☞ それは<u>お会いし</u>てから申し上げます。 （那件事见面后再告诉您。）

表示涉及他人行为的动词中，汉语サ变动词则一般用「ご＋サ変動詞語幹＋する」这个句型。实际使用时，这个句型中的「ご」有时写成汉字「御」。

「ご＋サ変動詞語幹＋する」使用举例

	動詞	ご〜する	用例
1	案内する	ご案内する	☞ お気に入ったところがあればどこへでも喜んで<u>ご案内し</u>ますよ。 （如果有您喜欢的地方，无论去哪里，我都乐意带您去啊。）

	動詞	ご～する	用例
2	紹介する	ご紹介する	☞ 有効だと思われるセキュリティ対策をいくつかご紹介しましょう。 （下面介绍几个我认为有效的安全对策吧。）
3	説明する	ご説明する	☞ もっと詳しく御説明しましょう。 （我给您更详细说明一下吧。）
4	連絡する	ご連絡する	☞ 2日前に1度メールでご連絡しました。 （两天前我用邮件联系了一次。）
5	報告する	ご報告する	☞ いろいろとご報告したいことがあるんですが。 （我有很多事想向您汇报。）
6	質問する	ご質問する	☞ 医療に詳しい方にご質問します。 （向熟悉医疗的人士提问。）
7	用意する	ご用意する	☞ お飲みものは何をご用意しますか。 （要为您准备什么饮料呢？）

② お＋動詞連用形＋申し上げる
　　ご＋サ変動詞語幹＋申し上げる

　　句型「お（ご）～申し上げる」构成谦让语Ⅰ，在非常正式的场合中使用。和语动词一般用「お＋動詞連用形＋申し上げる」这个句型。

「お＋動詞連用形＋申し上げる」使用举例

	動詞	お～申し上げる	用例
1	願う	お願い申し上げる	☞ 本委員会の皆様の御支援と御協力を切にお願い申し上げます。 （恳请本委员会各位给予支持和协助。）
2	祈る	お祈り申し上げる	☞ 皆様方の御健勝とさらなる御活躍をお祈り申し上げます。 （祝大家身体健康，大展宏图。）
3	祝う	お祝い申し上げる	☞ 創立10周年を迎えられ、心よりお祝い申し上げます。 （创立10周年之际，表示由衷的祝贺。）
4	話す	お話し申し上げる	☞ 私の資料の2ページ目に、今日お話し申し上げたいポイントを挙げさせていただきました。 （在我资料的第2页，列出了今天想说的要点。）

	動詞	お～申し上げる	用例
5	答える	お答え申し上げる	☞ 先生の御質問にお答え申し上げたいと思います。 （我想回答老师提出的问题。）
6	知らせる	お知らせ申し上げる	☞ 彼はただちに国王の御許に参って詳しく事情をお知らせ申し上げました。 （他立即去国王那里告知详细情况。）
7	伺う	お伺い申し上げる	☞ 文部省文教政策を、まず文部大臣にお伺い申し上げたいと存じます。 （关于文部省的文教政策，首先我想问一下文部大臣。）
8	尋ねる	お尋ね申し上げる	☞ この法案につきまして、私はいくつかの疑問点をお尋ね申し上げたいと思います。 （关于这项法案，我想问几个问题。）
9	見舞う	お見舞い申し上げる	☞ 被害に遭われた方々、そして、今なお困難な生活を余儀なくされている方々に対し、心からお見舞い申し上げます。 （向受灾的人们，以及至今仍在艰难生活的人们，致以衷心的慰问。）

　　汉语サ变动词则一般用句型「ご＋サ変動詞語幹＋申し上げる」。实际使用时，这个句型中的「ご」大多写成汉字「御」。

「ご＋サ変動詞語幹＋申し上げる」使用举例

	動詞	ご～申し上げる	用例
1	案内する	ご案内申し上げる	☞ 今、特別割引セール中です。この機会にぜひご来店いただき、高級和牛を格安でご賞味くださいますよう御案内申し上げます。 （现在正进行特别打折促销。借此机会，请一定光临本店，以特别便宜的价格品尝高级和牛。）
2	紹介する	ご紹介申し上げる	☞ 先ほども御紹介申し上げましたように、OECD の御議論でもそのような御説明がなされているところでございます。 （正如刚才我介绍的那样，OECD 的讨论中也有这样的说明。）

	動詞	ご〜申し上げる	用例
3	説明する	ご説明申し上げる	☞ 提案の趣旨及びその概要を<u>御説明申し上げ</u>ます。 （我来说明提案的主旨及其概要。）
4	報告する	ご報告申し上げる	☞ その事柄につきまして<u>御報告申し上げ</u>たいと存じます。 （关于那件事我想向您汇报一下。）
5	提案する	ご提案申し上げる	☞ <u>御提案申し上げ</u>ました本件につきまして、皆様方の御協力、御支援を改めてお願いを申し上げる次第であります。 （关于我提议的这件事，再次请求大家的协助和支持。）
6	質問する	ご質問申し上げる	☞ 最後に、大臣に<u>御質問申し上げ</u>たいわけであります。 （最后，我想向大臣提问。）

③ 動詞連用形＋ていただく

句型「〜ていただく」构成谦让语Ⅰ，表示以谦恭的态度请他人为自己做某事。

「〜ていただく」使用举例

	動詞	〜ていただく	用例
1	教える	教えていただく	☞ 何かいい方法があれば<u>教えていただき</u>たいと思います。 （如果有什么好的方法，想请您告诉我。）
2	答える	答えていただく	☞ 質問に<u>答えていただけ</u>ますか。 （能请您回答我的问题吗？）
3	やる	やっていただく	☞ なるべく早く<u>やっていただき</u>たい。 （想请您尽早做。）
4	書く	書いていただく	☞ 理由も詳しく<u>書いていただける</u>とうれしいです。 （如果您能详细写出理由的话，我会很高兴。）
5	読む	読んでいただく	☞ 大勢の読者の方に<u>読んでいただい</u>ているということは光栄です。 （能有这么多读者阅读，我感到非常荣幸。）

	動詞	～ていただく	用例
6	見る	見ていただく	☞ 設備投資の加速のためには大事なことが三つございまして、三ページの方を<u>見ていただき</u>たいと思います。 （为了加快设备投资，有三点很重要，请看第三页。）
7	来る	来ていただく	☞ お忙しいところを、わざわざ<u>来ていただいて</u>すみません。 （百忙之中，请您特地前来，真对不起。）
8	説明する	説明していただく	☞ 理由をもう一度<u>説明していただき</u>たいと存じます。 （我想请您再次说明理由。）
9	理解する	理解していただく	☞ 学校側にも<u>理解していただく</u>必要はある。 （也有必要请校方理解。）

④　お＋動詞連用形＋いただく
　　ご＋サ変動詞語幹＋いただく

　　句型「お（ご）〜いただく」构成谦让语Ⅰ，表示以谦恭的态度请他人为自己做某事，比「〜ていただく」更客气。

　　和语动词一般用「お＋動詞連用形＋いただく」这个句型。

　　与「お〜になる」「お〜です（だ）」句型相似，「居る」「行く」「来る」「見る」「寝る」「着る」「死ぬ」「知る」等动词也不能用于「お〜いただく」句型。

「お＋動詞連用形＋いただく」使用举例

	動詞	お〜いただく	用例
1	話す	お話しいただく	☞ そのことについて少し詳しく<u>お話しいただけ</u>ませんでしょうか。 （关于那件事，能请您稍微详细地说一下吗?）
2	示す	お示しいただく	☞ 基本的な考え方を<u>お示しいただけれ</u>ばと思います。 （希望您能给出基本的思考方法。）
3	許す	お許しいただく	☞ 遅くなって恐縮でございますが、一つ質問を<u>お許しいただき</u>たいと思います。 （抱歉来晚了，请允许我问一个问题。）

	動詞	お～いただく	用例
4	待つ	お待ちいただく	☞ もうしばらくお待ちいただきたいと存じます。 （我想请您再等一会儿。）
5	読む	お読みいただく	☞ 種明しする前に、もうひとつ別の記事をお読みいただこう。 （在揭晓答案之前，请您再读一篇其他的报道吧。）
6	配る	お配りいただく	☞ 資料をお配りいただきたいと思います。 （想请您分发资料。）
7	分かる	お分かりいただく	☞ こんな説明でお分かりいただけたでしょうか。 （通过这样的说明您明白了吗？）
8	考える	お考えいただく	☞ 高齢化の対策をお考えいただくときにも参考になると思います。 （我认为在考虑高龄化对策的时候也会有参考价值。）
9	答える	お答えいただく	☞ 具体的にどういうところを財源にするのか、できるだけ簡潔にお答えいただきたいと思います。 （具体把哪些地方作为财源，请尽量简洁地回答。）
10	教える	お教えいただく	☞ たくさんのことをお教えいただきましてありがとうございました。 （谢谢您教了我很多东西。）
11	知らせる	お知らせいただく	☞ 何度お尋ねしても連絡先をお知らせいただけませんでした。 （问了好几次也没能告诉我联系方式。）

汉语サ变动词则一般用「ご＋サ变動詞語幹＋いただく」这个句型。

「ご＋サ变動詞語幹＋いただく」使用举例

	動詞	ご～いただく	用例
1	利用する	ご利用いただく	☞ チェックアウトが12時でしたら「12時までお部屋をご利用いただけますよ」という意味です。 （退房时间是12点的话，也就是"12点之前可以使用您的房间"的意思。）

	動詞	ご～いただく	用例
2	理解する	ご理解いただく	☞ これはちゃんとご理解いただいていたんです。 （这一点您是完全理解的。）
3	参加する	ご参加いただく	☞ 講演会、研修会、シンポジウム、各種交流会へご参加いただけます。 （您可以参加演讲会、研修会、研讨会、各种交流会。）
4	協力する	ご協力いただく	☞ 学生の実習にご協力いただけますか？ （您可以协助学生实习吗？）
5	回答する	ご回答いただく	☞ 全部ご回答いただかなくてもいいです。 （您不必全部回答。）
6	紹介する	ご紹介いただく	☞ ご紹介いただけませんか。 （能请您为我介绍一下吗？）
7	説明する	ご説明いただく	☞ 私もあまりパソコンに詳しいわけではないので、できれば分かりやすくご説明いただければ嬉しいです。 （因为我对电脑也不是很了解，所以如果您能为我简单地说明一下就好了。）
8	連絡する	ご連絡いただく	☞ 大変お手数ですが、一度ご連絡いただけますでしょうか？ （给您添麻烦了，您能联系我一次吗？）

还需要注意的是，「いただく」前不能同时使用「お（ご）」和「て」，也就是说，「お（ご）～ていただく」这个形式是错误的。

☞ お（ご）～いただく　○
　お待ちいただく　　○
　ご協力いただく　　○

☞ ～ていただく　　　○
　待っていただく　　○
　協力していただく　○

☞ お（ご）～ていただく　×
　お待っていただく　　×
　ご協力していただく　×

10.3 谦让语II（謙譲語II）

谦让语II与谦让语I都属于谦让语，以谦逊的态度叙述自己（或自己一方）的行为。与谦让语I不同的是，谦让语I向行为对象表示敬意，而谦让语II是向听话者表示敬意。

谦让语II形式也有不少，接头词、动词、特定句型等都可以构成谦让语II的表达方式。

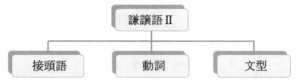

（1）接头词

可以作为谦让语II使用的接头词主要有「愚」「小」「拙」「弊」等。这些接头词基本都属于书面语。

> ☞ 愚〜
> 愚見、愚考、愚生、愚僧、愚兄、愚弟、愚妻、愚息…
> ☞ 小〜
> 小生、小見、小論、小著、小宅、小社、小店…
> ☞ 拙〜
> 拙者、拙宅、拙作、拙稿、拙筆、拙著…
> ☞ 弊〜
> 弊社、弊店、弊宅、弊商会…

（2）动词

以下列举属于谦让语II的常用谦让动词，这些谦让动词向听话者表示敬意，在日常生活和正式场合都频繁使用。

属于谦让语II的常用谦让动词

	動詞	謙譲の動詞	用例
1	行く	参る	☞ 老女は手紙を持って若い王子のもとへ参り、挨拶をしました。 （老妇人拿着信来到年轻王子身边，向他打招呼。）
2	来る	参る	☞ 私は先生のところへ報告に参りました。 （我来向老师汇报了。）

	動詞	謙譲の動詞	用例
3	いる	おる	☞ 私に娘が<u>おり</u>ます。 （我有个女儿。）
4	言う	申す	☞ 私は奈良女子高等師範学校の杉山富美子と<u>申し</u>ます。 （我是奈良女子高等师范学校的杉山富美子。）
5	する	いたす	☞ 二点ばかり御質問を<u>いたし</u>ます。 （我想问您两个问题。）
6	知る	存じる	☞ さあ、よくは<u>存じ</u>ません。 （哎，我不太清楚。）
7	思う	存じる	☞ その点は御理解をいただきたいと<u>存じ</u>ます。 （我希望您理解这一点。）

（3）句型

　　构成谦让语Ⅱ的句型主要是「サ変動詞語幹＋いたす」。该句型表示对听话者的敬意，在正式场合频繁使用。

サ変動詞語幹＋いたす

「サ変動詞語幹＋いたす」使用举例

	動詞	～いたす	用例
1	利用する	利用いたす	☞ この残った時間を<u>利用いたし</u>まして、質問をさせていただきたいと思います。 （我想利用这剩下的时间向您提问。）
2	協力する	協力いたす	☞ 積極的に<u>協力いたし</u>ているところでございます。 （我们正在积极协助。）
3	失礼する	失礼いたす	☞ 突然お尋ねをいたしましたので、大変<u>失礼いたし</u>ました。 （突然向您询问，真是失礼了。）
4	省略する	省略いたす	☞ その制度の沿革につきましては、時間の関係で<u>省略いたし</u>ます。 （关于那项制度的沿革，因为时间的关系就省略了。）
5	休憩する	休憩いたす	☞ 午後二時二十分まで<u>休憩いたし</u>ます。 （休息到下午两点二十分。）
6	感謝する	感謝いたす	☞ 本日の会議にお招きいただきまして、<u>感謝いたし</u>ております。 （非常感谢您邀请我参加今天的会议。）

	動詞	～いたす	用例
7	歓迎する	歓迎いたす	☞ 経験者からの貴重な意見を<u>歓迎いたし</u>ます。 （欢迎有经验的人提出宝贵的意见。）
8	訂正する	訂正いたす	☞ 先ほどのお答え、ちょっと<u>訂正いたし</u>たいと思います。 （刚才的回答，我想稍微纠正一下。）
9	判断する	判断いたす	☞ 現在の水位から<u>判断いたし</u>まして、当面特に問題が発生するというふうには存じておりませんけれども、今後十分監視体制を整えていきたいというふうに考えております。 （从现在的水位判断，虽然认为短期内不会发生什么特别的问题，但是今后会充分完善监督体制。）
10	決定する	決定いたす	☞ そのことをこの間理事会で<u>決定いたし</u>ました。 （这段时间理事会对那件事做出了决定。）
11	調査する	調査いたす	☞ 鹿児島県の実情について<u>調査いたし</u>ました。 （我对于鹿儿岛县的实际情况进行了调查。）

如果需要同时对行为对象和听话者表示敬意，有时可以把谦让语Ⅰ和谦让语Ⅱ的句型组合在一起，使用「お（ご）〜いたす」句型。

お＋動詞連用形＋いたす
ご＋サ変動詞語幹＋いたす

和语动词一般用「お＋動詞連用形＋いたす」这个句型。

「お＋動詞連用形＋いたす」使用举例

	動詞	お〜いたす	用例
1	願う	お願いいたす	☞ 今後とも理事及び委員各位の一層の御協力を<u>お願いいたし</u>ます。 （今后也请各位理事和委员给予进一步的协助。）
2	祝う	お祝いいたす	☞ 心より<u>お祝いいたし</u>ます。 （衷心祝贺。）
3	祈る	お祈りいたす	☞ 負傷されました方々の一日も早い御全快を<u>お祈りいたし</u>ます。 （我希望伤者早日康复。）
4	薦める	お薦めいたす	☞ その取引には参加しない事を<u>お薦めいたし</u>ます。 （我建议您不要参加那个交易。）

	動詞	お~いたす	用例
5	聞く	お聞きいたす	☞ 農水省あるいは経済企画庁のお考えをお聞きいたしていきます。 （我会听取农水省或经济企划厅的意见。）
6	尋ねる	お尋ねいたす	☞ それでは、私からお尋ねいたします。 （那么，由我来向您提问。）
7	伺う	お伺いいたす	☞ 率直な御意見をお伺いいたしたいと思います。 （我想听听您坦率的意见。）
8	答える	お答えいたす	☞ ちょっとお答えいたしかねます。 （我有些难以回答您。）
9	届ける	お届けいたす	☞ 15分以内にお届けいたします。 （我15分钟内给您送去。）

汉语サ变动词则一般用「ご＋サ変動詞語幹＋いたす」这个句型。实际使用时，这个句型中的「ご」经常写成汉字「御」。

「ご＋サ変動詞語幹＋いたす」使用举例

	動詞	ご~いたす	用例
1	案内する	ご案内いたす	☞ お部屋にご案内いたしましょうか。 （我带您去房间好吗？）
2	紹介する	ご紹介いたす	☞ 関係団体からの要望を簡単に御紹介いたしておきます。 （我简单介绍一下相关团体的要求。）
3	説明する	ご説明いたす	☞ 修正案の趣旨を御説明いたします。 （我来说明修正案的宗旨。）
4	連絡する	ご連絡いたす	☞ 未着かも知れませんのでこちらから御連絡いたしました。 （可能还没到，所以我方主动和您联系了。）
5	報告する	ご報告いたす	☞ 外務委員会における審議の経過と結果を御報告いたします。 （向您汇报外务委员会审议的经过和结果。）
6	質問する	ご質問いたす	☞ 通産大臣に三、四問ちょっと御質問いたしたいと思います。 （我想问通产大臣三四个问题。）

10.4 郑重语（丁寧語<ruby>ていねい ご</ruby>）

郑重语指讲话者对听话者表示客气、礼貌、郑重的态度时使用的语言表达方式。

郑重语主要包括助动词、动词和一些句型。

（1）助动词

属于郑重语的助动词是「です」和「ます」。

> ☞ あの先生が景山先生です。
> （那位老师就是景山老师。）
> ☞ 今年はみかんが高いですね。
> （今年橘子很贵啊。）
> ☞ 来週から北海道旅行に行きます。
> （我下周开始去北海道旅行。）
> ☞ 内容もわかりやすく、何と言っても地域密着型の新聞ですので隅々
> まで読みます。
> （内容也很容易理解，毕竟是与地区密切相关的报纸，所以会仔细阅读。）

（2）动词

动词「ござる」，是动词「ある」的郑重语。日常生活中，一般不单独使用动词「ご
ざる」，而是用动词「ござる」后续助动词「ます」构成的「ございます」。

> ☞ 鎌倉に円覚寺という大きな寺がございます。
> （镰仓有座叫圆觉寺的大寺。）
> ☞ 先ほど外務大臣からも御説明がございました。
> （刚才外务大臣也做了说明。）
> ☞ そのように言った記憶はございません。
> （我不记得说过那样的话。）

（3）句型

属于郑重语的句型包括「名詞＋でございます」「形容動詞連用形＋ございます」
「形容詞連用形＋ございます」等。

① 名詞＋でございます

　　句型「名詞＋でございます」表示「名詞＋です」的意思，比「名詞＋です」更为郑重，在正式场合使用。

> ☞　御指摘のとおり、地震の発生の場所が地下の深部であるということから、その予知につきましては現在の科学技術水準をもってしましても非常に難しい<u>問題でございます</u>。
> 　　（正如您指出的那样，地震发生的地点在地下深处，对于地震的预测，就目前的科学技术水平而言也是非常困难的问题。）
> ☞　現在地質調査、それから自然環境に対する影響調査を<u>実施中でございます</u>。
> 　　（目前正在进行地质调查以及对自然环境的影响调查。）
> ☞　私ども大変な衝撃を受けた<u>事件でございました</u>。
> 　　（那件事让我们受到了很大的打击。）
> ☞　私どもといたしましてはほかの共済制度というものについて直接詳しく存じませんし、またその内容に立ち入る<u>立場でございません</u>。
> 　　（我们对于其他的共济制度并不直接了解，也没有立场介入其中。）

② 形容動詞連用形＋ございます

　　句型「形容動詞連用形＋ございます」也是在正式场合经常使用的郑重语表达方式。形容动词的「連用形」有「だっ」「で」和「に」三种形式，其中，「で」这个形式可以后续「ございます」。

> ☞　関係者の協力が非常に<u>重要でございます</u>。
> 　　（相关人员的协助非常重要。）
> ☞　今日の筆捨山の景色は実に<u>見事でございました</u>。
> 　　（今天笔舍山的景色真是美极了。）
> ☞　何をやるかということは必ずしも<u>明確でございません</u>。
> 　　（未必明确要做什么。）

③ 形容詞連用形＋ございます

　　句型「形容詞連用形＋ございます」也是郑重语表达方式。在第 8 课中已经提到，形容词连用形后续「ございます」时，经常会发生ウ音便（ウ^{おんびん}音便）。

☞ 関連事項が非常に多うございます。
（相关的事项非常多。）

☞ 時間が少のうございますから、端的に私の意見を申し上げたいと思います。
（时间不多，所以我想直截了当地表明我的意见。）

☞ お役に立てるのが嬉しゅうございます。
（很高兴能帮上您的忙。）

☞ ふるさとは懐かしゅうございます。
（很怀念故乡。）

☞ こう理解してよろしゅうございますか。
（这样理解可以吗？）

10.5 美化语（美化語）

美化语指讲话者把事物说得优美文雅的语言表达方式。

接头词可以构成美化语表达方式。

构成美化语的接头词主要是「お」，有时候也用接头词「ご」。美化语在日常生活中频繁使用。

☞ お～
お酒、お料理、おかず、おにぎり、お米、お魚、お寿司、お砂糖、お肉、お粥、お菓子、お茶、お湯、お飲み物、お弁当、お味、お昼、お箸、お皿、お道具、お掃除、お池、お馬、お金、お札、おかばん、お正月、お寺、お値段、お風呂、お散歩、お天気、お祭り…

☞ ご～
ご飯、ご馳走、ご縁、ご挨拶、ご祝儀…

📝 课外练习

一、次の（　　）に接頭語「お」か「ご」を書き入れなさい。

（　　）案内　　（　　）手紙　　（　　）協力　　（　　）配慮　　（　　）昼

（　　）世話　　（　　）馳走　　（　　）希望　　（　　）正月　　（　　）存じ

（　　）礼　　　（　　）道具　　（　　）電話　　（　　）弁当　　（　　）健康

二、次の表の中にある一般動詞を敬語動詞に直しなさい。

	尊敬の動詞	謙譲Ⅰの動詞	謙譲Ⅱの動詞
言う			
やる			
くれる			
もらう			

三、次の文中の下線部の言葉を、（　　）に示した敬語を使った言い方に直しなさい。

1. お茶を<u>飲み</u>ませんか。　（尊敬語）

2. 事情は以前から<u>聞いて</u>おりました。　（謙譲語Ⅰ）

3. この本を<u>見</u>ました。　（尊敬語）

4. この手紙を<u>見せ</u>ましたか。　（謙譲語Ⅰ）

5. いつ<u>出発し</u>ますか。　（尊敬語）

6. 私を<u>呼び</u>ましたか。　（尊敬語）

四、次の各文は誤った敬語の使い方をしている。誤ったところに線を引いてそれを正しい言い方に改めなさい。

1. ぞんじがけない結果になりまして、申しわけございません。（　　　　　　　　　　　　）

2. しばらくこちらでお待ちいたしてください。　（　　　　　　　　　　　）

3. 入学したばかりの時、ちょっとお慣れしなかったが、今はすっかり慣れました。

　　（　　　　　　　　　　　）

4. ちょっとこちらをごらんになさい。　（　　　　　　　　　　）

5. この手紙はお目にかかりましたか。　（　　　　　　　　　）

6. この品ならば、きっとご満足していただけると思います。(　　　　　　　　　　)

7. 昨日はお風呂が壊れたので、隣の家で風呂を借りていただきました。
   (　　　　　　　　　　)

8. 初めて上海にまいりました。お暇があれば、ご案内させていただきます。
   (　　　　　　　　　　)

9. 自分のことは棚にお上げになって、人の欠点ばかり責めるんですよ。
   (　　　　　　　　　　)

10. 島村さんに、日曜日に引越しをするから手伝っていただきたいって頼まれているんです。(　　　　　　　　　　)

11. 次は高梨先生からカーボンニュートラルについてお話ししていただきましょう。
    (　　　　　　　　　　)

12. 山中部長に伺ったところ、来週ご帰国されるそうです。(　　　　　　　　　　)

13. 大阪を一度ご案内できないでしょうか。(　　　　　　　　　　)

14. お客さんは、いつこちらに到着いたしますか。(　　　　　　　　　　)

15. 先生がご考えになっているよりもずっと困難です。(　　　　　　　　　　)

16. お名前は、かねがね伺っておりましたが、お目にかけるのは、初めてです。
    (　　　　　　　　　　)

17. そう褒めてさしあげると、恐れ入ります。(　　　　　　　　　　)

18. 失礼しました。お待たせになりました。(　　　　　　　　　　)

19. 皆さんに喜んでくださると、私も嬉しいです。(　　　　　　　　　　)

20. ご安心ください。私がなんとかなさいますから。(　　　　　　　　　　)

五、次の敬語の使い方のうち、正しいと思うものを選び、その番号に〇をつけなさい。

1. 社長が（a 申し上げられた　b 言われた　c おっしゃった）通りです。

2. 石田商事の専務が、遅れて（a お越しになる　b いらっしゃる　c 参られる）そうです。

3. 部長、今日は（a お疲れ様でした　b ご苦労様でした　c お疲れ様）。

4. 取引先の山下社長がそのように（a 申しておりました　b お話ししていました　c おっしゃっていました）。

5. ［取引先からの電話に対して自分の上司のことを話す］（a 田中課長は外出しております　b 田中は外出しております　c 田中は外出されています）。

6. 朝食を（a いただかれ　b 食べられ　c 召し上がり）ましたか。

7. 先日、私が（a お伺いした　b お越しになった　c 行かせていただいた）際には…

8. 「このことを部長にお伝えください。」「はい、（a ぞんじました　b かしこまりました　c わかっています）。」

9. ［取引先からの電話に対して］上川は、本日（a お休みをいただいております　b 休みを取っております　c 休みです）。

10. 旅費は経理部で（a いただいて　b 頂戴して　c お受け取り）ください。

11. ご要望に応えることは（a いたしかねます　b できない　c ご無理です）。

12. 合計、5000 円（a になります　b です　c でございます）。

13. お名前を（a 伺っ　b 頂戴し　c 拝借し）てもよろしいですか。

14. 明日、取引先の高野社長が（a 参り　b 参上し　c おいでになり）ます。

15. 式が終わったので、ご来賓の皆様（a を退室させます　b に退室してもらいます　c にご退室いただきます）。

16. とにかく新生児室で子供に（a 会って　b 会わせて　c お会い）いただきたいです。

17. 弊社の社長もよろしくと（a 申しております　b おっしゃっております　c いっておられます）。

18. あいにく、係長はただ今席を外しておりますが、お客様のご用件を（a お伺いできません　b お伺いいただけません　c お伺いくださらない）でしょうか。

19. 駅からお電話をくだされば、お迎えに（a いたします　b まいります　c さしあげます）。

20. 理由が分かる方、是非（a お教えして　b お教え　c 教えて）願います。

21. 字が乱暴で（a お読みにくかった　b お読みしにくかった　c お読みになりにくかった）でしょう。

22. 今ご注文いただきますと、今月中には（a お届けできる　b お届けられる　c お届けになれる）と思います。

23. 先生、ここが分からないので、（a ご説明させて　b ご説明して　c ご説明）いただけませんか。

24. お留守中に、山田さんという方が（a まいり　b お見えになり　c いたし）ました。

25. 貴社におかれましては、ますますご発展のことと（a 存じます　b 申します　c 申し上げます）。

六、次の各段落に用いられている敬語を見つけ、線を引き、どの種類の敬語か指摘しなさい。

1. 先生の本を読むと元気が出ます。寝る前に読むのが日課になりました。もう枕元に欠かせません。おかげで長年苦しんでいた不眠症がすっかり治りました。今では表紙を見ただけで眠れるようになりました。先生の本は薬局でも売れると思います。

2. 前からほしいと思っていた先生の本を、先日、三冊も買うことができました。三冊まとめて二百円で古本屋で売っていたのです。先生の本を読みたがっていた友人に早速三冊三百円で売ろうとしたら、百円以上払う気はないといわれ、困っています。二百円で買っていただけないでしょうか。

3. 先生の文章をいつも楽しく読んでいる一ファンです。先生の文章を読み、肉がお好きだということを知り、うれしくなりました。最近、わたしは焼肉店を開店しました。同封の地図の通り群馬県の片田舎ですが、安さではどこにも負けません。今、特別割引セール中です。この機会にぜひご来店いただき、高級和牛を格安でご賞味くださいますようご案内申し上げます。

七、次の段落を朗読し、中国語に訳しなさい。

　　敬語は、古代から現代に至る日本語の歴史の中で、一貫して重要な役割を担い続けている。その役割とは、人が言葉を用いて自らの意思や感情を人に伝える際に、単にその内容を表現するのではなく、相手や周囲の人と、自らとの人間関係・社会関係についての気持ちの在り方を表現するというものである。気持ちの在り方とは、例えば、立場や役割の違い、年齢や経験の違いなどに基づく「敬い」や「へりくだり」などの気持ちである。同時に、敬語は、言葉を用いるその場の状況についての人の気持ちを表現する言語表現としても、重要な役割を担っている。例えば、公的な場での改まった気持ちと、私的な場でのくつろいだ気持ちとを人は区別する。敬語はそうした気持ちを表現する役割も担う。このように敬語は、言葉を用いる人の、相手や周囲の人やその場の状況についての気持ちを表現する言語表現として、重要な役割を果たす。

（『敬語の指針』文化審議会より）

第 11 课　连体词

11.1　连体词的性质和用法

连体词（連体詞）是仅用来修饰体言的独立词。没有活用。

连体词的用法只有一个，就是单独构成连体修饰语。

下列句子中的「その」「去る」「こんな」都是连体词，用来修饰体言，即分别修饰名词「日」、数词「一月」、代词「私」。

> ☞ <u>その</u>日は都合が良い。
> 　（那天方便。）
> ☞ 運輸大臣は<u>去る</u>一月の懇談会に出席した。
> 　（运输大臣出席了一月的恳谈会。）
> ☞ <u>こんな</u>弱い私も強くなっていけるんですよね。
> 　（这么弱小的我也能变强大吧。）

11.2　连体词的分类

连体词的形态具有比较鲜明的特点，因此可以按照形态进行分类。

连体词按形态可以分为「～の」「～が」形连体词、「～な」形连体词、「～る」形连体词、「～た」「～だ」形连体词和「～ぬ」形连体词等。

（1）「～の」「～が」形连体词

「～の」形连体词包括「この」「その」「あの」「どの」「例の」「当の」「ほんの」等。

155

> ☞ この家は新聞を取っていない。
> （这家没有订报纸。）
> ☞ どの道を選べばいいのだろう。
> （选择哪条路好呢？）
> ☞ もう一度、例の話を先生に確認してください。
> （请再向老师确认一遍那件事。）
> ☞ それはほんの短い時間だった。
> （那是很短的时间。）

「～が」形连体词包括「わが」。

> ☞ みなさん、わが家へようこそ。
> （欢迎大家到我家来。）
> ☞ 木造住宅は我が国の伝統的住宅である。
> （木结构住宅是我国的传统住宅。）
> ☞ 吾輩は猫である。
> （我是猫。）

（2）「～な」形连体词

「～な」形连体词包括「こんな」「そんな」「あんな」「どんな」「大きな」「小さな」「おかしな」「いろんな」等。

> ☞ あんなことがあったとは信じられない。
> （真不敢相信有那样的事。）
> ☞ この問題は一番大きな問題です。
> （这个问题是最大的问题。）
> ☞ おかしなことがあった。
> （发生了一件奇怪的事。）
> ☞ 精神的に大人になるにはいろんな方法があるけど、とにかくいろんな人と、会って話をしてみてください。
> （要在精神上成为大人有很多方法，无论怎样，请试着与各种各样的人见面交谈。）

（3）「～る」形连体词

「～る」形连体词包括「或る」「とある」「あらゆる」「いわゆる」「いかなる」「来たる」「去る」「明くる」「斯かる」「然る」等。

> ☞ 或る雑誌社の企画で、ヒルトンホテルで座談会があった。
> （由某杂志社策划，在希尔顿饭店召开了座谈会。）
> ☞ あらゆる可能性を考えて調査いたします。
> （我会考虑所有的可能性进行调查。）
> ☞ 先生、明くる日にはすっかり熱が下がりました。
> （医生，我第二天就完全退烧了。）
> ☞ 斯かる行為は許されない。
> （这种行为是不允许的。）

（4）「〜た」「〜だ」形连体词

「〜た」形连体词包括「たいした」「大それた」「ふとした」等。

> ☞ 失敗するのはたいしたことじゃない。
> （失败不是什么大不了的事。）
> ☞ それは大それた考えである。
> （那是很狂妄的想法。）
> ☞ 最近ふとしたきっかけでこの本を再読した。
> （最近因为一个偶然的机会重读了这本书。）

「〜だ」形连体词包括「とんだ」。

> ☞ 突然押しかけてきたうえ、猫まで連れこんでとんだ騒動を起こして
> しまって、本当に申し訳ありません。
> （突然跑来，还把猫也带来了，引起了意想不到的骚动，真的非常抱歉。）

（5）「〜ぬ」形连体词

「〜ぬ」形连体词包括「あらぬ」「いらぬ」等。

> ☞ さっきからあらぬことばかり申しましたが、それは全くこの人ので
> たらめで、嘘ばかりでございますよ。
> （刚才说的都是些不该说的话，那完全是他胡说八道，全是谎话呀。）
> ☞ いらぬことでストレスがかかる。
> （因为不必要的事情而产生压力。）

此外，有些语法学家把「こういう」「そういう」「ああいう」「どういう」等
也作为连体词看待。

> ☞ 大平さんという人は、そういう人なのである。
> （大平先生就是那样的人。）
> ☞ 技術の革新というものが高齢化社会にどういう影響を与えるのですか。
> （技术革新会给老龄化社会带来怎样的影响呢？）

📝 课外练习

一、次の下線部の単語から連体詞を選び、その文の番号を文末の＿＿＿に書き入れなさい。

1. こんなことになるとは、とんだ迷惑だ。

2. 翌日は空路、福岡へとんだ。

3. これはほんとのことです。

4. ほんのわずかな時間だった。

5. 人間のいかなることばも、いろいろな種類の音声を使っています。

6. ここでいきなりクイズだが、猪八戒はブタなのか、イノシシなのか？さて、どちらだろう。

7. 小さな失敗をくよくよ悩んでも、何も変わりはしない。

8. 私の友達が小さい会社を経営しています。

9. けっこうお金のかかる猫だ。

10. かかる状況を踏まえ、横浜にて会議が開催された。

11. そのような問題はたいした関心を呼ばなかった。

12. それらの話はたいして面白くないことであるのかもしれないが、ぼくには息をのむような話ばかりだった。

13. 日光というのは、二荒をニコウと音読みで読み替え、それに縁起のいい文字である日の光という字を当てたものである。

14. テニスの練習がある日には、朝から学校まで行ってしまう。

15. 友人がある日遊びに来ました。

連体詞：＿＿＿＿＿＿＿＿＿＿＿＿＿＿＿＿＿＿＿＿＿＿＿＿＿＿＿＿＿＿＿＿

二、次の各文の下線部の語は連体修飾語である。それぞれの品詞名を書きなさい。

1. 山田先生、この問題がよく分からないのですが… （　　　　　　　　　　）

2. かなり前に見たのであまり覚えてません。 （　　　　　　　　　　）

3. その点についてもうちょっと詳しい説明をお願いいたします。
   （　　　　　　　　　　）

4. 考えてみると、不思議なことである。 （　　　　　　　　　　）

5. 彼は足を止めた。おかしなところへ迷い込んだらしい。 （　　　　　　　　　　　）

6. 遠くの親戚より、近くの他人。 （　　　　　　　　　）

7. トレーニングの結果として、このような脳の使い方が身に付いたとすると、いわ

ゆる、右脳の活性化をトレーニングで達成したということになります。

(　　　　　　　　　　)

8. 箸の使い方が<u>変な</u>人も嫌です。（　　　　　　　　　）

9. <u>読んだ</u>ものについては理解しているのですが…（　　　　　　　　）

10. 素人の身でありながらお医者様に薬品の変更を依頼するなんて<u>大それた</u>ことをしてお医者様に嫌われりゃしないかとも心配です。（　　　　　　　　）

三、次の段落から連体詞を抜き出しなさい。

> 　今局長から御説明いただいたことは、そのように当然理解しておるわけでございます。私はさらに、財政力がある程度、余裕のあるところは現状ではないと思いますけれども、緊急的ないろんなこういう措置をする場合に、非常に緊急を要するようなときの工事の施工命令と申しますか、そういうことができない場面があるわけでございまして、これが行政の区割りの問題点だなということを私も感じたことが過去に地方におきましてあるわけでございますので、あえてそういう場合も含めて、もちろん今回のこの改正の中では今御説明のあったような形で進められると思いますが、さらに踏み込んでいただいて、これから河川管理の権限委譲をそれなりに対応できるような、政令指定都市以外の市でもやっていけるようなそんな考えを持って、今後、またいつの日かわかりませんが法改正を進めていただければと、こんなふうに要望をさせておいていただきたいと思います。

連体詞：_____

四、次の段落を朗読し、中国語に訳しなさい。

> 　連体詞は単独で連体修飾語となり、その他の用法をいっさい持たない語である。当然、活用しない。本来活用語であるべきものが連体形のみに用法が固定されてその活用機能を失ってしまったものや（例、いろんな、大きな）、語幹（例、同じ）などを連体詞と認めるか否かは学説によって分かれる。また「各、某、当、本、翌、明」のような、漢語熟語を構成する造語要素で体言に熟合するものまで（例、各選手、某記者、当事務所、本議案、翌三日、明四日）連体詞扱いするか否かも説が分かれる。一般には、和語で専ら連体修飾となる語を連体詞とする。したがって「<u>すぐ</u>そば／<u>やや</u>東／<u>つい</u>先ごろ／<u>ちょうど</u>12時／<u>ずっと</u>下／<u>もう</u>一つ」などは連用修飾の用法も兼ねるから、副詞に含めて、連体詞とは考えない。連体詞の範囲をどこまでとするかは諸説あって、にわかには決めがたい。
>
> （森田良行）

第 12 课　副词

12.1　副词的性质和用法

副词（副詞<ruby>ふく</ruby><ruby>し</ruby>）是主要用来修饰用言的独立词。没有活用。

副词最主要的用法是可以单独构成连用修饰语。此外，部分副词可以修饰其他副词，可以构成连体修饰语、谓语等。

（1）副词可以单独构成连用修饰语。

> ☞　詳しいことは、お会いしたら、<u>ゆっくり</u>お話しします。
> 　　（详细情况见到您之后再慢慢告诉您。）
> ☞　大阪で働く青年は<u>ずいぶん</u>多いはずだ。
> 　　（在大阪工作的青年肯定很多。）
> ☞　<u>なぜ</u>傘を持ってこなかったの？
> 　　（为什么没有带伞来呢？）

（2）部分副词（主要是程度副词）可以修饰其他副词。

> ☞　<u>もう</u>ちょっと声を大きくしていただきたい。
> 　　（请再大声一些。）
> ☞　<u>もっと</u>しっかり仕事をしたいんです。
> 　　（我想更踏实认真地工作。）

（3）部分副词（主要是程度副词）可以单独构成连体修饰语。

> ☞　それは<u>かなり</u>前に放送されていたドラマです。
> 　　（那是很早以前播放的电视剧。）
> ☞　年齢は大平さんのほうが<u>ずっと</u>上である。
> 　　（大平的年龄要大得多。）

部分副词可以后续助词「の」构成连体修饰语。这些副词大部分是程度副词和表示时间、数量的状态副词。

> ☞　三人はゆっくりと茶を飲みながら、<u>少し</u>の間今日の披露宴の話をした。
> 　　（三个人悠闲地喝着茶，聊了一会儿今天的婚宴。）
> ☞　<u>かつて</u>の日本では、一年一人一石といって、一石とは、一人の日本
> 　　人が一年間に食べる米の量だった。
> 　　（在过去的日本，据说一年一人一石，一石是指一个日本人一年吃的
> 　　大米的量。）

（4）部分副词可以后续助动词「だ」「です」等构成谓语。

> ☞　明日必ず持ってきてくれよ。わかったね。<u>きっと</u>だよ。
> 　　（明天一定要带来哦。明白了吧。一定哦。）
> ☞　残念ながら、結果は<u>まだ</u>です。
> 　　（很遗憾，结果还没出来。）

12.2　副词的分类

　　副词按意义和用法可以分为状态副词（状態副詞）、程度副词（程度副詞）和陈述副词（陳述副詞）。

12.2.1　状态副词

　　状态副词（状態副詞），也称为情态副词（情態副詞）、样态副词（様態副詞），是表示动作、作用状态的副词。主要修饰动词，也可以修饰形容词、形容动词等。

　　状态副词数量很多，可以表示人的状态、人的动作、事物的状态、时间、数量、指示性说明等。

A　表示人的状态

　　人的状态包括人的体形特征、健康状况、性格态度以及各种心情等。下面列举一些表示人的状态的副词。

体の特徴		
がっしり（健壮）	まるまると（胖墩墩）	ぶくぶく（松弛肥胖）
ころころ（胖乎乎）	ほっそり（纤细，苗条）	すんなり（纤细柔美）
なよなよ（柔弱，婀娜）		

健康状態

ぴんぴん（精神抖擞）	ぴちぴち（活泼，朝气勃勃）	くらくら（头晕）
がんがん（头剧痛）	きりきり（针扎般地痛）	しくしく（隐隐刺痛）
ずきずき（伤口等一阵阵痛）	ひりひり（火辣辣地痛）	ぞくぞく（浑身发冷）
ふらふら（软弱乏力）	へなへな（软绵绵）	むかむか（恶心，作呕）
へとへと（筋疲力尽）	ぺこぺこ（肚子饿瘪）	ぐうぐう（饥肠辘辘）
からから（嗓子干）		

性格・態度

きっぱり（断然，干脆）	はっきり（痛快，直截了当）	きちんと（规规矩矩）
ちゃんと（端正）	しっかり（扎实，可靠）	どっしり（威严而稳重）
あっさり（淡泊）	さっぱり（爽快）	さらりと（爽快，不拘泥）
からりと（开朗）	おっとり（大方，文静）	はきはき（聪敏，干脆）

嬉しい様子や安心した様子

いそいそ（兴冲冲）	うきうき（喜气洋洋）	すかっと（心情舒畅）
ぞくぞく（心情激动）	わくわく（心扑通扑通直跳）	ほくほく（喜形于色）
ほっと（松了口气）		

不注意、元気がない様子

うかうか（漫不经心）	うっかり（没留神）	ぼんやり（心不在焉）
しょんぼり（无精打采）	がっくり（失望，颓丧）	ぐったり（精疲力竭）
げんなり（兴味索然）	うんざり（厌倦）	

不安や心配

あたふた（手忙脚乱）	おたおた（慌里慌张）	いじいじ（畏畏缩缩）
うじうじ（犹豫不决）	くよくよ（耿耿于怀）	おずおず（怯生生）
おどおど（惴惴不安）	おろおろ（坐立不安）	こわごわ（战战兢兢）
どきどき（忐忑不安）	びくびく（畏首畏尾）	はらはら（担心，忧虑）
はっと（吓了一跳）	ぴりぴり（神经过敏）	いらいら（焦急，焦躁）

不愉快な気持ち		
かんかんに（勃然大怒）	むかむか（怒火直冒）	むっと（怒上心头）
ぷんぷん（怒气冲冲）	ぶすっと（内心不满）	

B　表示人的动作

　　人的动作非常多，包括饮食、说话、哭笑、走路、睡觉等。下面列举一些表示人的动作的副词。

食べたり、飲んだり、吸ったりする様子		
がつがつ（饿得狼吞虎咽）	ぱくぱく（大口大口地吃）	もりもり（狼吞虎咽地吃）
がりがり（咯吱咯吱）	こりこり（嘎吱嘎吱）	もぐもぐ（闭嘴咀嚼）
ごくごく（咕噜咕噜喝水）	がぶがぶ（咕嘟咕嘟大口喝）	ちびちび（一点一点小口喝）
ぷかぷか（吧嗒吧嗒地吸烟）	すぱすぱ（一口接一口吸烟）	

話し方		
がやがや（大声喧哗）	がんがん（喋喋不休发牢骚）	わあわあ（吵吵嚷嚷）
わいわい（吵吵闹闹）	ぺちゃくちゃ（喋喋不休）	くだくだ（絮絮叨叨）
べらべら（滔滔不绝）	ぺらぺら（流利地说外语）	ぽんぽん（言辞不客气）
ひそひそ（窃窃私语）	ぼそぼそ（小声说话）	ぶうぶう（嘟嘟嚷嚷发牢骚）
ぶつぶつ（嘟哝，发牢骚）		

泣き		
しくしく（抽泣）	めそめそ（低声抽泣）	ぼろぼろ（扑簌簌）
ぽろぽろ（吧嗒吧嗒）	わあわあ（哇哇大哭）	わっと（哇地一声哭起来）
おいおい（呜呜放声哭泣）	ぴいぴい（婴儿哭叫声）	

笑い		
にこにこ（笑嘻嘻）	にっこり（微笑，莞尔）	くすくす（偷笑，窃笑）
くっくっ（哧哧，窃笑）	ころころ（咯咯地笑）	けらけら（哈哈大笑）
げらげら（笑得前仰后合）	にやにや（冷笑，嗤笑）	にたにた（狞笑）

歩き		
ぶらぶら（闲逛，漫步）	ちょこちょこ（小步走或跑）	のこのこ（满不在乎地出现）
うろうろ（徘徊）	ぞろぞろ（络绎不绝）	すたすた（匆匆忙忙地走）
とっとと（赶快，火速）	どたばた（乱跑乱跳）	てくてく（徒步行走）
とぼとぼ（脚步沉重）	のそのそ（慢吞吞）	よぼよぼ（老态龙钟，蹒跚）
よろよろ（步履蹒跚）	よちよち（幼儿等东倒西歪地走路）	しゃなりしゃなり（装模作样地走路）
すたこら（急急忙忙走开）	ずかずか（冒失地闯入）	

眠り		
ぐうぐう（呼呼大睡）	ぐっすり（酣然熟睡）	すやすや（睡得安稳香甜）
こっくり（打盹，瞌睡）	うつらうつら（昏昏欲睡）	うとうと（迷迷糊糊）

静かに何かをする様子		
そっと（静静地，轻轻地）	こそこそ（偷偷摸摸）	こっそり（悄悄地，偷偷地）

速くまたは遅く何かをする様子		
てきぱき（麻利，利落）	さっさと（迅速地）	ばりばり（紧张积极地工作）
ぼやぼや（发呆）	のろのろ（迟钝，缓慢）	まごまご（不知所措）

同時にまたは別々に何かをする様子		
一緒に（一起）	いっせいに（一齐，同时）	一度に（同时，一下子）
ともに（共同）	それぞれ（各自，分别）	別れ別れに（分别，分开）
いちいち（一一，逐一）	口々に（异口同声）	一つ一つ（一个一个，逐个）

熱心に何かをする様子		
一生懸命（拼命）	こつこつ（不懈努力）	せっせと（孜孜不倦）

C　表示事物的状态

　　事物的状态千变万化，下面列举一些表示事物状态的常用副词。

物事が順調に進む様子

すいすい（進展順利）	すくすく（苗壮成长）	すらすら（流畅，顺利）
ずんずん（进展迅速顺利）	すんなり（顺利，容易地）	とんとん（顺畅，进展顺利）
どんどん（进展顺利，顺畅）	めきめき（显著，迅速）	着々と（稳健顺利）

物事が遅く進む様子

次第に（逐渐地，慢慢地）	徐々に（徐徐地，慢慢地）	だんだん（逐渐，渐渐）
ゆっくり（慢慢）	じわじわ（一点一点地）	ぐずぐず（慢吞吞地）
ずるずる（拖延不决）		

状態または動作が急に発生する様子

さっと（突然，一下子）	どっと（突然大量增加；突然倒下）	ばったり（突然倒下；意外相遇）
ぱっと（一下子）	いきなり（突然，冷不防）	がたんと（骤然变坏）
がらりと（状況急剧变化）	くるりと（突然变化）	

物事が続いて起こる様子

次々（依次，顺次）	続々（连续，不断）	たて続けに（接连不断）
続けざまに（接二连三）	ばたばた（连续不断落下或倒下）	

物事がちょうど良かったり、余裕がある様子

ちょうど（正好）	きっちり（紧紧地，没有空隙地）	ぴったり（恰好，合适）
ゆったり（有余地，宽敞）		

物事が混乱している様子

ごたごた（混杂，混乱）	ごちゃごちゃ（凌乱，杂乱）	ばらばら（乱哄哄地）

物の触感

つるつる（滑溜溜）	ぬるぬる（黏滑，黏糊）	びしょびしょ（湿透）
ねばねば（黏黏糊糊）	べたべた（发黏，黏糊糊）	べったり（粘上，贴住）

物の動き		
はらはら（静静地连续落下）	ひらひら（飘落）	ゆらゆら（轻轻摇动，晃动）
ちょろちょろ（潺潺流动）	くるくる（滴溜溜转）	ぐるぐる（轱辘辘转）
ぐらぐら（摇摇晃晃）	ころころ（骨碌碌地滚动）	ごろごろ（咕噜咕噜地滚动）

物の出す音		
かんかん（当当）	がんがん（当当）	かたかた（喀哒喀哒）
がたがた（喀哒喀哒）	がたんと（咕咚，喀当）	ことこと（嗒嗒，啪嗒啪嗒）
とんとん（咚咚，敲门声）	どんどん（咚咚，用力敲门）	りんりん（丁零）
ちゃりん（丁当）	ぎしぎし（咯吱咯吱）	かさかさ（沙沙作响）
がさがさ（沙沙作响）	かちかち（时钟滴答滴答）	ぱちぱち（劈劈啪啪）
ばたばた（吧嗒吧嗒）	ぺたぺた（吧嗒吧嗒）	びりびり（刺啦刺啦）
ずるずる（哧溜哧溜）		

動物の鳴き声		
にゃあにゃあ（猫叫声）	わんわん（狗叫声）	きゃんきゃん（小狗叫声）
こけこっこ（公鸡叫声）	ぴよぴよ（小鸟、小鸡叫声）	ぴいぴい（小鸟叫声）
ちゅんちゅん（麻雀叫声）	ぽっぽ（鸽子叫声）	じいじい（蝉叫声）
ぶんぶん（蜜蜂飞的声音）	りんりん（金铃子叫声）	かあかあ（乌鸦叫声）
があがあ（鸭子叫声）	けろけろ（青蛙叫声）	ちゅうちゅう（老鼠叫声）
ぶうぶう（猪叫声）	もうもう（牛叫声）	

天候		
かんかん（太阳火辣辣地）	ぎらぎら（耀眼，刺眼）	ざあざあ（哗哗，大雨如注）
ぱらぱら（吧嗒吧嗒）	ぽつぽつ（滴滴答答）	しとしと（淅淅沥沥）
ちらちら（雪花纷纷扬扬）	しんしんと（雪静静地下）	じめじめ（潮湿）
むしむし（闷热）	ぽかぽか（暖洋洋）	そよそよ（和风吹拂）
ぴゅうぴゅう（风呼呼地刮）	きらきら（闪耀，闪烁）	ごろごろ（雷声隆隆）

D　表示时间

表示时间的状态副词包括表示过去、现在、将来以及频率的副词等。

過去		
かねて（早已，早先）	かつて（曾经）	すでに（已经，早就）
とっくに（很早，已经）	もう（已经）	さっき（刚才）
さきほど（方才，刚才）	今（刚才，方才）	たった今（方才，刚刚）
ただ今（刚才，刚刚）		

ある物事が発生する前		
あらかじめ（预先，事先）	前もって（预先，事先）	先に（之前）

現在		
今（现在）	現在（现在，目前）	目下（当前，目前，眼下）
ただ今（现在）		

近い将来		
すぐ（马上，立即）	さっそく（马上，立刻）	ただちに（立刻，马上）
たちまち（转眼间，立刻）	今（立即，马上）	ただ今（马上，立刻）
今に（不久，即将，早晚）	じき（马上，就）	もう（快要，不久，一会儿）
まもなく（不久，一会儿）	のちほど（随后，过一会儿）	そのうち（过些日子；不久）
やがて（不久）		

頻度		
常に（总是）	年中（始终，不断地）	絶えず（不断地，不住地）
始終（始终，一直）	しょっちゅう（经常，常常）	いつも（总是，老是）
しきりに（再三，屡次）	たびたび（屡次，多次）	しばしば（屡次，再三）
ときどき（有时）	よく（经常，时常）	たまに（偶尔）
折折（有时，偶尔）		

その他の時を表す言い方		
しばらく（暂时；好久）	ずっと（一直）	終始（始终）
偶然（偶然）	たまたま（偶然，碰巧）	そろそろ（就要，不久）
今さら（事到如今）	いったん（一旦）	初めて（最初，初次）
また（又，再；别的）		

E　表示数量

表示数量的状态副词包括表示数量的副词以及限定数量或不明确限定数量的副词等。

数量を表す言い方		
すべて（都，所有，一切）	全部（全部，都）	すっかり（完全，全部）
そっくり（完全；照原样）	みんな（都，全部）	みな（全都，完全）
残らず（全部，一个不剩地）	ほとんど（大部分，大致）	たくさん（很多；足够）
いっぱい（满满地；很多）	うんと（很多地；用力）	たっぷり（足够；绰绰有余）
十分（充分，充足）	少なからず（多，非常）	

数量を限定する言い方		
ただ（只，不过）	たった（只，仅）	単に（仅，只，单）
せいぜい（至多，充其量）		

数量をはっきり限定しない言い方		
約（大约，大致）	およそ（大体上，大约）	ざっと（大致，大体，大概）
だいたい（大体上，大约）	たいてい（大都，差不多）	たいがい（大概；差不多）
ほぼ（大体，大致，大略）		

F　用于指示性说明

指示性说明某种状态的副词有「こう」「そう」「ああ」「どう」等。

指示的説明			
こう（这样，这么）	そう（那样，那么）	ああ（那样，那么）	どう（如何，怎样）

12.2.2　程度副词

程度副词（程度副詞）是表示动作、状态的程度的副词。主要修饰形容词、形容动词以及表示状态的动词，也可以修饰表示动作的动词，还可以修饰其他副词、名词等。

程度副词，可以表示程度高、程度较高、程度低以及与其他事物相比较的程度等。

A　表示程度高

程度が高い場合		
非常に（非常）	極めて（极，极其）	至極（极为，非常）

程度が高い場合		
ごく（极，非常）	至って（极，极其，极为）	すこぶる（颇，非常）
大変（很，非常）	とても（很）	大いに（太，很，甚）
ずいぶん（相当，非常）	実に（的确，实在，简直）	はなはだ（甚，非常，极其）
さんざん（严重，狠狠地）		

B　表示程度较高

程度がわりと高い場合		
相当（相当，很）	かなり（相当）	大層（很）
大分（相当，颇）	よほど（很，颇，相当）	わりあい（比较地）
わりに（比较地；意外）	けっこう（大致，相当，颇）	なかなか（很，相当，颇）

C　表示程度低

程度が低い場合		
少し（少量，些许，稍微）	ちょっと（一点，稍微）	少々（少许，一点）
多少（稍微，一些）	心持ち（稍稍，些微，少许）	やや（稍微，有点儿）
幾分（一点儿，少许）	いささか（有点儿，有些）	わずか（仅仅，稍微）

D　表示与其他事物相比较的程度

他の物事との比較		
最も（最，顶）	一番（最；最好）	もっと（更，更加）
より（更加，更）	さらに（再，进一步；更加）	なお（仍然；更，还；更加）
なおさら（更加，越发）	もう（再，还）	ずっと（远比……更……）
ぐっと（越发，大大地）	一層（越发，更加，更）	一段と（更加，越发）
ひときわ（格外，分外）	はるかに（远远，差距很大）	よけい（愈加，更加，格外）

12.2.3　陈述副词

陈述副词（陳述 副詞），也称为叙述副词（叙 述 副詞）、呼应副词（呼応副詞），是表示说话者心情或语气的副词，需要与后续表示心情或语气的叙述形式相呼应。

陈述副词可以与肯定、否定、肯定推量、否定推量、疑问或反语、假定、愿望、比况或样态等表达方式呼应使用。

A 与肯定表达方式相呼应

肯定を伴う言い方		
副詞	中国語訳	用例
必ず	一定，必定	☞ このようにやっていれば、短期的には負け続けることはあっても、長期的には必ず勝てます。 （这样做的话，短期内可能会持续失败，但长期来看一定会胜利。）
決まって	一定	☞ 卒業式なら決まって歌う歌があります。 （毕业典礼上有一首必唱的歌。）
もちろん	当然，不用说	☞ もちろん自費です。 （当然是自费的。）
当然	当然，理所当然	☞ 当然人によって差があると思います。 （我想当然是因人而异的。）

B 与否定表达方式相呼应

否定を伴う言い方		
副詞	中国語訳	用例
決して	决(不)，绝对(不)	☞ 決して、手遅れではありません。 （绝不是为时已晚。）
さっぱり	完全（不），丝毫（不）	☞ 何が真実かさっぱりわかりません。 （完全不知道什么是真实的。）
全然	全然（不），完全（不）	☞ 全然覚えていない。 （完全不记得。）
少しも	一点（也不），丝毫（不）	☞ 意味のうえでは少しも間違いはない。 （意思上一点也没错。）
ちっとも	一点（也不），丝毫（不）	☞ 目の前のハルコさんは昔とちっとも変わっていない。 （眼前的春子和过去相比，一点也没变。）
一向に	一点（也不），全然（不）	☞ それは一向にかまわない。 （那完全没关系。）
到底	怎么也（不），无论如何也(不)	☞ 自分には到底できっこない。 （自己无论如何也办不到。）
とても	无论如何也(不)，怎么也（不）	☞ とても想像がつかなかった。 （无论如何也无法想象。）

否定を伴う言い方

副詞	中国語訳	用例
必ずしも	（不）一定，（未）必	☞ 必ずしもうまくいくものとは限らない。 （不一定能顺利进行。）
まんざら	（并非）完全，（并非）一定	☞ これがまんざら作り話でもない。 （这也并非完全瞎编。）
一概に	（不能）一概	☞ 一概にそうは言えません。 （不能一概而论。）
あまり	不太，不怎么	☞ あまり信用できませんね。 （不太能相信啊。）
たいして	并不那么，并不怎么	☞ 規定のタクシー料金はたいして高くはない。 （规定的出租车费用并不那么高。）
別に	（没有）特别	☞ 別に意味はないんです。 （没有特别的意思。）
めったに	很（少），（不）常	☞ こんなことは、めったにあることじゃない。 （这种事很少见。）

C　与肯定推量表达方式相呼应

肯定推量を伴う言い方

副詞	中国語訳	用例
さぞ	一定，想必	☞ さぞお悲しみのことでしょう。 （您一定很悲伤吧。）
さだめし	想必，一定	☞ 君にとっては、さだめし残念なことだったろう。 （对于你来说，一定很遗憾吧。）
きっと	一定，必然	☞ きっと役にたつでしょう。 （一定能派上用场吧。）
大方	大概	☞ 大方、何か面白くないことでもあったのだろう。 （大概是发生了什么不愉快的事吧。）
おそらく	恐怕，或许	☞ おそらくどの動物も、本能的に死を避けるような行動をとるであろう。 （恐怕所有的动物都会本能地采取逃避死亡的行动吧。）
たぶん	大概	☞ たぶん家にいるだろう。 （大概在家吧。）

D 与否定推量表达方式相呼应

否定推量を伴う言い方		
副詞	中国語訳	用例
まさか	怎么会，不至于	☞ <u>まさか</u>今日の約束を忘れたわけではあるまいな。 （不至于忘了今天的约定吧。）
よもや	未必，不至于	☞ あの方だって、<u>よもや</u>ご自分があんな目に遭われるなんて、思ってもみなかったことでしょう。 （那个人未必料到自己会遭遇那种事吧。）

E 与疑问或反语表达方式相呼应

「か」を伴って、疑問、反対の結論を導き出す言い方		
副詞	中国語訳	用例
なぜ	为何，为什么	☞ <u>なぜ</u>このようなことが起こったのであろうか。 （为什么会发生这样的事情呢？）
どうして	为什么，为何；怎么能	☞ <u>どうして</u>教えてくれなかったんですか。 （为什么没告诉我呢？）
なんで	为什么	☞ <u>なんで</u>嘘をつくんですか？ （为什么要说谎呢？）
一体	究竟，到底	☞ デザイン費は<u>いったい</u>いくらくらいかかっているのでしょうか？ （设计费到底花了多少呢？）
はたして	果真，真的	☞ この問題に、<u>はたして</u>効果的に対処できるのだろうか。 （真的能有效应对这个问题吗？）

F 与假定表达方式相呼应

仮定形を伴う言い方		
副詞	中国語訳	用例
たとい	即使，哪怕	☞ <u>たとい</u>失敗しようとも悔いはない。 （即使失败也不后悔。）
たとえ	即使，哪怕，无论，纵然	☞ <u>たとえ</u>嫌でも、それは総意ですから、守るのは当然です。 （即使不愿意，那也是大家的意见，当然要遵守。）

仮定形を伴う言い方

副詞	中国語訳	用例
万一	万一，假如	☞ 万一火事になったら、これを持って逃げろ。 （万一着火，拿着这个跑。）
いったん	万一，假使，倘若	☞ いったん入場したら、途中から出ることができない。 （一旦入场，中途就不能离开。）
もし	如果，假如	☞ もしよろしければサインをいただけますか。 （如果可以的话能给我签名吗？）
仮に	假如	☞ 仮にこの高熱が下がったとしても、体が虚弱であって、アメリカ行きは無理であろう。 （就算高烧退了，由于身体虚弱，去美国也不太可能吧。）
いくら	即使，无论	☞ いくらベルを鳴らしても、戸をたたいても反応がなかった。 （无论怎么按电铃，怎么敲门，都没有反应。）
よしんば	纵令，即使	☞ 人の潜む気配はない。よしんばあったとしても、この闇では見えるはずもなかった。 （没有人潜藏的迹象。即使有，在这黑暗中也不可能看到。）

G　与愿望表达方式相呼应

希望・願いを伴う言い方

副詞	中国語訳	用例
ぜひ	务必，一定	☞ ぜひやってみてください。 （请一定做做看。）
どうぞ	请，希望	☞ どうぞ、お入り下さい。 （请进。）
どうか	请，务必	☞ どうか教えてください。 （请告诉我。）
くれぐれも	周到，仔细	☞ くれぐれも気をつけてください。 （请千万小心。）

H　与比况或样态表达方式相呼应

比況・様態を伴う言い方		
副詞	中国語訳	用例
いかにも	完全，实在	☞ 雨というのが、<u>いかにも</u>春らしい。 （雨，实在是春意盎然。）
さも	好像，仿佛	☞ <u>さも</u>驚いたというように、まじまじとこちらを見つめました。 （好像吃了一惊，目不转睛地盯着这边。）
まるで	恰似，宛如，简直	☞ 二十余年、<u>まるで</u>夢のようでした。 （二十多年，简直像做梦一样。）
ちょうど	正像，恰似	☞ それから鳩穴と名付けられた小さな穴もあり、その穴はどこかに通じているようで、そこから風が吹き上げてくる時の音が、<u>ちょうど</u>鳩の鳴き声のような音である。 （还有一个被命名为"鸽穴"的小洞，这个洞好像通向某个地方，风从那里吹来的声音，恰似鸽子的叫声。）
あたかも	恰似，好像，宛如	☞ 二樹が<u>あたかも</u>夫婦樹のように寄り添っている。 （两棵树就像夫妻树一样依偎在一起。）
さながら	宛如，好像，如同	☞ 桜の花びらが、<u>さながら</u>雪のように舞い落ちていた。 （樱花花瓣像雪花一样飘落。）

12.3　副词的构成

　　副词按其构成方式可以分为：单纯副词（単純副詞）和合成副词（合成副詞）。合成副词又可以分为：复合副词（複合副詞）、派生副词（派生副詞）和叠语副词（畳語副詞）。

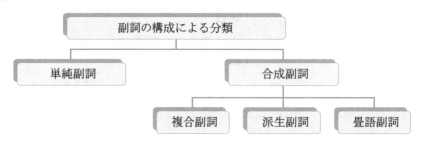

（1）单纯副词（単純副詞）和合成副词（合成副詞）

　　单纯副词指按现阶段的语言概念，从意义和词形上不可以再分成两个或两个以上

词素的副词。

　　合成副词指按现阶段的语言概念，从意义和词形上可以再分成两个或两个以上词素的副词。合成副词包括复合副词、派生副词和叠语副词。

> ☞　単純副詞：すぐ、もう、とても、はっきり、すっかり、そう…
> ☞　合成副詞：すぐに、いくらか、極めて、まだまだ、一日あたり…

（2）复合副词（複合副詞）

　　复合副词指从意义和词形上，由两个或两个以上具有独立概念的词素构成的副词。

　　构成复合副词的词素中，后项词素大多是助词词素，也有助动词词素、形容词词素等；前项词素可以是副词词素、名词词素、数词词素、代词词素、动词词素、形容词词素等。

> ☞　副詞＋助詞→複合副詞
> 　はっきりと、ゆっくりと、すぐに、さすがに、わずかに、少しも、必ずしも…
> ☞　名詞＋助詞→複合副詞
> 　先に、実に、次第に、別に、のちほど、夢にも…
> ☞　数詞＋助詞→複合副詞
> 　いくらか、二つながら…
> ☞　代名詞＋助詞→複合副詞
> 　われながら…
> ☞　動詞＋助詞→複合副詞
> 　しきりに、初めて、極めて、しいて、はたして…
> ☞　動詞＋助動詞→複合副詞
> 　残らず、思わず、絶えず、なるべく…
> ☞　形容詞＋助動詞→複合副詞
> 　少なからず…
> ☞　その他
> 　まもなく、なんとなく、やむをえず…

（3）派生副词（派生副詞）

　　派生副词主要指包含接尾词的副词。

> ☞　接尾語を含む派生副詞：
> 　散歩がてら、買い物がてら、出張がてら、まるごと、皮ごと、一人あたり、一日あたり…

（4）叠语副词（畳語副詞<ruby>じょうごふくし</ruby>）

叠语副词指由同一个词素重叠起来构成的副词。叠语副词为数众多，其构成包括名词重叠、数词重叠、动词重叠、形容词重叠、形容动词重叠、副词重叠、复合词重叠等。拟声拟态词中也存在许多叠语副词。

☞ 名詞＋名詞→畳語副詞
　　いろいろ、たびたび、ときどき、みちみち、もともと…
☞ 数詞＋数詞→畳語副詞
　　一一、一人一人、三三五五…
☞ 動詞＋動詞→畳語副詞
　　重ね重ね、沁み沁み、恐る恐る、泣く泣く、見る見る…
☞ 形容詞＋形容詞→畳語副詞
　　あおあお、ちかぢか、ながなが、ひろびろ…
☞ 形容動詞＋形容動詞→畳語副詞
　　いやいや、けちけち、稀れ稀れ…
☞ 副詞＋副詞→畳語副詞
　　ただただ、なおなお、またまた、まだまだ…
☞ 複合語＋複合語→畳語副詞
　　知らず知らず…
☞ 音象徴成分＋音象徴成分→畳語副詞
　　うつらうつら、うとうと、かたかた、こせこせ…
☞ その他
　　おさおさ、つくづく、つらつら、ほとほと…

此外，有些副词是从名词、数词、动词、形容词、形容动词等其他词类直接转化而来的。

☞ 名詞→副詞
　　実際、事実、普通、通常、割合、結局…
☞ 数詞→副詞
　　一番…
☞ 動詞→副詞
　　差し当たり、繰り返し、つまり、あまり…
☞ 形容詞→副詞
　　よく、あやうく、すごく、まさしく…
☞ 形容動詞→副詞
　　非常に、ばかに、確か、大変、結構、正直…

课外练习

一、副詞の多くは後に「と」を添えた形でも用いられる。そういう副詞を選び、記号に○をつけなさい。

　　a いきいき　　b ときどき　　c ゆっくり　　d はっきり
　　e ぼろぼろ　　f うっかり　　g あっさり　　h もっぱら
　　i にこにこ　　j たまたま　　k ぼんやり　　l いよいよ

二、次の（　　）の中から、適当なものを一つ選び、その番号に○をつけなさい。

1. （a いかが　b いかに　c そう　d そんなに）して人々の望むところを実現するかが政治家の能力というものである。

2. 彼がオリンピックで優勝するまで、（a いかが　b こう　c そんなに　d どんなに）練習したことだろうか。多分普通の選手の二倍も三倍も努力したのだろう。

3. 彼はきれいな女性がいると、すぐ（a くすくす　b にやにや　c ほくほく　d ほっと）しながら近づいていく。

4. 山田さんは不機嫌なままだ。（a いらいら　b かんかん　c ぶすっと　d むっと）沈黙している。

5. 留学してから高野さんの中国語は（a めきめき　b どんどん　c すくすく　d ぼつぼつ）上達しましたね。

6. 投資の世界では、真面目に意欲を持って励んでも、（a あまり　b すこしも　c まったく　d かならずしも）結果がよいとはかぎりません。

7. 四六時じゅう、（a いそいそ　b うろうろ　c せかせか　d のろのろ）動きまわっていなければなりません。

8. 彼女は（a いまに　b いまにも　c いまさら　d いまだに）泣き出しそうな顔をしていた。

9. 一歳半の娘が、スーパーで見知らぬ人に（a いきなり　b ただちに　c たちまち　d にわかに）飴をもらいました。

10. 河内は、北の入口のほうへは行かず、公園の中を（a はらはら　b ぷらぷら　c ぶらぶら　d ぺらぺら）歩いていた。

11. （a なんと　b なぜ　c なに　d なにも）、この日に回収された空き缶は1300個、売ってもいないペットボトルが130本も集まった。

12. そのときの高橋の、（a かならず　b だいたい　c いかにも　d たいてい）残念そ

うな顔が記憶に残っている。

13. 長い髪に隠れて顔が見えない。顔を見られないように（aせっかく　bさいわい　cわざと　dあいにく）そうしているのかもしれない。

14. せっかく、島の住民に知られず（aうっかり　bはっきり　cしっかり　dこっそり）と抜け出したのに、大声で呼ばれたりしたら見つかってしまうではないか。

15. 私も、その噂は、耳にしましたが、（aなにか　bまさか　cさすが　dおろか）本当のこととは夢にも思いませんでした。

三、次の各文中の下線を引いた言葉の品詞名を（　　　　　）の中に書きなさい。

　（注意：助詞や助動詞は必ずその下位分類の名で書きなさい。）

1. お前たちを愛する事を教えてくれたお前たちに私の要求するものは、ただ私の感謝を受取ってもらいたいという事だけだ。（　　　　　　　　）

2. お金が必要ですか？いえ、必要ないです。ただです。（　　　　　　　　）

3. 夫はことに次女をかわいがっていた。（　　　　　　　　）

4. 明日、プロデューサーを食事に招待することになってますので、顔を出してください。（　　　　　　　）

5. その問いは、ひとり日本だけでなくひろく世界に向けられていたというべくして、しかもまだ答えられていない。（　　　　　　　）

6. 扉はひとりでに開き、そして閉じた。（　　　　　　　）

7. ひとりっ子で、おまけに五歳でひとりぼっちになってしまったわたしを拾ってくれたのは、そこに座っているおじさまです。（　　　　　　　）

四、次の文中の（　　　）に入れるのに適当なものを末尾のA〜Dから選び、番号で記入しなさい。

　ある日、子供がガラスの瓶を手に持って、金魚をほしいといって、泣いていました。すると、通りかかったどじょう売りのおじいさんが、そのびんの中へ、どじょうを二匹いれてくれました。

　子供は、喜んで、瓶に顔を押しつけるようにして、眺めると、ひげを生やして、こっけいな顔に見えるどじょうは、「坊ちゃん、あのきれいなばかしで、能のない金魚よりは、私のほうがよっぽどいいのですよ。ひとつ踊ってみせましょうか？」といって、一匹のどじょうは、瓶の底から水の上まで、もんどり打って、こっけいな顔を表面へ出し、（　　　　　）瓶の底に沈みました。

　子供は、いままで、どじょうをばかにしていたのは、（　　　　　）自分の考

えが足りなかったのだと知りました。

　　「金魚より、愛嬌があるし、踊りもするし、（　　　　）おもしろいや。」と、子供は、瓶を持ち歩いて、友だちに吹聴したのです。

　　金魚を持っている子供は笑って、「そんな、どじょうなんかなんだい、この金魚は高いのだぜ。」といって、相手にしませんでした。

　　「坊ちゃん、悲しむことはありません。まあ見ていてごらんなさい。」と、どじょうは言いました。

　　じめじめした、いやな天気がつづきました。生活力の乏しい金魚は、（　　　　）弱って死んでしまったけれど、どじょうは元気でした。そして、いつでも愛嬌のある顔をして、かわるがわる瓶の中で踊っていました。

　　　　Aずっと　　　Bみんな　　　Cまったく　　　Dまた

五、次の文中の（　　　　）に入れるのに適当なものを末尾の A～H から選び、番号で記入しなさい。

　　顔は誰でもごまかせない。顔ほど正直な看板はない。顔をまる出しにして往来を歩いている事であるから、人は一切のごまかしを観念してしまうより外ない。（　　　　）化けたつもりでも化ければ化けるほど、うまく化けたという事が見えるだけである。（　　　　）投げ出してしまうのが一番だ。それが（　　　　）美しい。顔ほど微妙に其人の内面を語るものはない。仙人じみた風貌をしていて内心俗っぽい者は、（　　　　）仙人じみていて内心俗っぽい顔をしている。がりがりな慾張でいながら案外人情の厚い者は、（　　　　）がりがりでいて人情の厚い顔をしている。まじめな熱誠なようでいて感情に無理のあるものは、（　　　　）無理のある顔をしている。言うまでもなく顔の美しさは容色の美しさではない。容色だけちょっと美しく見える事もあるが、（　　　　）内から美しいのか、（　　　　）目鼻立が好いのかはすぐ露れる。

　　A真に　　　　B一番　　　C いくら　　　D偶然
　　E一切合切　　Fやはり　　Gやはり　　　Hやはり

六、次の段落を朗読し、中国語に訳しなさい。

　　副詞の3分類において、属性や程度など客観的な意味を担う様態副詞、程度副詞に対して、話し手の心的態度という主観的な意味を担うのが、陳述副詞である。これまで、さまざまな副詞の分類があり、陳述副詞の領域は必ずしも明確ではないが、推量判断の「たぶん」「おそらく」「ひょっとしたら」「きっと」「必ず」「さぞ」、様態や推測にかかわる「どうも」、意志や願望を表す「ぜひ」

など、モダリティにかかわる副詞が中核になるだろう。

　陳述副詞は、一定の文末表現をとることが多く、その点から呼応の副詞と呼ばれることもある。たとえば、「たぶん来るだろう」「ひょっとしたら花が咲くかもしれない」のように文末が推量表現になる。「どうも」は動詞文では、「どうも本当のことを知らないらしい」のように「らしい」などに続く。「ぜひ」は、「ぜひ行ってみたい」「ぜひ来てください」のように使う。

　文末表現は必ずしも強い呼応をするわけではなく、「たぶん」は「たぶん行きます」のような用法が普通に使われる。「たぶん〜だろう」を固定して指導することは誤用につながりやすい。

（森本順子）

第13课　接续词

13.1　接续词的性质和用法

接续词（接続詞）是用来连接前后文的独立词。没有活用。

接续词可以单独构成独立语，但不可以构成主语、谓语、连体修饰语、连用修饰语。

接续词的用法包括连接单词、句节、句子、段落等。

（1）连接单词

> ☞　法律または約款により、種々の方面から保険者の責任に制限を加え
> ています。
> （根据法律或条款，从各种方面对保险人的责任加以限制。）
> ☞　国民の不安や疑問に、分かりやすくかつ的確に答えていくことも必
> 要である。
> （对于国民的不安和疑问，也有必要进行简单易懂且准确的回答。）

（2）连接句节

> ☞　金融面で、あるいは税制面でこれに対する支援措置をやってもらい
> たい。
> （希望在金融方面或税制方面对此采取支援措施。）
> ☞　楽しいことが前提か、それとも分からせることが前提かでは、立場
> が全然違います。
> （是以快乐为前提，还是以让对方明白为前提，立场完全不同。）

（3）连接句子

> ☞　「できあいの文章を用いるのは失礼ではないか」との意見があるだ
> ろう。しかし、私は逆だと思う。
> （也许有人会说："用现成的文章不是很失礼吗？"但是我认为正好
> 相反。）

☞ 山から里の方へ遊びにいった猿が一本の赤い蝋燭を拾いました。赤い蝋燭はたくさんあるものではありません。それで猿は赤い蝋燭を花火だと思い込んでしまいました。

（猴子从山里到村子里去玩，捡到了一根红色的蜡烛。红色的蜡烛不是很多。所以，猴子以为红色的蜡烛是烟花。）

（4）连接段落

☞ 　実際、言葉が発達した社会でも、重要なことは直接会って決めることが多いし、面接は人物を確かめる手段として重用されている。それは人間にとって、顔と顔とを合わせ、視線を交わすことが重要なコミュニケーションであるからだ。

　ところが、現代の情報機器はこの視線の作法をあまり使わなくてもすむ社会をつくってしまった。人々は毎日インターネットやメールをのぞくために多くの時間を使っている。家族や親しい仲間とじっくり顔を合わせて、対話や協同作業を楽しむ時間を失いつつある。

　（实际上，即使在语言发达的社会，很多重要的事情都是直接见面决定的，面试作为确认人品的手段受到重用。这是因为对人类来说，面对面、视线交汇是重要的交流。

　但是，现代的信息机器已经创造出了不需要使用这种视线方式交流的社会。人们每天花很多时间上网和看邮件。他们正逐渐失去与家人以及亲密朋友面对面交流、享受对话和合作的时间。）

13.2　接续词的分类

接续词按意义和用法可以分为 6 种类型，分别表示顺接（順接<ruby>じゅんせつ</ruby>）、逆接（逆接<ruby>ぎゃくせつ</ruby>）、并列或添加（並列・添加<ruby>へいれつ・てんか</ruby>）、选择（選択<ruby>せんたく</ruby>）、说明或补充（説明・補足<ruby>せつめい・ほそく</ruby>）、转换话题（話題転換<ruby>わだいてんかん</ruby>）。

13.2.1　表示顺接的接续词

順接		
接続詞	中国語訳と主な特徴	用例
だから	因此，所以 ◇ 多用于口语。语气随便，不用于正式场合。 ◇ 后项可以使用意志表达方式。 ◇ 如果针对对方的发言使用，则常包含反抗、反对的语气。	☞ どうやら台風が来るらしい。<u>だから</u>早めに帰ろう。 （看来台风要来了。所以我们早点回家吧。）
ですから	因此，所以 ◇ 「だから」的郑重语。可用于正式场合。	☞ 世の中に偶然は存在しません。原因があって結果があります。<u>ですから</u>、その原因を冷静に探ることが大事であるのは当然です。 （世上不存在偶然。有原因才有结果。因此，冷静地寻找原因自然是很重要的。）
したがって	因此，所以，从而 ◇ 用于书面语或正式场合。 ◇ 强调后项是前项的必然结果，因此后项一般不能是意志的表达方式。	☞ 個性は、明らかに客観的な測定が難しい美意識や美的判断に関わる要素も含んでいる。<u>したがって</u>、何が個性的であるかについての判断基準は、人によって異なる。 （个性明显包含着难以客观测定的审美意识和审美判断的要素。因此，对什么是有个性的判断标准因人而异。）
故^{ゆえ}に	所以，因而，故而 ◇ 书面语。多用于论文、文件、格言等。	☞ 我思う、<u>故</u>に我在り。 （我思故我在。）
それ故^{ゆえ}	因为那个，所以，因此 ◇ 书面语。	☞ 学業成績が悪ければ進学は難しくなる。<u>それゆえ</u>、一般的な親の関心はどうしても勉強に向きがちである。 （学习成绩不好就很难升学。因此，一般的父母都会关注学习。）
よって	故而，因此 ◇ 书面语。多用于判决、决议、奖状、公告等公文。	☞ あなた方は全国合唱コンテストに於いて日頃の成果を見事に発揮され優秀な成績を収められました。<u>よって</u>ここに表彰いたします。 （你们在全国合唱比赛中发挥了平时努力的成果，取得了优异的成绩。故而在此加以表彰。）

順接		
接続詞	中国語訳と主な特徴	用例
それで	因此，所以 ◇ 用于叙述客观的因果关系。后项为结果。 ◇ 还可以用来催促对方继续往下说。	☞ 行ってみるとビルは古かったが、仕事はぴかぴかの新築ビルでなくてもいいし、家賃が相場よりだいぶ安い。<u>それで</u>、引っ越しをすることになった。 （去了一看，虽然大楼很旧，但工作不一定非得在新盖的大楼里干，而且房租比市价便宜很多。因此，就定下来搬家。）
そこで	因此，所以，于是 ◇ 后项常为针对前项采取的有意志的行动。	☞ これは二度とないチャンスだと思いました。<u>そこで</u>、思い切って「日本で働く前に一年間パリで研修をさせてください」と申し出ました。 （我觉得这是绝好的机会。于是，我下定决心提出申请："在日本工作之前，请允许我在巴黎进修一年。"）
で	因此，所以 ◇ 口语。「それで」的缩略形式。用于叙述客观的因果关系。 ◇ 还可以用来催促对方继续往下说。	☞ <u>で</u>、ご用件は？ （那么，您有什么事吗？）
こうして	这样，于是 ◇ 后项是前项导致的结果。	☞ たくさんの飢えた人々がこの仕事に応募した。彼が人々に教えた模様は、古代ギリシャの壺のデザインから取ったものだった。すぐに、海辺には機を織る女たちの列ができた。そして、彼は女たちに、機織りをしながら歌を歌うように教えた。織物が仕上がると、美しい長椅子カバーができ上がった。<u>こうして</u>、彼は村造りを始めたのだった。 （很多饥饿的人应征了这份工作。他教给人们的图案取自古希腊壶的设计。很快，海边织布的女人们排起了长队。然后，他教女人们一边织布一边唱歌。织物完成后，就做成了漂亮的长椅套。就这样，他开始了村庄建设。）
すると	于是；那么说 ◇ 后项表示客观结果，所以不能是意志的表达方式。	☞ 「ええ、いますけど、どなたですか」と、また春花は尋ねた。<u>すると</u>、電話は切れてしまった。おかしな人と、春花は思った。 （"嗯，在，请问是哪位？"春花又问。于是，电话挂断了。春花心想，真是个奇怪的人。）

順接		
接続詞	中国語訳と主な特徴	用例
それなら	如果那样，要是那样，那样的话 ◇　口语。	☞　私みたいな駆けだしに、こんな形の仕事は無理なんだわ。それなら、むしろアルバイトで日給もらったほうがよかった。 （像我这种刚起步的人，做这种形式的工作是不可能的。如果是这样的话，还不如打零工拿日薪。）
それでは	如果那样，要是那样的话 ◇　相当于「それなら」。	☞　つまり、妥協したということでしょう。それでは納得できません。 （也就是说，妥协了吧。如果那样的话，是无法接受的。）

13.2.2　表示逆接的接续词

逆接		
接続詞	中国語訳と主な特徴	用例
が	但是，可是，然而 ◇　多用于书面语。 ◇　用于口语时，语气生硬，仅为男性使用。	☞　私たち二人は黙っていた。が、すぐに、その沈黙は、朝倉氏の腹立たしげな言葉で破られた。 （我们两个人沉默着。但是，沉默很快就被朝仓气愤的话语打破了。）
だが	可是，但是 ◇　多用于书面语。 ◇　用于口语时，语气生硬，仅为男性使用。 ◇　不能用于态度恭敬的敬体对话。	☞　これは誰かの作り話なのか実話なのかは彼も知らない。だが、あり得る話である。 （他也不知道这是谁编的故事还是真人真事。但是，这是有可能的。）
けれども	然而，但是，不过 ◇　多用于口语。 ◇　主观性强，后项表示说话人对前项的意见或感情等。	☞　なるべく人に迷惑をかけたくない、これは人としての率直な気持ちですし、そうできればそれに越したことはありません。けれども、誰にも迷惑をかけずに生きることなどはできないのです。それは、人間が支え合って生きているものだからです。 （尽量不给别人添麻烦，这是作为人的真实心情，如果能那样做，再好不过了。但是，不给任何人添麻烦是不可能的。那是因为人类是相互支撑着生存的。）

	逆接	
接続詞	中国語訳と主な特徴	用例
しかし	可是，但是，然而 ✧ 既可以用于书面语，也可以用于口语。 ✧ 可在正式场合使用。	☞ 老後のことは心配ですから、15～20年後に実りのあるような投資をしておきたい。しかし、いろいろな研究で明らかですが、日本人の貯蓄パターンは保守的です。 （因为担心晚年，所以想做15到20年后有收获的投资。但是，各种研究表明，日本人的储蓄模式是保守的。）
しかしながら	然而，但是 ✧ 用于书面语或演讲等正式场合。	☞ 科学技術の発展により、人間は活動の領域を広げるとともに、その社会生活は飛躍的に豊かになったが、その一方で、工業社会は、大量生産・大量消費・大量廃棄の社会構造を生み出した。しかしながら、地球の資源は有限であり、自然環境が処理できる廃棄物の量には限界があることから、環境汚染は次第に人々の生活へ強い影響を与えるようになり、環境問題として表面化した。 （随着科学技术的发展，人类活动的领域不断拓宽，社会生活也有了飞跃性的丰富，但另一方面，工业社会产生了大量生产、大量消费、大量废弃的社会结构。然而，地球的资源是有限的，自然环境所能处理的废弃物的数量是有限的，因此，环境污染逐渐对人们的生活产生了强烈的影响，并成为一个突出的环境问题。）
ところが	可是，不过，然而 ✧ 常表示出乎意料的语气。 ✧ 后项不能是意志的表达形式。	☞ これですべて丸く収まる。私はほっと胸をなでおろした。ところが、事態は意外な方向に転がってしまったのである。 （这样一切都圆满结束。我松了一口气。然而，事态却朝着意外的方向发展。）
それなのに	尽管那样，即使那样 ✧ 常表示责备、不满。	☞ 外はいい天気だ。それなのにうちの子は家でゲームばかりしている。 （外面天气很好。可是我孩子却在家里一个劲地玩游戏。）
でも	可是，不过；话虽如此 ✧ 口语。不适合用于正式场合。 ✧ 有时用来反驳对方的话。	☞ 私は何度も相談しようとした。でも、仕事があるからと言って、全然取り合ってくれなかった。 （我好几次想找他商量。但是，他说有工作，完全不搭理我。）

186

逆接		
接続詞	中国語訳と主な特徴	用例
それでも	尽管如此，即使那样 ✧ 既可用于既定条件，也可用于假定条件。	☞ フェブリーが、歌いはじめた。陽気な唄だ。それでも、もの悲しさが漂っている。 （费布里开始唱歌。欢快的歌。尽管如此，还是充满着悲伤的感觉。）
しかるに	然而，可是 ✧ 书面语或演讲等正式场合。	☞ 前出の大企業のトップと基本的には同じではあるが、置かれている環境が必ずしも同じでない故にそのままは当てはまらないケースが多い。しかるに企業活動に成功するには企業のトップの資質、即ち責任感の強さと正確な判断力の有無に負うところは共通である。 （虽然与前面提到的大企业的高层基本相同，但由于所处的环境不同，很多情况下无法直接适用。然而，能否在企业活动中取得成功，取决于企业高层的资质，即是否具有强烈的责任感和正确的判断力，这一点是共通的。）

13.2.3　表示并列或添加的接续词

並列・添加		
接続詞	中国語訳と主な特徴	用例
また	又，而且；或者，若不然 ✧ 只用于同一主体。 ✧ 表示并列或添加。 ✧ 还可以连接相互矛盾的事项。	☞ 彼女は英語が堪能であり、またドイツ語も流暢に話す。 （她擅长英语，德语也说得很流利。）
かつ	并且 ✧ 多用于书面语或演讲等正式场合。	☞ 米は、国民の主食であり、かつ、基幹的な農産物としての地位を占めている。 （大米是国民的主食，而且占据着主要农产品的地位。）
及び	以及 ✧ 书面语。	☞ 舞台上では、受賞者及び受賞作品の名前が読み上げられている。 （舞台上宣读着获奖者及获奖作品的名字。）
並びに	及，和，与 ✧ 语气比「及び」更郑重。	☞ 新入生の皆さん、この度は合格並びにご入学おめでとうございます。 （各位新生们，恭喜你们这次合格并入学。）

接続詞	中国語訳と主な特徴	用例
なお	再者，并且，此外 ◇ 表示追加。	☞ 多くの方が御発言できますよう、一回の発言はおおむね 3 分程度とさせていただきます。<u>なお</u>、質疑の際は、最初にどなたに対する質問であるかお述べいただきたいと存じます。 （为了能让更多的人发言，每次发言大概 3 分钟左右。另外，提问的时候，首先请说明是针对哪位提出的问题。）
そして	然后，于是；而且 ◇ 可以表示动作的顺序。 ◇ 也可以表示动作的结果。 ◇ 还可以表示添加。	☞ 食事をした。<u>そして</u>、食後のコーヒーを頼んだ。 （吃了饭。然后点了饭后咖啡。）
それから	其次，接着 ◇ 可以表示动作的顺序。 ◇ 还可以用来催促对方往下说。	☞ 彼女は、疲れた顔でふふふと笑った。<u>それから</u>、小さな声で言った。 （她一脸疲惫地呵呵笑着。然后小声说。）
しかも	又，而且，并且；而，却 ◇ 多用于书面语。也可以用于口语。	☞ 試験は、大昔から大数学者が作り上げてきた体系を正しく理解したかどうかをテストしているだけである。<u>しかも</u>、範囲は限定されている。 （考试只是测试是否正确理解了自古以来由大数学家建立起来的体系。而且，范围是有限的。）
それに	而且，再加上；尽管那样，可是 ◇ 口语。	☞ この仕事をするには、ロマンチックである必要はないんです。<u>それに</u>、わたしはとても現実的な人間ですから。 （做这个工作，不需要浪漫。而且，我是个非常现实的人。）
その上	而且，并且，加之，加上 ◇ 表示添加。	☞ その場で練習ができ、<u>その上</u>簡単で、学びやすい。 （可以当场练习，而且简单易学。）
おまけに	加之，而且，况且 ◇ 多用于口语，且语气较随便。	☞ 都会生まれの都会育ち、<u>おまけに</u>運動神経まるでなしのわたしにとっては、無事にみんなについていけるか、心細くなってきました。 （我生在城市长在城市，而且完全没有运动细胞，对于能不能顺利跟上大家，感到不安。）

並列・添加

188

並列・添加		
接続詞	中国語訳と主な特徴	用例
次いで	接着，其次，随后 ✧　用于书面语。	☞　救急出場件数を事故種別ごとにみると、第1位が急病によるもので約半数を占め、次いで交通事故、一般負傷の順となっている。 （按事故类别来看急救的出动次数，排在第一位的是急病，约占一半，其次是交通事故，第三位是一般受伤。）

13.2.4　表示选择的接续词

選択		
接続詞	中国語訳と主な特徴	用例
あるいは	或，或者 ✧　多用于书面语。	☞　現在、国、地方公共団体あるいは青少年団体等において各種の青少年国際交流事業が行われている。 （现在，国家、地方公共团体或青少年团体等都在开展各种青少年国际交流活动。）
または	或，或者 ✧　多用于书面语。	☞　この制度の対象者は、70歳以上の者及び65歳以上70歳未満の寝たきり老人等であるが、本人又はその扶養義務者等に医療費の自己負担相当額を負担できる程度の所得がある場合は対象とされない。 （该制度的对象为 70 岁以上的人和 65 岁以上未满 70 岁的卧床不起的老人等，但如果本人或有扶养义务的人等的收入能够承担医疗费自负金额，不列为对象。）
もしくは	或，或者 ✧　多用于书面语。 ✧　常用于法律条文、规章制度等。	☞　裁判所は、適当と認めるときは、検察官、被告人もしくは弁護人の請求によりまたは職権で、弁論を分離・併合することができる。 （法院认为适当时，可根据检察官、被告人或辩护人的请求，或依职权将辩论分离、合并。）
それとも	或者，还是 ✧　多用于口语。 ✧　主要用来连接选择疑问句。	☞　皆さんは食材は1週間分まとめて買いますか？それとも毎日のように買いますか？ （大家会集中购买一周的食材吗？还是几乎每天都买？）

13.2.5　表示说明或补充的接续词

説明・補足		
接続詞	中国語訳と主な特徴	用例
だって	因为；话虽如此，但是 ◇ 口语。 ◇ 多为妇女、儿童使用。 ◇ 含有辩解语气。	☞ 「聞いたんですが、半角数字ができないパソコンがあるみたいですがありえますか？」「ありえないんじゃないでしょうか。だってコンピュータから半角数字をとったら成り立たないと思います。すべて半角数字がベースですから。」 （"我听说，好像有不能用半角数字的电脑，可能吗？""这是不可能的吧。我认为从电脑上拿掉半角数字是不成立的，因为全部都是以半角数字为基础的。"）
なぜなら	因为，原因是 ◇ 既可用于书面语，也可用于口语。 ◇ 在口语中使用时，只用于正式场合。	☞ 体温が下がると体はどう反応するか。まず体が行なうのは、水分を外に捨てることである。なぜなら、雨に濡れると体が冷えるように、余分な水分は体を冷やすからだ。 （体温下降后身体会有什么反应？首先身体要做的是将水分排出体外。因为就像被雨淋湿后身体会变冷一样，多余的水分也会使身体变冷。）
なんとなれば	要说原因，那是因为 ◇ 多用于书面语。	☞ 下敷になった人を助け出すことは震災の防止上最も大切なことである。なんとなれば震災を被る対象物中、人命ほど貴重なものはないからである。 （救出被压在下面的人是防止地震灾害最重要的事情。因为地震灾害的受灾对象中，没有比人命更贵重的东西了。）
すなわち	即，换言之，也就是说 ◇ 多用于论文或演讲等正式场合。	☞ 人は放っておいても、おのずと啓蒙されるわけではない。積極的に啓蒙活動をしなければならない。すなわち、教育である。 （人如果放任不管，不会自然而然地得到启蒙。要积极地进行启蒙活动。也就是教育。）
ただ	就是，可就，不过 ◇ 后项的评价与前项相悖。	☞ 甘いものにはストレス解消作用があります。ただ、効果は一時的なものだと思われます。 （甜食有消除压力的作用。但是，我认为效果是暂时的。）
ただし	但，但是 ◇ 补充说明与前文相反的例外或条件等。	☞ 女子は小学校4年生くらいから中学校半ばくらいまでが成長期。男子は、中学生になってから成長期を迎えます。ただし、個人差は結構あります。 （女生从小学四年级到初中中期是发育期。男生从初中开始迎来发育期。但是，个体差异很大。）

説明・補足		
接続詞	中国語訳と主な特徴	用例
ちなみに	顺便说一下，附带说一下 ◇ 既可用于书面语，也可用于口语。 ◇ 不含有敬意，因此不适合对上级、长辈使用。	☞ 「りんごの果汁は下痢のときに良いと聞きましたが、大人にも当てはまりますか？」「大人にもいいと思います。<u>ちなみに</u>、砂糖水もいいそうですよ。」 （"听说苹果汁对腹泻有好处，大人也适用吗？""我觉得对大人也很好。顺便说一下，听说糖水也不错哦。"）

13.2.6　表示转换话题的接续词

話題転換		
接続詞	中国語訳と主な特徴	用例
さて	却说；那么，然后 ◇ 多用于书信、演讲等正式场合。 ◇ 不适合用于日常对话。 ◇ 不能对上级、长辈使用。	☞ 去る6日付で環境政務次官を拝命いたしました平野清でございます。<u>さて</u>、環境問題はこれからの人類が生き残れるかどうかという大きな問題になってまいりました。 （我是6日受命担任环境政务次官的平野清。却说，环境问题已经成为今后人类能否生存下去的重大问题。）
ところで	话说，却说 ◇ 口语。	☞ 今日も天気がいいね。<u>ところで</u>、昨日の試合の結果はどうだった？ （今天天气也很好啊。话说，昨天的比赛结果怎么样？）
ときに	话说 ◇ 口语。	☞ <u>ときに</u>、先日の件ですが。 （话说，前几天的事……）
そもそも	究竟，到底，说起来 ◇ 多用于演讲、报告等正式场合。	☞ タバコを吸わないことが、肺がんの予防にどれほどの効果があるかを本当にご存知でしょうか。それはもう、胃がんの刺激物や大腸がんの動物性脂肪の比ではありません。<u>そもそも</u>肺がんの約9割がタバコに原因があるとされています。 （您真的知道不吸烟对预防肺癌有多大的作用吗？那已经不是胃癌的刺激物和大肠癌的动物性脂肪能比的了。说起来，肺癌大约有9成是由香烟引起的。）

話題転換		
接続詞	中国語訳と主な特徴	用例
それでは	那么，那就 ◇ 表示事物已告一段落。 ◇ 口语。既可用于正式场合，也可用于日常生活。 ◇ 比较随便的表达方式是「それじゃ」。	☞ 分かりました。<u>それでは</u>質問を変えましょう。 （我明白了。那么我们换个问题吧。）
では	那么 ◇ 口语。 ◇ 是「それでは」的省略形式。	☞ <u>では</u>、話を戻します。 （那么，言归正传。）

13.3 接续词的构成

接续词按其构成方式主要可以分为：单纯接续词（単純接続詞）和复合接续词（複合接続詞）。

（1）单纯接续词（単純接続詞）

单纯接续词指按现阶段的语言概念，从意义和词形上不可以再分成两个或两个以上词素的接续词。单纯接续词为数较少。

> ☞ 単純接続詞：しかし、そして、また、なお、すなわち…

（2）复合接续词（複合接続詞）

复合接续词指从意义和词形上，由两个或两个以上具有独立概念的词素构成的接续词。

构成复合接续词的词素中，后项词素大多是助词词素；前项词素可以是名词词素、代词词素、动词词素、助动词词素等。

- ☞ 名詞＋助詞→複合接続詞
  故に、ときに、ところが、ところで…
- ☞ 代名詞＋助詞→複合接続詞
  それで、そこで、それでも、それから、それに、それとも…
- ☞ 動詞＋助詞→複合接続詞
  したがって、よって、次いで、すると、並びに…
- ☞ 助動詞＋助詞→複合接続詞
  だから、ですから、だか、だって…
- ☞ その他
  それ故、それなら、こうして、その上、なんとなれば…

此外，有不少接续词是从助词、副词、动词等其他词类直接转化而来的。

- ☞ 助詞→接続詞
  が、で、では、でも、と、けど、けれども、だって、ところが…
- ☞ 副詞→接続詞
  また、かつ、なお、さらに、あるいは、ひいては、次いで、さて…
- ☞ 動詞→接続詞
  及び…

📝 课外练习

一、そのままの形で接続詞に転じて用いられる助詞をa～hから四つ選び、記号に○を付けなさい。

aと	b へ	c の	d が
e ながら	f けれども	g から	h で

二、次の単語の中には、副詞と接続詞の両方の機能を兼ねるものがある。それらを選び、記号に○をつけなさい。

a とくに	b ことに	c また	d または
e あるいは	f もしくは	g そして	h かつ
i そのうえ	j なお	k ところで	l さて
m ときに	n では	o まさか	p たとえ
q ただ	i ただし	s および	t さらに

三、次の各文中の下線を引いた言葉の品詞名を（　　　　）の中に書きなさい。

（注意：助詞や助動詞は必ずその下位分類の名で書きなさい。）

1. 「ミニシリーズ」の定義を教えてください。この「ミニ」というのは、小さいという意味の mini なのでしょうか、あるいは、他の言葉の略なのでしょうか。

　　（　　　　　　　　　）

2. これもあるいはほんとうかもしれない。（　　　　　　　　　）

3. あるいはご存知かと思ってお聞きしたのですが。（　　　　　　　　　）

4. 北京あるいは上海で開催するそうだ。（　　　　　　　　）

5. いやあ、今日はほんとに暑いですねえ。それじゃ、また参ります。（　　　　　　　　　）

6. 日ごろ、皆様には、なんの世話にもなっておりません。また、世話したこともありません。（　　　　　　　　　）

7. また痛むようでしたらこの薬を飲んでください。（　　　　　　　　　）

8. あの人は外交官でもあり、また詩人でもある。（　　　　　　　　　）

9. 声も漏らさず、身体も震わせず、彼はただ涙だけをこぼしていた。

　　（　　　　　　　　　）

10. 自転車に 40 分以上乗るのもいいことです。ただ、あまり力を入れずにこぐのが大事です。力を入れる運動は、筋肉を増やす効果が高いですが、有酸素運動にはならないことが多いです。（　　　　　　　　　）

11. 僕は何も特別な人間じゃないよ。ただの貧乏な大学教師だ。（　　　　　　　　　）

12. 20 円だなんて、ただのようなものだな。（　　　　　　　　）

13. あの方は、素晴らしい小説を書きました。さらに、たくさんのエッセイも書きました。（　　　　　　　　）

14. これからの研究で、さらに詳しいことが明らかになってくると期待されます。

　　（　　　　　　　　）

15. 今回は色の種類が豊富でなお良いです。（　　　　　　　　）

16. 講義は以上です。なお、質問については 10 分後、個別にお尋ねください。

　　（　　　　　　　）

17. 明日ご注文の品をお届けします。なおその時詳しくご説明いたします。

　　（　　　　　　　）

18. 叱られてもなおやめない。（　　　　　　　　）

19. 日本では、看護師の場合は、看護学校（3 年）もしくは 4 年制大学の看護学部を

卒業しないと、国家試験の受験資格がもらえません。（　　　　　　）

20. 日本人はさしみが好きだ。<u>もっとも</u>例外はいるが。（　　　　　　）

21. それは彼の作品のうちで<u>もっとも</u>すぐれているものです。（　　　　　　）

22. <u>さて</u>机に向かうと、勉強する気がなくなる。（　　　　　）

23. <u>さて</u>これでおいとまいたします。（　　　　　）

24. <u>ときに</u>、あなたに聞きたいことがあります。（　　　　　）

25. <u>それ</u>でけっこうです。（　　　　　）

26. 彼は予備校へ通った。<u>それ</u>で成績がよくなった。（　　　　　）

27. 外は<u>それ</u>ほど寒くない。（　　　　　）

28. <u>それ</u>だけは話さずにおいた。（　　　　　）

29. まず顔を洗って<u>それ</u>から出かける。（　　　　　）

30. 火災<u>が</u>発生し、たくさんの人が死んだ。（　　　　　）

31. 人数は少ない<u>が</u>、意気ごみは高い。（　　　　　）

32. できるものならやるのだ<u>が</u>。（　　　　　）

33. 私は苦笑するばかりであった。<u>が</u>、有り難い話だとも無論思っていた。
　　（　　　　　　）

34. うまくいくだろうと思った。ところ<u>が</u>、失敗した。（　　　　　）

35. 頼んだところ<u>が</u>快く引き受けてくれた。（　　　　　）

36. 読める<u>けれど</u>書けない。（　　　　　）

37. くじらは海にすむ。<u>けれど</u>、魚ではない。（　　　　　）

38. つゆ時になる<u>と</u>かびは生える。（　　　　　）

39. これ<u>と</u>は関係ない。（　　　　　）

40. する<u>と</u>、わたしは5時までにそこに行くということですね。（　　　　　　）

四、次の接続詞の中から適当なものを選び、（　　　　）に入れなさい。但し、各語は一回だけ
使うこと。

| すると | しかし | だから | しかも |
| ただし | それとも | ところで | 及び |

1. すべての人に好かれることはありえない。（　　　　　）、それはあきらめよう。

2. 校長の許可（　　　　）担任教諭の協力を得て本番の研究授業を行う。

3. 「逆立ちは健康に良いのですか?」「時々逆さになると血流がよくなる。
（　　　　）、長時間はよろしくない。」

4. メールソフトを起動させ、メール受信のボタンをクリックする。（　　　　）、
自動的にインターネットに接続され、彼女宛てのメールがパソコンのハードディ
スクに保存された。

5. これは正常な状態でしょうか。（　　　　）、何らかのウイルスに感染している
のでしょうか。

6. 分かりました。その件についても、早急に手配いたします。（　　　　）、村田
さん、今日の午前中、どちらにおられましたか?

7. 人々はたいていそれを事実と信じる。（　　　　）、残念ながら、事実は違う。

8. 初めての経験で、（　　　　）閉会式だけに言葉が思い浮かびません。

五、次のＡ～Ｆの各文は順序が違っている。（　　）の中に正しい順序を示す番号を1、2、3、4、
5、6の数字で書き入れなさい。また、＜　　＞の中に入れるのに適切な語句をa～hから選び、
記号を書き入れなさい。

A（　　）＜　　＞火を絶やさないために、いつも火の番をしていなければなりま
せん。それはなかなか大変です。

B（　　）＜　　＞、大風で木がすれ合って火が出たのを思い出して、木の枝を強く
すり合わせて火を作ることができました。

C（　　）古代人は、山火事の焼けあとから残り火を持って、ほらあなの入口に置い
てみました。

D（　　）それで人々は自分たちで火を作る方法を考えだしました。

E（　　）＜　　＞、火が消えると、人々は再び火を捜しに行かなければなりません。

F（　　）＜　　＞、獣が近くに来ないだけでなく、ほらあなの中も明るくて便利な
ことがわかりました。

　　　a もっとも　　　b しかし　　　c それで　　　d すると
　　　e そして　　　　f その上　　　g あるいは　　　h 並びに

六、次のＡ～Ｅの各文は順序が違っている。（　　）の中に正しい順序を示す番号を1、2、3、
4、5の数字で書き入れなさい。また、＜　　＞の中に入れるのに適切な語句をa～eから選び、
記号を書き入れなさい。

A（　　）＜　　＞、人々は、科学の力でできないことはない、というように考えやすい。

B（　　）＜　　＞、科学の力も、それといっしょに大きく強くなっていく。

C（　　）これは、よくよく考えてみなくてはならないことである。

D（　　）＜　　＞、ほんとうに科学の力でできないことがないようになるだろうか。

E（　　）科学はどんどん進歩していく。

　　　a しかし　　　b それとも　　　c そして　　　d たとえば　　　e そのため

七、次の A～E の各文は順序が違っている。（　　）の中に正しい順序を示す番号を 1、2、3、4、5 の数字で書き入れなさい。また、＜　　＞の中に入れるのに適切な語句を a～h から選び、記号を書き入れなさい。

A（　　）＜　　＞何年も運転しているうちに、この緊張は＜　　＞とれる。

B（　　）＜　　＞熟練していない人にくらべて、＜　　＞スムーズに動かすことができる。

C（　　）はじめは緊張の連続である。

D（　　）自動車の運転をはじめた＜　　＞の人は、自分の手足の動きのひとつに、＜　　＞神経をつかうものだ。

E（　　）手足の動きに気をつかわなくても、車は動くのである。

　　　a ずっと　　　b すっかり　　　c かなり　　　d ばかり

　　　e しかも　　　f しかし　　　g なぜなら　　　h つまり

八、次の文中の（　）に入れるのに適当なものを末尾の A～D から選び、番号で記入しなさい。

　あるお家のお台所にお鍋とお皿とカーテンが暮らしていました。

　お鍋もお皿もカーテンも毎日同じお仕事をしているのがいやになって、お台所から逃げ出すことにしました。

　お鍋とお皿は先に出口の所へ行きましたが、待っても待ってもカーテンが来ません。

　「はやく来ないと二人で行ってしまうわよ。」お鍋とお皿はいらいらして言いました。

　「（　　　　）、私、いくら足で踏ん張っても、頭が鉄の棒にくっついていて、離れないのよ。」とカーテンは泣きながら、頭を鉄の棒から、外そうとしました。お鍋とお皿も、カーテンの裾を持って、うんさこら、うんさこらと引っ張りましたが、だめでした。

　（　　　　）、お鍋とお皿の、どっちかがカーテンをよじ登っていって、鉄の棒を外すことになりました。

　お鍋とお皿がじゃんけんをして、負けたほうが登ってゆくことにしました。

　お鍋が負けました。お皿は下で大きな口を開けて、見物していました。

　負けたお鍋はカーテンの脇腹をよじ登りました。

（　　　　　）、お鍋がよじ登るにつれて、カーテンは横腹がくすぐったくなりました。
（　　　　　）とうとう我慢ができなくなって、

「ああ、くすぐったい。」と言って、お鍋をいきなり振り飛ばしました。

お鍋はからんころん、からんころん、ころころ、ころころと、台所の向こうの端まで、転がって行きました。その格好が、とてもおかしかったので、カーテンは「アハハハハハ」と大笑いしました。

お皿は「私だったら、こなごなに壊れるところだったのに、まあよかった。」と胸を撫で下ろしました。

お鍋はもともとたいへんな恥ずかしがり屋さんでしたから、カーテンに笑われたので、顔を真っ赤にして、戸棚の中へ駆け込んだきり、いくら、カーテンとお皿が、呼んでも出てきません。

こんなわけで、お鍋とお皿とカーテンは逃げ出さないで、いまでもお台所で、役に立っています。もし逃げ出していたら、屑屋さんに拾われて、悲しい身の上になっていたでしょう。

　　Aそして　　　　　　Bところが　　　　　Cだって　　　　　Dそこで

九、次の文中の（　　）に入れるのに適当なものを末尾のA〜Jから選び、番号で記入しなさい。

　語を並べて文を作ることで事柄が伝達されるのがコトバの基本的なしくみですが、（　　　　　）経済性の原理が働いているとすれば、ある言語がもっている単語の数は少ないほうがいいことになります。（　　　　　）、単語の数が少なければそれだけ人間の記憶に対する負担が減るからです。

　（　　　　　）、単語が表すのは世界を構成する事物の集合ですから、単語の数が少ないと、一つの単語が表す事物の範囲が大きくなって、それに応じて表される内容が乏しくなります。別の言い方をすれば、単語を使うことによって伝達される情報量が減るということです。（　　　　　）、日本語に「果物」という単語しかなくて、果物の個別的な種類を表す「リンゴ」や「ミカン」などの単語がなかったとすると、「私は果物を食べた」という文が使われたとしても、その果物が具体的にどんなモノなのかは分かりません。（　　　　　）、「リンゴ」や「ミカン」などの単語がある場合に比べて、「果物」だけの場合には情報量が少なくなります。

　一つの文が伝達する情報量は、少ないよりも多いほうが話し手にとっても聞き手にとっても経済的です。「果物」という単語しか使わないで、それが「リンゴ」という種類のモノだということを伝えたければ、「赤くて丸くて食べると甘酸っぱい果物」のように、たくさんの単語を使わなければなりません。（　　　　　）、「私は

ある果物を食べた」と言われた時、聞き手がその果物がどんなモノなのかを（　　　）特定しようと思えば、相手に聞き返したり、前に言われた内容から推測したりしなければなりません。「リンゴ」という単語を使いさえすれば（　　　）そんな面倒なことをする必要がないのですから、特定の内容を表す単語があったほうがコトバを使う上での負担が少なくてすみ、経済的だというわけです。（　　　）、コトバのしくみが決められる過程では、コトバを使う上での負担をできるだけ少なくすることと、文が表す情報量をできるだけ多くすることという、相反する目的がバランスをとりながら作用しているとマルチネは考えました。（　　　）、二つの目的はお互いに矛盾するものではあっても、どちらにも経済性の原理が働いてはいます。

 Aわざわざ Bしたがって Cこのように   Dもし E例えば
 Fただし   Gさらに   Hなぜならば   Iまた Jしかし

十、次の文章を朗読し、中国語に訳しなさい。

 接続詞は、用法上は、二つ以上の語か、文節、句、文、文の連鎖したものなど同士の間に立って両者を結び付け、意味上は、先行の表現内容と後続の表現内容との関係を示し、機能上は、先行表現を受けて後続表現を展開させる働きを持つ語である。

 日本語の場合、接続展開を行う働きは接続詞だけとはかぎらない。接続表現を行うだけなら、語や文節、文などをただ並べるだけでも事足りるし、用言の連用形でつなげるいわゆる中止法による方法もある。また、句末や文末を終止させないで、接続助詞の助けを借りて文の展開をはかる方法もある。事実、日本語の接続詞には、「が」のように接続助詞が前の文から切り離されて独立したもの、すなわち接続助詞に由来する接続詞や、先行文の文末を引き継いで、接続助詞もろとも接続詞化したもの（例、だが、だから、でも）も多い。

 「兄は大学へ行く。弟は高校へ行く。／兄は大学へ行き、弟は…／兄は大学へ行って、弟は…／兄は大学へ行く。そして、弟は…」

 中止法や接続助詞があるにもかかわらず、更に接続詞を続けるダブり表現も許される。

 「兄は大学へ行き、そして弟は…／兄は大学へ行って、そして弟は…／そして、また、弟は…」

 これを見ても分かるように、日本語では、接続詞の使用は文法上若しくは意味理解上絶対的な法則化されたものではなく、語から語、文から文への流れの融和と、リズムや音調上の美しさをねらって用いられる場合が多い。

 「田中さんと、えーと、それから、山田さんと…」のように、つなぎ言葉としても多用される。

（森田良行）

第 14 课　感叹词

14.1　感叹词的性质和用法

感叹词（感<ruby>動<rt>かんどう</rt></ruby><ruby>詞<rt>し</rt></ruby>）是表示感叹、呼唤、应答等的独立词。没有活用。

感叹词可以单独构成独立语，但不可以构成主语、谓语、连体修饰语、连用修饰语。

（1）感叹词可以构成独立语，用于句首、句中、句尾。大多数感叹词位于句首。

> ☞　<u>まあ</u>、お座りください。
> 　　（哎呀，请坐。）
> ☞　<u>はい</u>、分かりました。ありがとうございました。
> 　　（好的，我明白了。谢谢。）
> ☞　<u>さあ</u>、<u>さあ</u>、どうぞこちらへ…
> 　　（来，来，请到这边来……）
> ☞　昔々、<u>そう</u>、二千年を超えるほど遠い昔のエジプトに、お姫様がお
> 　　りました。
> 　　（很久很久以前，是的，在两千多年前的埃及，有一位公主。）
> ☞　おばさん、<u>ほら</u>。
> 　　（阿姨，你看。）

（2）感叹词也可以单独构成句子。

> ☞　「ニュース、聞きましたか？」「<u>ええ</u>。」
> 　　（"你听到新闻了吗？""嗯。"）
> ☞　「迷惑千万と思うが。」「<u>いやいや</u>。」
> 　　（"实在太给你添麻烦了。""没有没有。"）

14.2　感叹词的分类

感叹词按意义主要可以分为 5 种类型，分别表示感叹（<ruby>感動<rt>かんどう</rt></ruby>）、呼唤（<ruby>呼<rt>よ</rt></ruby>びかけ）、应答（<ruby>応答<rt>おうとう</rt></ruby>）、寒暄（あいさつ）和劳动号子（かけ<ruby>声<rt>ごえ</rt></ruby>）。

14.2.1　表示感叹的感叹词

表示感叹（感動_{かんどう}）的感叹词，用于表示感慨、感动、惊讶、喜悦、悲伤、气愤、怀疑等心情。

感動を表す感動詞		
感動詞	中国語訳と主な特徴	用例
ああ	啊 ◇　表示感慨。	☞　<u>ああ</u>、あのころに戻りたいな。 　（啊，真想回到那个时候啊。）
あっ	啊！呀！哎呀！ ◇　表示惊讶或强烈的感慨。	☞　<u>あっ</u>、しまった！ 　（啊，糟了！）
あら	哎呀！哎哟！ ◇　表示惊讶、感动、奇怪等。 ◇　女性用语。	☞　<u>あら</u>、素敵！きれいね！ 　（哎呀，真棒！好漂亮啊！）
あれ	咦，哎呀，啊呀 ◇　表示惊讶、奇怪等。	☞　<u>あれ</u>、何しに来たの？ 　（咦，你来干什么？）
えっ	啊！ ◇　表示惊讶。	☞　<u>えっ</u>、おかしいわね。 　（啊，好奇怪啊。）
おお	哦，啊 ◇　表示感动、惊讶等。	☞　<u>おお</u>、いいですね！きっと売れると思います。 　（哦，好啊！我想一定会卖得很好。）
おや	咦，哎，唷，噢 ◇　遇到意外情况时，表示轻微的怀疑或惊讶。	☞　<u>おや</u>、これが何か、分かっているのかい？ 　（咦，你知道这是什么吗？）
ほう	嗬，啊 ◇　表示惊讶、佩服。	☞　<u>ほう</u>、勇気があるな。 　（嗬，真有勇气啊。）
さあ	哎；哎呀；嘿；哦 ◇　表示犹豫、惊讶、困惑。 ◇　表示决心。 ◇　表示喜悦。	☞　<u>さあ</u>…私、知りません。 　（哎……我不知道。）
ほら	瞧 ◇　用来唤起对方注意。	☞　<u>ほら</u>、あそこ。家にある雑誌で見た写真そのままだ。 　（瞧，那里。和家里杂志上看到的照片一模一样。）

感動を表す感動詞		
感動詞	中国語訳と主な特徴	用例
まあ	哟，嘿，呀，哎呀 ◇ 表示惊讶、感叹等。 ◇ 女性用语。	☞ まあ、おそろしいこと。 （哎呀，太可怕了。）
やれやれ	嘿，好啊；咳，哎呀 ◇ 可以表示感动、放心。 ◇ 也可以用于失望、失败时。	☞ やれやれ、やっと着いたな。 （哎呀呀，终于到了啊。）
よし	好，行 ◇ 表示知道、承认、决心等。	☞ よし、調べてみよう。 （好，查一下吧。）

14.2.2 表示呼唤的感叹词

表示呼唤（呼びかけ）的感叹词，用于招呼他人或引起他人注意。

呼びかけを表す感動詞		
感動詞	中国語訳と主な特徴	用例
おい	喂 ◇ 用于招呼平辈或晚辈。 ◇ 男性用语。	☞ おい、しっかりしなさい。 （喂，振作点！）
こら	喂！呀！这！ ◇ 用于呼唤、提醒或责备。	☞ こら、他人の話を聞けよ。 （喂，听别人说啊。）
これ	喂！ ◇ 用于招呼眼前的人。	☞ これ、佐助。隠し立ては、ゆるしませぬぞ。 （喂，佐助。决不允许隐瞒啊！）
さあ	喂 ◇ 用于劝诱或催促。	☞ さあ、おいで。部屋へ連れていってあげよう。 （喂，来吧。我带你去房间吧。）
そら	喂，瞧 ◇ 用于引起他人注意或劝诱。	☞ そら、逃げるぞ！ （喂，快逃！）
それ	哎呀，喂，瞧 ◇ 用于引起他人注意或劝诱。	☞ それ、急げ。 （喂，快点儿。）
どれ	哎，啊，喂 ◇ 用于引起他人注意。	☞ どれ、大丈夫？ （哎，没事吧？）
ね	喂 ◇ 用于招呼。 ◇ 也可以用于确认。	☞ ね、気が付いたかい？ （喂，注意到了吗？）

呼びかけを表す感動詞		
感動詞	中国語訳と主な特徴	用例
やあ	喂，啊 ◇ 用于打招呼。 ◇ 男性用语。	☞ やあ、お久しぶりです。 （啊，好久不见。）
もしもし	喂，喂 ◇ 用于招呼或打电话开头时。	☞ もしもし、聞こえてます？ （喂，喂，听见了吗？）

14.2.3　表示应答的感叹词

　　表示应答（応答<ruby>おうとう</ruby>）的感叹词，用来回应他人的招呼或提问。

応答を表す感動詞		
感動詞	中国語訳と主な特徴	用例
ああ	是，好 ◇ 多用于关系亲密者之间。 ◇ 表示应答的「ああ」是男性用语，语气较粗鲁。	☞ 「すみません、ちょっと手伝っていただけませんか。」「ああ、いいよ。」 （"不好意思，能帮我一下吗？""好，可以啊。"）
いいえ	不，不是 ◇ 用于否定回答。 ◇ 略带敬意。	☞ 「それもウソなんだよね？」「いいえ、これは本当です。」 （"那也是骗人的吧？""不，这是真的。"）
いや	不，不是 ◇ 表示否定或反对。	☞ 「だいぶ待ちました？」「いや、そうでもないよ。」 （"等了很久了？""不，也没有很久。"）
うん	嗯 ◇ 语气比「はい」随便。	☞ 「夕方また来てみるか？」「うん、そうしよう。」 （"傍晚再来看看吗？""嗯，就这么办。"）
ええ	哎，啊，嗯 ◇ 表示肯定或承诺。	☞ 「あなたの車に乗っている間、その客は、全然、話をしなかったのかね？」「ええ、全然しませんでした。」 （"坐你车的时候，那个客人完全没说过话吗？""嗯，完全没说话。"）
おお	嗯，哦 ◇ 粗鲁的应答。	☞ 「港が近くて魚が旨いようです。」「おお、それは大事だな。」 （"好像离港口很近，鱼很好吃。""哦，这很重要啊。"）

応答を表す感動詞		
感動詞	中国語訳と主な特徴	用例
そう	是，是的；啊 ◇ 表示肯定。 ◇ 也可以表示突然想起。	☞ 「今日、これからですか？」「そう、今日よ。都合悪い？」 （"今天，现在开始吗？""对，就是今天。不方便吗？"）
なに	没什么 ◇ 用于轻微地否定对方的话。	☞ 「色々ありがとう。」「なに、無事でよかったな。」 （"谢谢你。""没什么，你没事就好。"）
はあ	是 ◇ 用于郑重应答。	☞ 「驚いたでしょう。この人は目茶苦茶、勘がいいんだから。」「はあ、驚きました。そのとおりなのです。」 （"你吓了一跳吧，这个人的直觉太灵敏了。""是，我吓了一跳，的确如此。"）
はい	是，到，有 ◇ 用于郑重应答。 ◇ 表示肯定。	☞ 「治るでしょうか。」「はい、お任せください。では、さっそく治療にかかりましょうか。」 （"能治好吗？""是的，就交给我吧。那么，我们马上开始治疗吧。"）

14.2.4 表示寒暄的感叹词

表示寒暄（あいさつ）的感叹词，用来问候他人。

あいさつを表す感動詞		
感動詞	中国語訳と主な特徴	用例
おはよう（ございます）	早上好，你早，您早 ◇ 早上遇见他人时的问候语。	☞ おはようございます。こんな雨の日に、ご苦労さまでございます。 （早上好。这样的下雨天，辛苦了。）
こんにちは	你好，您好 ◇ 白天遇见他人时的问候语。	☞ こんにちは、商品は届きましたでしょうか？ （您好，商品到了吗？）
こんばんは	晚上好 ◇ 晚上遇见他人时的问候语。	☞ 皆さん、こんばんは。 （大家晚上好。）
さようなら	再见，再会 ◇ 与他人分别时的寒暄语。	☞ では、これで。さようなら。 （那么，就这样吧。再见。）

あいさつを表す感動詞		
感動詞	中国語訳と主な特徴	用例
ありがとう（ございます）	谢谢，感谢 ◇ 表示感谢时的寒暄语。	☞ お母さん、<u>ありがとう</u>。 （妈妈，谢谢你。）
はじめまして	初次见面 ◇ 初次与他人见面时的寒暄语。	☞ <u>はじめまして</u>、よろしくお願いします。 （初次见面，请多关照。）
ごきげんよう	您好；再见；祝您健康 ◇ 与他人见面或分别时问候对方是否健康的寒暄语。	☞ それでは皆様、<u>ごきげんよう</u>。 （那么，祝各位健康。）

14.2.5　表示劳动号子的感叹词

表示劳动号子（かけ声）的感叹词，用来增强气势或协调节奏。

かけ声を表す感動詞		
感動詞	中国語訳と主な特徴	用例
えい	欸 ◇ 用力气时发出的声音。	☞ <u>えい</u>と投げ飛ばす。 （欸的一声用力掷出去。）
どっこいしょ	哼唷，嘿哟 ◇ 搬运重物时，为鼓劲发出的声音。	☞ 「<u>どっこいしょ</u>」と掛け声と一緒に彼はヒョロヒョロと立ち上がった。 （他嘴里说着"嗨哟"，摇摇晃晃地站了起来。）
よいしょ	嘿哟 ◇ 憋足气力时发出的声音。	☞ 彼は椅子に<u>よいしょ</u>と声を漏らして座り、手帳を開いて事情聴取にかかった。 （他"嘿哟"了一声，坐在椅子上，打开记事本开始询问情况。）
わっしょい	嘿哟 ◇ 多人一起抬重物时喊的号子。	☞ 「<u>わっしょい</u>、<u>わっしょい</u>」　木戸のさきから威勢のいい掛け声が流れてきた。 （"嘿哟，嘿哟"，从栅栏门前传来响亮的号子声。）

14.3　感叹词的构成

从感叹词的构成来看，大部分是固有词汇，也有一些是从其他词类转化而来的。

（1）固有词汇

> ☞　固有の感動詞：ああ、ええ、おい、さあ、まあ、はい、いいえ…

（2）从名词、代词、形容词、副词、助词等其他词类转化而来的感叹词。

> ☞　名詞→感動詞
> **糞、畜生**…
> ☞　代名詞→感動詞
> これ、こら、それ、そら、あれ、どれ…
> ☞　形容詞→感動詞
> よし…
> ☞　副詞→感動詞
> いや、そう…
> ☞　助詞→感動詞
> ね、ねえ…

📝 **课外练习**

一、次の文章から感動詞を抜き出しなさい。

　　むかし、むかし、おじいさんとおばあさんがありました。ある日おじいさんは山へしば刈りに行きました。おばあさんは川へ洗濯に行きました。おばあさんが川でぼちゃぼちゃ洗濯をしていますと、向こうから大きな瓜が一つ、ぽっかり、ぽっかり、流れて来ました。おばあさんはそれを見て、
「おやおや、まあ。めずらしい大きな瓜だこと、さぞおいしいでしょう。うちへ持って帰って、おじいさんと二人で食べましょう。」
といい、つえの先で瓜をかき寄せて、拾い上げて、うちへ持って帰りました。
　　夕方になると、おじいさんはいつものとおり、しばをしょって山から帰って来ました。おばあさんはにこにこしながら出迎えて、
「おやおや、おじいさん、お帰り。きょうはおじいさんのお好きな、いいものを川で拾って来ましたから、おじいさんと二人で食べましょうと思って、さっきから待っていたのですよ。」

といって、拾って来た瓜を出して見せました。

「ほう、ほう、これはめずらしい大きな瓜だ。さぞおいしいだろう。早く食べたいなあ。」

と、おじいさんはいいました。

　そこでおばあさんは、台所から庖丁を持って来て、瓜を二つに割ろうとしますと、瓜はひとりでに中からぽんと割れて、かわいらしい女の子がとび出しました。

「おやおや、まあ」

といったまま、おじいさんもおばあさんも、びっくりして腰を抜かしてしまいました。しばらくしておじいさんが、

「これはきっと、わたしたちに子供の無いのをかわいそうに思って、神さまがさずけて下さったものにちがいない。だいじに育ててやりましょう。」

「そうですとも。ごらんなさい。まあ、かわいらしい顔をして、にこにこ笑っていますよ。」

と、おばあさんはいいました。

　そこでおじいさんとおばあさんは、あわててお湯をわかして、赤ちゃんにお湯をつかわせて、温かい着物の中にくるんで、かわいがって育てました。瓜の中から生まれてきた子だからというので、瓜子姫子という名前をつけました。

二、次の文中の（　　　　　）に入れるのに適当なものを末尾の A ～ I から選び、番号で記入しなさい。

　来る日も来る日も何の楽しみもない淋しい日ばかりで、じいさんはだんだん山の中に住むのが嫌になって来ました。

「（　　　　　　　）嫌だ嫌だ。もうこんな一人ぼっちの暮しは嫌になった。」

　そう言っては今まで何よりも好きであった仕事にも手がつかないのでした。

　そして、或日のこと、じいさんは膝をたたきながら、

「そうだ！そうだ！わしは町へ行こう。町には電車だって汽車だって、まだ見たこともない自動車だってあるんだ。それから舌のとろけるような、おいしいお菓子だってあるに違いない。そうだそうだ！町の息子の所へ行こう。」

　じいさんはそう決心しました。

「こんなすてきなことに、わしはどうして、今まで気がつかなかったのだろう。」

　そう言いながら、じいさんは早速町へ行く支度に取りかかりました。ところが、

その時庭の片すみで、しょんぼりと咲いている、小さなすみれの花がじいさんの眼に映りました。

「（　　　　　）。」

と言ってすみれの側へ近よって見ると、それは、ほんとうに小さくて、淋しそうでしたが、その可愛い花びらは、澄み切った空のように青くて、宝石のような美しさです。

「（　　　　　）。わしはこの年になるまで、こんな綺麗なすみれは見たことはない。」

と思わず感嘆しました。けれど、それが余り淋しそうなので、

「すみれ、すみれ、お前はどうしてそんなに淋しそうにしているのかね。」

と尋ねました。

　すみれは、黙ってなんにも答えませんでした。

　その翌日、じいさんは、いよいよ町へ出発しようと思って、わらじを履いている時、ふと昨日のすみれを思い出しました。

　すみれは、やっぱり昨日のように、淋し気に咲いております。じいさんは考えました。

「わしが町へ行ってしまったら、このすみれはどんなに淋しがるだろう。こんな小さな体で、一生懸命に咲いているのに。」

　そう思うと、じいさんはどうしても町へ出かけることが出来ませんでした。

　そしてその翌日もその次の日も、じいさんはすみれのことを思い出してどうしても出発することが出来ませんでした。

「わしが町へ出てしまったら、すみれは一晩で枯れてしまうに違いない。」

　じいさんはそういうことを考えては、町へ行く日を一日一日伸ばしておりました。

　そして、毎日すみれの所へ行っては、水をかけてやったり、こやしをやったりしました。その度にすみれは、うれしそうにほほ笑んで、

「（　　　　）、（　　　　）。」

とじいさんにお礼を言うのでした。

　すみれはますます美しく、清く咲き続けました。じいさんも、すみれを見ている間は、町へ行くことも忘れてしまうようになりました。

　或日のこと、じいさんは、

「お前は、そんなに美しいのに、誰も見てくれないこんな山の中に生れて、さぞ悲しいことだろう。」

と言うと、

「（　　　　）。」

とすみれは答えました。

「お前は、歩くことも動くことも出来なくて、なんにも面白いことはないだろう。」

と尋ねると、

「（　　　　）。」

とまた答えるのでした。

「どうしてだろう。」

と、じいさんが不思議そうに首をひねって考えこむと、

「わたしはほんとうに、毎日、楽しい日ばかりですの。」

「体はこんなに小さいし、歩くことも動くことも出来ません。けれど体がどんなに小さくても、あの広い広い青空も、そこを流れて行く白い雲も、それから毎晩砂金のように光る美しいお星様も、みんな見えます。こんな小さな体で、あんな大きなお空が、どうして見えるのでしょう。わたしは、もうそのことだけでも、誰よりも幸福なのです。」

「（　　　　）。」

とじいさんは、すみれの言葉を聞いて考え込みました。

「それから、誰も見てくれる人がなくても、わたしは一生懸命に、出来る限り美しく咲きたいの。どんな山の中でも、谷間でも、力いっぱいに咲き続けて、それからわたし枯れたいの。それだけがわたしの生きている務めです。」

　すみれは静かにそう語りました。だまって聞いていたじいさんは、

「（　　　　）、なんというお前は利口な花なんだろう。そうだ、わしも、町へ行くのはやめにしよう。」

　じいさんは町へ行くのをやめてしまいました。そしてすみれといっしょに、すみ切った空を流れて行く綿のような雲を眺めました。

　　A いいえ　　　B いいえ　　　C ああ　　　　D ああ　　　E ふうむ

　　F ふうむ　　　G ありがとう　　H ありがとう　　I おや

三、次の文章を朗読し、中国語に訳しなさい。

　広義の感動詞とは、談話において独立的に使われる形式である。感動を表す「ああ、わあ」などの狭い意味での感動詞（感嘆詞）のほかに、あいさつ、応答、呼びかけ、言いよどみなども、品詞分類上は感動詞に分類される。

　感嘆詞は、話し手の未分化な反応を表す。たとえば、何かわからないもの、予想していなかったことなどに触れて驚いたという意味を表す「おや」「わあ」、事情の了解を表す「ああ」、ゆっくりとした感情のわき上がりを表す「あああ」など、さまざまなものがある。これらには性差があることもある。

　応答詞は、「はい」「うん」「いいえ」などであるが、その用法は多様である。たとえば、「はい」はものを手渡すときのきっかけなど、聞き手への注意喚起という機能ももつ。「いや」も、否定的応答にとどまらず、話題転換など、その使用範囲は応答だけにとどまらない。なお、「へえ」などの驚きを表す表現も新情報の導入として使われ、感嘆詞と連続する。

　あいさつ表現は、定型的なものが多様にあり、各種の儀礼に対応している。日常的なものを大別すると、「こんにちは」「さようなら」など、出会いや別れに関するもの、「ありがとう」「ごめん」など、お礼やお詫びに関するものに分けられる。ただし、「どうも」のように、その使用範囲が広いものや、「すみません」のように、相手に気を遣わせることのお詫びによってお礼を言うというメカニズムで広く使われるものもある。

　日本語の問題としてよく取り上げられることに、「おはよう」「こんばんは」など、時刻による使い分けがある（前者は本来夜明け以降午前の挨拶だが、用法を拡張させつつある）が、どういう相手に、どういう場合に、どのような表現であいさつを言うかには文化による違いも大きい。

　呼びかけ詞は、典型的には、「ねえ」「おい」「もしもし」など聞き手の注意を喚起するものであるが、「あのう」などの言いよどみや「やあ」などの声かけのあいさつに連続する。

　言いよどみは、発話の途中で、発話（やその続行）の意図があることを示す表現であるが、思考のプロセスをモニターするものもあり、感嘆詞や応答詞などにも連続する。

（森山卓郎）

第 15 课　助动词

15.1　助动词的性质和用法

助动词（助動詞）是有活用的附属词。助动词主要接在用言后面，一部分助动词也可以接在体言、助动词以及某些助词后面，起一定的语法作用或者增添某种意义。

助动词是附属词，不能单独构成句节，而是接在独立词后面，与独立词一起构成谓语、连体修饰语、连用修饰语等。

（1）助动词与其前面的独立词一起构成谓语。

> ☞　新たな変化が見られる。
> 　　（可以看到新的变化。）
> ☞　私は今年から、中学生です。
> 　　（我从今年开始是初中生。）

（2）助动词与其前面的独立词一起构成连体修饰语。

> ☞　雑貨屋さんみたいな小さいお店です。
> 　　（像杂货店那样的小店。）
> ☞　勘九郎さんの、興味深いスピーチを聞いたことがあります。
> 　　（我曾听过勘九郎先生的一段很有意思的演讲。）

（3）助动词与其前面的独立词一起构成连用修饰语。

> ☞　それから彼は、嘲るように軽く笑った。
> 　　（然后他讥讽似的轻轻一笑。）
> ☞　偉そうに言うなよ。
> 　　（不要傲慢地说话啊。）

15.2　助动词的分类

助动词按照不同的标准有多种分类方式。

助动词按意义可以分为 14 种类型，分别是：被动（受身）助动词，可能（可能）助动词，自发（自発）助动词，尊敬（尊敬）助动词，使役（使役）助动词，否定（打消）助动词，过去、完了（過去・完了）助动词，推量（推量）助动词，希望（希望）助动词，传闻（伝聞）助动词，样态（様態）助动词，断定（断定）助动词，

比況（比况）助动词，郑重（丁寧）助动词。

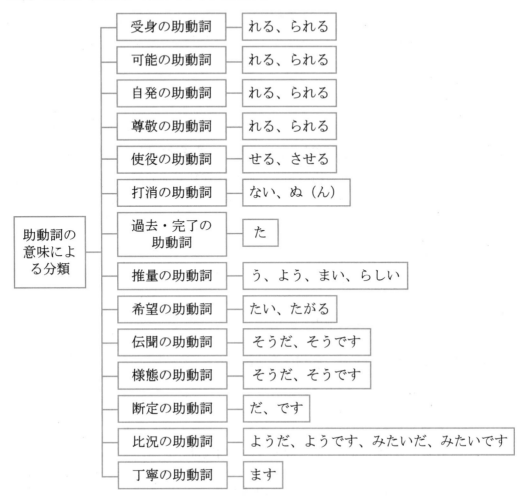

按接续分类，助动词可以分别接在未然形、连用形、终止形、连体形、体言、助词等后面。

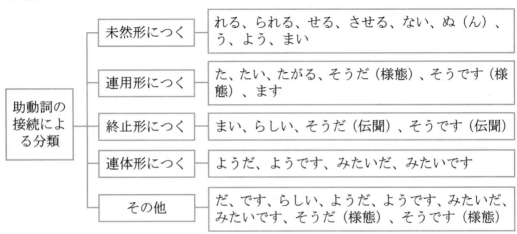

助动词按活用可以分为动词型（動詞型）、形容词型（形容詞型）、形容动词型（形容動詞型）、特殊型（特殊型）和无变化型（無変化型）这5种类型。

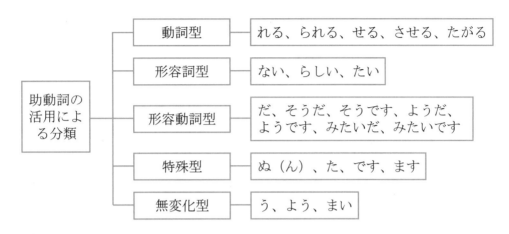

下面是助动词的活用表。助动词作为一个整体活用，不作词干和词尾的区别。

助动词活用表

活用 種類	基本形	未然形	連用形	終止形	連体形	仮定形	命令形
動詞型	れる （受身）	れ	れ	れる	れる	れれ	れろ れよ
	れる （可能、 自発、尊 敬）	れ	れ	れる	れる	れれ	○
	られる （受身）	られ	られ	られる	られる	られれ	られろ られよ
	られる （可能、 自発、尊 敬）	られ	られ	られる	られる	られれ	○
	せる （使役）	せ	せ	せる	せる	せれ	せろ せよ
	させる （使役）	させ	させ	させる	させる	させれ	させろ させよ
	たがる （希望）	たがら	たがり たがっ	たがる	たがる	たがれ	○

活用種類	基本形	未然形	連用形	終止形	連体形	仮定形	命令形
形容詞型	ない（打消）	なかろ	なく なかっ	ない	ない	なけれ	○
	らしい（推量）	○	らしく（らしかっ）	らしい	らしい	（らしけれ）	○
	たい（希望）	たかろ	たく たかっ	たい	たい	たけれ	○
形容動詞型	だ（断定）	だろ	だっ で	だ	（な）	なら	○
	そうだ（様態）	そうだろ	そうだっ そうで そうに	そうだ	そうな	そうなら	○
	そうです（様態）	そうでしょ	そうでし	そうです	（そうです）	○	○
	そうだ（伝聞）	○	そうで	そうだ	○	○	○
	そうです（伝聞）	○	そうでし	そうです	○	○	○
	ようだ（比況）	ようだろ	ようだっ ようで ように	ようだ	ような	ようなら	○
	ようです（比況）	ようでしょ	ようでし	ようです	○	○	○
	みたいだ（比況）	みたいだろ	みたいだっ みたいで みたいに	みたいだ	みたいな	みたいなら	○
	みたいです（比況）	みたいでしょ	みたいでし	みたいです	○	○	○
特殊型	ぬ（ん）（打消）	○	ず	ぬ	ぬ	ね	○
	た（過去・完了）	たろ	○	た	た	たら	○
	です（断定）	でしょ	でし	です	（です）	○	○
	ます（丁寧）	ませ ましょ	まし	ます	ます	ますれ	ませ まし

活用種類	基本形	未然形	連用形	終止形	連体形	仮定形	命令形
無変化型	う（推量）	○	○	う	（う）	○	○
	よう（推量）	○	○	よう	（よう）	○	○
	まい（推量）	○	○	まい	（まい）	○	○

　　从上面的助动词活用表可以发现，有命令形的助动词较少，只有「れる」「られる」「せる」「させる」「ます」有命令形。其中要注意的是，被动助动词「れる」「られる」有命令形，而可能助动词、自发助动词和尊敬助动词「れる」「られる」没有命令形。

15.2.1　被动助动词

　　被动助动词（受身の助動詞）有「れる」「られる」。

　　「れる」接在五段动词和サ变动词的未然形后面；「られる」接在一段动词和カ变动词以及使役助动词「せる」「させる」的未然形后面。使役助动词「せる」后续被动助动词「られる」构成的「せられる」，经常会约音成「される」。

被动助动词「れる」「られる」接续法

前接語の種類	前接語例	前接語＋受身の助動詞
五段動詞	書く	書く＋れる→書かれる
	読む	読む＋れる→読まれる
	覆う	覆う＋れる→覆われる
一段動詞	見る	見る＋られる→見られる
	食べる	食べる＋られる→食べられる
カ変動詞	来る	来る＋られる→来られる
サ変動詞	する	する＋れる→される
	旅行する	旅行する＋れる→旅行される
使役の助動詞	せる	せる＋られる→せられる→される
	させる	させる＋られる→させられる

　　被动助动词「れる」「られる」的活用属于动词型活用，与下一段动词的活用方式相同。

被动助动词「れる」「られる」活用表

基本形	未然形	連用形	終止形	連体形	仮定形	命令形
れる	れ	れ	れる	れる	れれ	れろ れよ
られる	られ	られ	られる	られる	られれ	られろ られよ

日语的被动句（受身文）主要可以分为两种类型：直接被动句和间接被动句。

（1）直接被动句（直接受身文）

直接被动句指被动者直接承受某种动作或作用。主动句的宾语（「～を」）或补语（「～に/から」）在直接被动句中作主语（「～が/は」）；主动句的主语（「～が/は」）在直接被动句中作补语（「～に/から/によって」）。

直接被动句中，表示对被动者不利的场合较多。

> ☞ ぼくは石田に殴られた。
>   （我被石田打了。）
> ☞ 直子は友達に笑われたりすることもありました。
>   （直子有时会被朋友嘲笑。）
> ☞ 老人がよく騙されるのは、こういう疑う気持が少ないこと、そして騙された経験がないことが一つの原因です。
>   （老人之所以经常被骗，原因之一是他们很少怀疑，而且没有被骗的经历。）
> ☞ 私はよく人から「つまらなそう」とか、「むすっとしている」と言われてきた。
>   （我经常被人说"好像很无聊""绷着脸"。）

直接被动句有时也可以表示对被动者有利的场合，但这样的情况较少。

> ☞ グループリーダーにほめられたんです。
>   （我被团队领导表扬了。）
> ☞ 彼は消防士になって、火を消したり人を助けたりして、みんなから認められている。
>   （他当了消防员，又灭火又救人，得到了大家的认可。）
> ☞ 1960年代なかばまで、科学者はもっぱら同情される側にあった。
>   （直到20世纪60年代中期，科学家一直是受同情的一方。）

日语中，还有一些被动句以无生命的事物为主语。这样的被动不带有感情色彩或利害关系，称为无情物主语被动（非情の受身）。施动者可以用「から」「によって」「で」等表示，施动者也可以不出现在句中。

> ☞　卒業証書は校長<u>から</u>学生に授与さ<u>れ</u>た。
> 　　（毕业证书由校长颁发给学生。）
> ☞　この絵は有名な画家<u>によって</u>描か<u>れ</u>たものらしい。
> 　　（这幅画好像是著名画家画的。）
> ☞　東北自動車道が雪<u>で</u>ストップさ<u>れ</u>た。
> 　　（东北机动车道因为下雪而禁行。）
> ☞　この寺は、およそ 500 年前に建て<u>られ</u>た。
> 　　（这座寺庙建于大约 500 年前。）
> ☞　道路沿いには白樺が植え<u>られ</u>ている。
> 　　（公路边种着白桦。）

（2）间接被动句（間接受身文<ruby>間接受身文<rt>かんせつうけみぶん</rt></ruby>）

　　间接被动句指主语间接地受到某种动作或作用的影响。这样的被动又称为「迷惑<ruby>迷惑<rt>めいわく</rt></ruby>の受身<ruby>受身<rt>うけみ</rt></ruby>」。

　　间接被动包括所有者被动（持ち主の受身<ruby>持ち主の受身<rt>もちぬしのうけみ</rt></ruby>）和第三方被动（第三者の受身<ruby>第三者の受身<rt>だいさんしゃのうけみ</rt></ruby>）。

　　所有者被动指某人身体的一部分、所有物或子女等相关的人承受某种动作或作用。该人在所有者被动句中作主语（「～が / は」）；主动句的主语（「～が / は」）在所有者被动句中作补语（「～に」）；主动句的宾语（「～を」）在所有者被动句中仍然作宾语（「～を」）。所有者被动句的谓语动词可以是他动词，也可以是自动词。

　　所有者被动句可以表示某人身体的一部分承受某种动作或作用。

> ☞　私は隣の人に足を踏ま<u>れ</u>た。
> 　　（我被旁边的人踩了脚。）
> ☞　哲士は頭を叩か<u>れ</u>、それから尻を押さ<u>れ</u>て、否応なしに走り出した。
> 　　（哲士的头被敲了一下，屁股被推了一下，不由自主地跑了起来。）

　　所有者被动句也可以表示某人的所有物承受某种动作或作用。

> ☞　親に日記を読ま<u>れ</u>てしまいました。
> 　　（我的日记被父母看了。）
> ☞　清四郎が自転車を盗ま<u>れ</u>たそうです。
> 　　（听说清四郎的自行车被偷了。）

　　所有者被动句还可以表示子女等相关的人承受某种动作或作用。

> ☞　姉に子供を奪わ<u>れ</u>た。
> 　　（孩子被姐姐抢走了。）
> ☞　先生に息子をほめ<u>られ</u>た。
> 　　（我儿子被老师表扬了。）

第三方被动句的主语在主动句中并不涉及。主动句的主语（「～が/は」）在第三方被动句中作补语（「～に」）。第三方被动句的谓语动词可以是自动词，也可以是他动词。当谓语动词是他动词时，主动句的宾语（「～を」）在第三方被动句中仍然作宾语（「～を」）。

> ☞ その帰り道のこと、報恩橋にさしかかったあたりでにわか雨に降られ、蕎麦屋へ入った。
> （回来的路上，快到报恩桥的时候下起了阵雨，我走进了荞麦面店。）
> ☞ 2歳の子供のことで困っています。1日に何度も泣かれるとこちらの方が参ってしまいます。
> （我因为两岁的孩子而感到困扰。一天哭好几次的话，我可受不了。）
> ☞ 母に死なれて以来、父と二人で長い長い、終わりのない旅を続けているような気がしている。
> （自从母亲去世以来，我感觉自己和父亲两个人一直在进行着漫长而没有终点的旅行。）
> ☞ アンナさんに花束を贈ろうと思っていたのに、田中さんに先に贈られてしまった。
> （本想送一束花给安娜，却被田中抢先送了。）

15.2.2 可能助动词

可能助动词（可能の助動詞）有「れる」「られる」。

可能助动词的接续法与被动助动词相似。「れる」接在五段动词和サ变动词的未然形后面；「られる」接在一段动词和カ变动词的未然形后面。

要注意的是，可能助动词「れる」接在五段动词和サ变动词后的情况。可能助动词「れる」接在五段动词后时通常发生约音；可能助动词「れる」接在サ变动词后的形式很少使用，一般使用サ变动词词干后续「できる」的形式。

另一方面，可能助动词「られる」接在一段动词和カ变动词后时，日常生活中也经常会发生约音，也就是把「られる」约音成「れる」，但这不是规范的用法。

可能助动词「れる」「られる」接续法

前接語の種類	前接語例	前接語＋可能の助動詞
五段動詞	書く	書く＋れる→書かれる→書ける
	読む	読む＋れる→読まれる→読める
	洗う	洗う＋れる→洗われる→洗える

前接語の種類	前接語例	前接語＋可能の助動詞
一段動詞	見る	見る＋られる→見られる
	食べる	食べる＋られる→食べられる
カ変動詞	来る	来る＋られる→来られる
サ変動詞	する	する＋れる→される（不常用） （通常使用：できる）
	旅行する	旅行する＋れる→旅行される（不常用） （通常使用：旅行できる）

　　可能助动词「れる」「られる」的活用属于动词型活用，与下一段动词的活用方式基本相同，但没有命令形。

可能助动词「れる」「られる」活用表

基本形	未然形	連用形	終止形	連体形	仮定形	命令形
れる	れ	れ	れる	れる	れれ	○
られる	られ	られ	られる	られる	られれ	○

　　可能助动词主要可以表示具有能力或具有可能性。

（1）表示具有能力

　　具有能力的主体可以用「は」「が」「も」「には」「にも」等表示。能否的对象一般用「が」「は」表示，现在也有不少人用「を」表示。

> ☞　私もある程度は英語が話せる。
> 　　（我也会说一定程度的英语。）
> ☞　その頃、力もあまりない小さな女の子の私には、耐えられないことが多かったのです。
> 　　（那时候，我是个没有多少力气的小女孩，很多事情都无法承受。）
> ☞　子供が平仮名を読めるようになるのは何歳くらいですか？
> 　　（孩子几岁左右能读平假名呢？）

（2）表示具有可能性

> ☞　発注する側は、税制面の優遇を受けられる。
> 　　（订货方可以享受税收优惠。）
> ☞　ホウレンソウなどは、春三～四月にドッサリ獲れるのを、ゆでて冷凍貯蔵して七月まで利用する。これも、地元産野菜の割合を高めることにつながっているうえ、子どもは栄養価の高いホウレンソウを

夏でも食べられる。

（菠菜等在春天三四月份大量收获，焯水后冷冻储藏到七月。这不仅提高了本地蔬菜的比例，而且使孩子们即使在夏天也能吃到营养价值高的菠菜。）

15.2.3 自发助动词

自发助动词（自発の助動詞）有「れる」「られる」。

可以后续自发助动词的日语动词为数有限，主要包括「思う」「思い出す」「感じる」「案じる」「偲ぶ」「悔やむ」「待つ」「笑う」「泣く」等。

自发助动词的接续法与可能助动词相似。「れる」接在五段动词的未然形后面；「られる」接在一段动词的未然形后面。自发助动词「れる」接在五段动词「思う」「笑う」「泣く」等后面，有时会发生约音。

自发助动词「れる」「られる」接续法

前接語の種類	前接語例	前接語＋自発の助動詞
五段動詞	思う	思う＋れる→思われる→思える
	思い出す	思い出す＋れる→思い出される
	偲ぶ	偲ぶ＋れる→偲ばれる
	悔やむ	悔やむ＋れる→悔やまれる
	待つ	待つ＋れる→待たれる
	笑う	笑う＋れる→笑われる→笑える
	泣く	泣く＋れる→泣かれる→泣ける
一段動詞	感じる	感じる＋られる→感じられる
	案じる	案じる＋られる→案じられる

自发助动词「れる」「られる」的活用属于动词型活用，与下一段动词的活用方式基本相同，但没有命令形。

自发助动词「れる」「られる」活用表

基本形	未然形	連用形	終止形	連体形	仮定形	命令形
れる	れ	れ	れる	れる	れれ	○
られる	られ	られ	られる	られる	られれ	○

自发助动词表示自然产生的想法、心情、感情、感觉等。通常接在表示想法、心情、

感情、感覚的动词「思う」「思い出す」「感じる」「案じる」「偲ぶ」「悔やむ」「待つ」「笑う」「泣く」等后面。

> ☞　購入したのは７年くらい前だと思われます。
> 　　（我觉得大概是７年前购买的。）
> ☞　私には、そう思えてならなかった。
> 　　（我不由得那么想。）
> ☞　小学生の時の霧島旅行が懐かしく思い出された。
> 　　（我怀念起小学时的雾岛旅行。）
> ☞　この時の１分が１時間にも思えるほど長く感じられた。
> 　　（此时的１分钟让人感觉仿佛是１小时般漫长。）
> ☞　この仕事を引き受けたことが、今さらのように悔やまれた。
> 　　（对于接受这份工作，事到如今，仍然懊悔不已。）
> ☞　応援している母校が試合に負けそうで、思わず泣けてくるというのは、分からないことではない。
> 　　（看到自己支持的母校比赛要输了，情不自禁地哭出来，这不是不能理解的事情。）

15.2.4　尊敬助动词

尊敬助动词（尊敬の助動詞）有「れる」「られる」。

尊敬助动词的接续法与被动助动词相同。「れる」接在五段动词和サ变动词的未然形后面；「られる」接在一段动词和カ变动词的未然形后面。

尊敬助动词「れる」「られる」接续法

前接語の種類	前接語例	前接語＋尊敬の助動詞
五段動詞	書く	書く＋れる→書かれる
	読む	読む＋れる→読まれる
	言う	言う＋れる→言われる
一段動詞	見る	見る＋られる→見られる
	食べる	食べる＋られる→食べられる
カ変動詞	来る	来る＋られる→来られる
サ変動詞	する	する＋れる→される
	旅行する	旅行する＋れる→旅行される

尊敬助动词「れる」「られる」的活用属于动词型活用，与下一段动词的活用方式基本相同，但没有命令形。

尊敬助动词「れる」「られる」活用表

基本形	未然形	連用形	終止形	連体形	仮定形	命令形
れる	れ	れ	れる	れる	れれ	○
られる	られ	られ	られる	られる	られれ	○

尊敬助动词对他人的动作、行为等表示尊敬。

> ☞ 今委員が言われたような事実があるかどうかは私どもも慎重にこれから調べてみたいと思います。
>   （是否存在刚才委员所说的事实，我们今后也会慎重调查。）
> ☞ 私どもも、社長の考えておられることが理解できません。
>   （我们也无法理解社长的想法。）
> ☞ 現在、私の前に来られる記者の方々は、私を大人として認めてくれます。
>   （现在，来到我面前的记者们，都认可我是成年人。）
> ☞ 松木教授は博物館を見ただけで帰国された。
>   （松木教授只参观了博物馆就回国了。）

15.2.5　使役助动词

使役助动词（使役の助動詞）有「せる」「させる」。

「せる」接在五段动词和サ变动词的未然形后面；「させる」接在一段动词和カ变动词的未然形后面。

使役助动词「せる」「させる」接续法

前接語の種類	前接語例	前接語＋使役の助動詞
五段動詞	書く	書く＋せる→書かせる
	読む	読む＋せる→読ませる
	洗う	洗う＋せる→洗わせる
一段動詞	見る	見る＋させる→見させる
	食べる	食べる＋させる→食べさせる
カ変動詞	来る	来る＋させる→来させる
サ変動詞	する	する＋せる→させる
	報告する	報告する＋せる→報告させる

使役助动词「せる」「させる」的活用属于动词型活用，与下一段动词的活用方式相同。

使役助动词「せる」「させる」活用表

基本形	未然形	連用形	終止形	連体形	仮定形	命令形
せる	せ	せ	せる	せる	せれ	せろ せよ
させる	させ	させ	させる	させる	させれ	させろ させよ

使役助动词可以表示使役、诱发、许可、放任等意义。

（1）使役（使役^{しえき}）

使役，指让他人（或某物）做某种动作。

当使役句的动词是自动词时，使役对象大多用格助词「を」表示。但句子中如果已经出现了格助词「を」，那么使役对象也会用格助词「に」表示。

当使役句的动词是他动词时，使役对象大多用格助词「に」表示。

有时为了避免句子语义模糊不清，使役对象也可以用「をして」「に命じて」等表示。

> ☞ 親は無理して借金までして娘をハワイに行かせたりしている。
> （父母甚至不惜借钱送女儿去夏威夷。）
> ☞ 彼は由紀子にこれ以上の苦労をさせるつもりはなかった。
> （他不想让由纪子再受苦。）
> ☞ この『新撰姓氏録』は嵯峨天皇の弘仁六年に皇子に命じて編集させた書物であるから、ずいぶん古い。
> （这本《新撰姓氏录》是嵯峨天皇弘仁六年命皇子编辑的，所以很古老。）

（2）诱发（誘発^{ゆうはつ}）

诱发，指使他人（或某物）自然而然地进行某种动作或产生某种状态。

> ☞ その言葉は、母を喜ばせたようだった。
> （那句话似乎让母亲很高兴。）
> ☞ 母国語すらおぼつかない段階で他の言語を同時並行で教えても脳を混乱させるだけだ。
> （在连母语都不熟悉的情况下，同时教授其他语言，只会使大脑混乱。）
> ☞ 約 34.5% も円高になったため、激しい為替リスクを発生させたことは当然である。
> （由于日元升值了约 34.5%，必然会引发严重的汇率风险。）

（3）容许（許容^{きょよう}）

容许，指允许他人做某种动作。

> ☞ 大統領は記者に質問させる機会を与えなかった。
> （总统没有给记者提问的机会。）
> ☞ 明日の朝まで考えさせてください。
> （请让我考虑到明天早上。）
> ☞ 私のほうから先に質問させていただきたいと思います。
> （请允许我先提问。）

（4）放任（放任^{ほうにん}）

放任指对他人的动作不予阻止或妨碍。

> ☞ 世間の人たちには、かってに言わせておいたらいいんです。
> （让世人随便说好了。）
> ☞ 子供じゃないんだから、したいようにさせよう。
> （又不是小孩子，想怎么做就让他怎么做吧。）

使役助动词「せる」「させる」后接被动助动词「れる」「られる」，可以构成"使役被动（使役受身）"。这种形式用来表示主体并非自愿，而是被迫或不得已做某种动作。

> ☞ フリーターにとって、正社員とは、自分の生活を他者によって管理されて自由がなく、夢がなく、単調な仕事をさせられ、スキルが身につかないと思われていることになる。
> （对于自由职业者来说，他们认为正式员工自己的生活被他人管理，没有自由，没有梦想，不得不做单调的工作，无法掌握技能。）
> ☞ 文子は大きな丸い目を白黒させながら、うなずいた。この図書館に配属されて七ヶ月、先輩の司書二人から、新人教育という名のもとに、どれだけの本を読まされ、どれだけの人の話を聴講に行かされたことか。
> （文子瞪大圆圆的眼睛，点了点头。被分配到图书馆的七个月里，两位管理员前辈以培训新人的名义，让自己读了多少书，听了多少人的演讲啊。）

15.2.6 否定助动词

否定助动词（打消^{うちけし}の助動詞^{じょどうし}）有「ない」「ぬ（ん）」。

否定助动词「ない」和「ぬ（ん）」都可以接在动词的未然形和动词型活用助动词的未然形后面。

要注意的是，否定助动词接在サ变动词后的情况。サ变动词的未然形有三种形式：

「さ」「し」「せ」。「ない」接在未然形「し」后面，而「ぬ（ん）」接在未然形「せ」后面。

　　另外，「ない」不能接在助动词「ます」之后，但「ぬ（ん）」可以接在「ます」的未然形之后，构成「ませぬ（ん）」。

否定助动词「ない」「ぬ（ん）」接续法

前接語の種類	前接語例	前接語＋「ない」	前接語＋「ぬ（ん）」
五段動詞	書く	書く＋ない→書かない	書く＋ぬ→書かぬ 書く＋ん→書かん
	読む	読む＋ない→読まない	読む＋ぬ→読まぬ 読む＋ん→読まん
	笑う	笑う＋ない→笑わない	笑う＋ぬ→笑わぬ 笑う＋ん→笑わん
一段動詞	見る	見る＋ない→見ない	見る＋ぬ→見ぬ 見る＋ん→見ん
	食べる	食べる＋ない→食べない	食べる＋ぬ→食べぬ 食べる＋ん→食べん
カ変動詞	来る	来る＋ない→来ない	来る＋ぬ→来ぬ 来る＋ん→来ん
サ変動詞	する	する＋ない→しない	する＋ぬ→せぬ する＋ん→せん
	勉強する	勉強する＋ない→勉強しない	勉強する＋ぬ→勉強せぬ 勉強する＋ん→勉強せん
受身、可能、自発、尊敬の助動詞	れる	れる＋ない→れない	れる＋ぬ→れぬ れる＋ん→れん
	られる	られる＋ない→られない	られる＋ぬ→られぬ られる＋ん→られん
使役の助動詞	せる	せる＋ない→せない	せる＋ぬ→せぬ せる＋ん→せん
	させる	させる＋ない→させない	させる＋ぬ→させぬ させる＋ん→させん
希望の助動詞	たがる	たがる＋ない→たがらない	たがる＋ぬ→たがらぬ たがる＋ん→たがらん
丁寧の助動詞	ます		ます＋ぬ→ませぬ ます＋ん→ません

否定助动词「ない」属于形容词型活用，「ぬ（ん）」属于特殊型活用。

否定助动词「ない」「ぬ（ん）」活用表

基本形	未然形	連用形	終止形	連体形	仮定形	命令形
ない	なかろ	なく なかっ	ない	ない	なけれ	○
ぬ（ん）	○	ず	ぬ（ん）	ぬ（ん）	ね	○

否定助动词最主要的意义是表示否定。此外，还可以表示委婉的劝诱、请求、禁止等。

（1）否定（打消 <ruby>打消<rt>うちけし</rt></ruby>）

> ☞ 悲観主義を持っては歴史は前進し<u>ない</u>。
> （如果抱着悲观主义，历史就不会前进。）
> ☞ 彼は、それまで知っていた人の名前や場所、できごとなどをまった
> く思い出せ<u>なく</u>なってしまった。
> （他完全想不起之前认识的人的名字、地点和发生的事等。）
> ☞ 豆の植物としての特性は、強健・丈夫です。期待にそむか<u>ず</u>、植え
> ておけば、実を結んでくれます。
> （豆作为植物的特性是强健、结实。把它种下去，它就会不辜负期待
> 地结出果实。）
> ☞ 地震は、予期せ<u>ぬ</u>ときに、突然襲ってきます。
> （地震是在没有预料到的时候突然袭来的。）
> ☞ 藤田先生、御恩は一生忘れませ<u>ぬ</u>。
> （藤田老师，我一辈子都不会忘记您的恩情。）
> ☞ 全く気にする必要はありませ<u>ん</u>。
> （完全没有必要在意。）
> ☞ これに誇りをもっているんだと言わ<u>ん</u>ばかりに、婆さんはうなずい
> てみせた。
> （老婆婆点了点头，似乎在说她对此很自豪。）

（2）劝诱（<ruby>勧誘<rt>かんゆう</rt></ruby>）、请求（<ruby>依頼<rt>いらい</rt></ruby>）

句尾用上升调，或者在句尾加上终助词「か」「かしら」等，可以表示委婉的劝诱、请求等。

☞　一度こっちに来<u>ない</u>？
　　（不来这里一次吗？）

☞　お昼休み、外で一緒にお弁当を食べませ<u>ん</u>か。
　　（午休的时候一起在外面吃便当好吗？）

☞　サマーキャンプのことを調べてくれ<u>ない</u>か。
　　（能帮我调查一下夏令营的事吗？）

☞　谷口さんと会ってもらえ<u>ない</u>かしら。
　　（你能和谷口先生见一面吗？）

（3）禁止（禁<ruby>止<rt>きん し</rt></ruby>）

可以以「ないで」的形式表示委婉的禁止。

☞　どんなにつらいことがあってもこれだけは忘れ<u>ない</u>で。
　　（不管有多么痛苦的事，都不要忘记这一点。）

☞　治療費のことは心配し<u>ない</u>でね。
　　（不要担心治疗费哦。）

☞　誤解し<u>ない</u>でよ。
　　（别误会啊。）

15.2.7　过去、完了助动词

过去、完了助动词（<ruby>過去<rt>か こ</rt></ruby>・<ruby>完了<rt>かんりょう</rt></ruby>の<ruby>助動詞<rt>じょどう し</rt></ruby>）是「た」。

「た」接在动词、形容词、形容动词以及部分助动词的连用形后面。

要注意的是，接在词尾是「ぐ」「ぬ」「ぶ」「む」的五段活用动词后时，「た」浊化成「だ」。

过去、完了助动词「た」接续法

前接語の種類	前接語例	前接語＋過去・完了の助動詞
五段動詞	書く	書く＋た→書い<u>た</u>
	読む	読む＋た→読ん<u>だ</u>
	洗う	洗う＋た→洗っ<u>た</u>
	話す	話す＋た→話し<u>た</u>
一段動詞	見る	見る＋た→見<u>た</u>
	食べる	食べる＋た→食べ<u>た</u>
カ変動詞	来る	来る＋た→来<u>た</u>

前接語の種類	前接語例	前接語＋過去・完了の助動詞
サ変動詞	する	する＋た→した
	報告する	報告する＋た→報告した
形容詞	長い	長い＋た→長かった
形容動詞	素直だ	素直だ＋た→素直だった
	素直です	素直です＋た→素直でした
受身、可能、自発、尊敬の助動詞	れる	れる＋た→れた
	られる	られる＋た→られた
使役の助動詞	せる	せる＋た→せた
	させる	させる＋た→させた
打消の助動詞	ない	ない＋た→なかった
推量の助動詞	らしい	らしい＋た→らしかった
希望の助動詞	たい	たい＋た→たかった
	たがる	たがる＋た→たがった
伝聞、様態の助動詞	そうだ	そうだ＋た→そうだった
	そうです	そうです＋た→そうでした
断定の助動詞	だ	だ＋た→だった
	です	です＋た→でした
比況の助動詞	ようだ	ようだ＋た→ようだった
	ようです	ようです＋た→ようでした
	みたいだ	みたいだ＋た→みたいだった
	みたいです	みたいです＋た→みたいでした
丁寧の助動詞	ます	ます＋た→ました

过去、完了助动词「た」的活用属于特殊型活用。

过去、完了助动词「た」活用表

基本形	未然形	連用形	終止形	連体形	仮定形	命令形
た	たろ	○	た	た	たら	○

过去、完了助动词主要表示过去、完了、存续，还可以表示确认、发现、命令等多种意义。

（1）过去（過去）

表示在过去的某时间发生的事情。

> ☞　先週手紙が来<u>た</u>。
> 　　（上周来了封信。）
> ☞　その朝は寒かっ<u>た</u>。
> 　　（那天早上很冷。）
> ☞　そんな風景を見<u>た</u>ことがあります。
> 　　（我见过那样的风景。）
> ☞　そのとき、家の電話が鳴っ<u>た</u>。母からだっ<u>た</u>。
> 　　（那时，家里的电话响了。是母亲打来的。）

（2）完了（完了）

表示动作完成或状态实现。

> ☞　よくこんなごちそうの支度ができ<u>た</u>な。
> 　　（居然准备了这么丰盛的饭菜啊。）
> ☞　分かっ<u>たら</u>返事をしなさい。
> 　　（如果明白了就答应一声。）
> ☞　もう時間になりまし<u>た</u>。
> 　　（已经到时间了。）
> ☞　今日は用が済<u>んだ</u>から帰るの。
> 　　（今天的事结束了，所以我要回去了。）

（3）存续（存続）

　　表示动作、作用的结果继续存在的一种状态。相当于「ている」，大多作为连体修饰语修饰体言。

> ☞　新幹線のホームで、和服を着<u>た</u>品のいい婦人に呼びとめられた。
> 　　（在新干线站台上，被一位穿着和服的高雅妇人叫住。）
> ☞　銀杏の木立越しに緑青色の尖っ<u>た</u>屋根が見えた。
> 　　（透过银杏树，可以看见青绿色的尖屋顶。）
> ☞　壊れ<u>た</u>竹笛みたいに、破れ<u>た</u>声で泣いている。
> 　　（就像坏掉的竹笛一样，用沙哑的声音哭着。）
> ☞　人間観察に優れ<u>た</u>詩をいくつか紹介します。
> 　　（介绍几首善于观察人性的诗。）

（4）确认（確認）

　　表示对某事加以确认。

> ☞ 今日が試験だっ<u>た</u>ね。
> （今天要考试吧。）
> ☞ 頭取宛に例の書類を提出するのは明日だっ<u>た</u>ね。
> （那份文件是明天要提交给行长的吧。）

（5）发现（発見^{はっけん}）

表示发现某事物。

> ☞ ここにあっ<u>た</u>！
> （原来在这里！）
> ☞ タクシーが来<u>た</u>！
> （出租车来了！）

（6）命令（命令^{めいれい}）

表示轻微的命令。

> ☞ さあ、どんどん歩い<u>た</u>、歩い<u>た</u>。
> （喂，走起来，走起来。）
> ☞ 邪魔だ、どい<u>た</u>どい<u>た</u>。
> （碍事，让开让开。）

15.2.8　推量助动词

推量助动词（推量^{すいりょう}の助動詞^{じょどうし}）有「う」「よう」「まい」「らしい」。

首先来看「う」「よう」的接续法。「う」接在五段动词、形容词、形容动词以及部分助动词的未然形后面；「よう」接在一段动词、カ变动词、サ变动词以及部分助动词的未然形后面。

推量助动词「う」「よう」接续法

前接語の種類	前接語例	前接語＋推量の助動詞
五段動詞	書く	書く＋う→書こ<u>う</u>
	読む	読む＋う→読も<u>う</u>
	洗う	洗う＋う→洗お<u>う</u>
一段動詞	見る	見る＋よう→見<u>よう</u>
	食べる	食べる＋よう→食べ<u>よう</u>
カ変動詞	来る	来る＋よう→来<u>よう</u>

前接語の種類	前接語例	前接語＋推量の助動詞
サ変動詞	する	する＋よう→し<u>よう</u>
	旅行する	旅行する＋よう→旅行し<u>よう</u>
形容詞	長い	長い＋う→長かろ<u>う</u>
形容動詞	素直だ	素直だ＋う→素直だろ<u>う</u>
	素直です	素直です＋う→素直でしょ<u>う</u>
受身、可能、自発、尊敬の助動詞	れる	れる＋よう→れ<u>よう</u>
	られる	られる＋よう→られ<u>よう</u>
使役の助動詞	せる	せる＋よう→せ<u>よう</u>
	させる	させる＋よう→させ<u>よう</u>
打消の助動詞	ない	ない＋う→なかろ<u>う</u>
推量の助動詞	らしい	らしい＋う→らしかろ<u>う</u>
希望の助動詞	たい	たい＋う→たかろ<u>う</u>
	たがる	たがる＋う→たがろ<u>う</u>
伝聞、様態の助動詞	そうだ	そうだ＋う→そうだろ<u>う</u>
	そうです	そうです＋う→そうでしょ<u>う</u>
断定の助動詞	だ	だ＋う→だろ<u>う</u>
	です	です＋う→でしょ<u>う</u>
比況の助動詞	ようだ	ようだ＋う→ようだろ<u>う</u>
	ようです	ようです＋う→ようでしょ<u>う</u>
	みたいだ	みたいだ＋う→みたいだろ<u>う</u>
	みたいです	みたいです＋う→みたいでしょ<u>う</u>
丁寧の助動詞	ます	ます＋う→ましょ<u>う</u>

　　下面是「まい」的接续法。「まい」的接续法比较特殊，接在五段动词、助动词「ます」的终止形以及一段动词、カ变动词、サ变动词、助动词「れる」「られる」「せる」「させる」的未然形后面。

　　要注意的是，カ变动词「来る」后续「まい」时，除了「こまい」，也有人说成「くまい」「くるまい」；サ变动词「する」后续「まい」时，除了「しまい」，也有人说成「すまい」「するまい」。

推量助动词「まい」接续法

前接語の種類	前接語例	前接語＋推量の助動詞
五段動詞	書く	書く＋まい→書くまい
	読む	読む＋まい→読むまい
	洗う	洗う＋まい→洗うまい
一段動詞	見る	見る＋まい→見まい
	食べる	食べる＋まい→食べまい
カ変動詞	来る	来る＋まい→来まい
サ変動詞	する	する＋まい→しまい
	旅行する	旅行する＋まい→旅行しまい
受身、可能、自発、尊敬の助動詞	れる	れる＋まい→れまい
	られる	られる＋まい→られまい
使役の助動詞	せる	せる＋まい→せまい
	させる	させる＋まい→させまい
丁寧の助動詞	ます	ます＋まい→ますまい

最后是「らしい」的接续法。「らしい」除了接在动词、形容词、部分助动词的终止形后，还可以接在体言、形容动词词干、部分副词、部分助词后面。

推量助动词「らしい」接续法

前接語の種類	前接語例	前接語＋推量の助動詞
動詞	書く	書く＋らしい→書くらしい
	見る	見る＋らしい→見るらしい
	来る	来る＋らしい→来るらしい
	する	する＋らしい→するらしい
形容詞	長い	長い＋らしい→長いらしい
助動詞	れる	れる＋らしい→れるらしい
	ない	ない＋らしい→ないらしい
	た	た＋らしい→たらしい
体言	山	山＋らしい→山らしい
	3時	3時＋らしい→3時らしい
	彼	彼＋らしい→彼らしい

前接語の種類	前接語例	前接語＋推量の助動詞
形容動詞	素直だ	素直だ＋らしい→素直らしい
副詞	そう	そう＋らしい→そうらしい
助詞	ぐらい	ぐらい＋らしい→ぐらいらしい

　　推量助动词「う」「よう」「まい」的活用都是无变化型，而「らしい」的活用属于形容词型活用。

推量助动词「う」「よう」「まい」「らしい」活用表

基本形	未然形	連用形	終止形	連体形	仮定形	命令形
う	○	○	う	（う）	○	○
よう	○	○	よう	（よう）	○	○
まい	○	○	まい	（まい）	○	○
らしい	○	らしく（らしかっ）	らしい	らしい	（らしけれ）	○

　　下面，分别来看推量助动词「う」「よう」「まい」「らしい」的意义。

　　推量助动词「う」「よう」主要可以表示推量、意志、劝诱等。

（1）推量（推量）

　　对自身以外的事物加以推测。

> ☞　創造性が、今後のキーワードとなろう。
> 　　（创造性会成为今后的关键词吧。）
> ☞　この二人には、文学的才能があるといえよう。
> 　　（可以说这两个人有文学才能。）
> ☞　兄は今、何を考えているのだろう。
> 　　（哥哥现在在想什么呢？）
> ☞　耕ちゃんは、待ち時間が二時間だろうと、三時間だろうと、まったく気にしない。
> 　　（至于等待的时间是两小时还是三个小时，阿耕完全不在意。）

（2）意志（意志）

　　主要表示讲话者自身的意志。也能以「（よ）うと思っている」「（よ）うとする」等形式表示自身或他人等的意志。

> ☞ 会って直接聞いてみよう。
>
> （见面直接问吧。）
>
> ☞ 今朝、私は6時に起きようと思いましたが、朝寝坊をしてしまいました。
>
> （今天早上我本想6点起床，但是睡了懒觉。）
>
> ☞ 今、働いている会社になぜ入社しようと思いましたか。
>
> （你为什么想进现在工作的公司呢？）
>
> ☞ 早百合は、なんとかして、真田を救おうと思っていた。
>
> （早百合想设法救真田。）
>
> ☞ 馬は走ろうとはしなかった。
>
> （马没有想要奔跑。）

（3）劝诱（勧誘）

讲话者劝他人与自己一起做某事。

> ☞ 一緒に頑張ろう。
>
> （一起努力吧。）
>
> ☞ 言葉の意味はここで調べましょう。
>
> （在这里查一下词语的意思吧。）
>
> ☞ われとは何か。わが子とは何か。広くは「わたしのもの」とは何か。このように深く反省し考えてみようではありませんか。
>
> （我指什么？我的孩子指什么？广泛地说，"我的东西"指的是什么？让我们像这样进行深刻的反省和思考吧。）

推量助动词「まい」多用于书面语，可以表示否定的推量、否定的意志、禁止等。

（1）否定的推量（打消の推量）

推测不会发生某事。

> ☞ そんな努力を、三上は知るまい。
>
> （那些努力，三上不知道吧。）
>
> ☞ 言っても信じてはもらえまい。
>
> （即使说了也不会相信我吧。）
>
> ☞ この川は琵琶湖の下流ゆえ、いくら待っても水が干上ることはありますまい。
>
> （这条河在琵琶湖的下游，再怎么等水也不会干涸。）

（2）否定的意志（打消の意志）

表示不做某事的意志。

☞　綾子に心の負担をかけまいと思ってのことである。
　　（是为了不给绫子造成心理负担。）

☞　鞄を背負った須田さんが、もう動くまいと決意したように立ちどまっていた。
　　（背着包的须田站在原地，似乎下定决心不再动弹。）

☞　分かりました。これ以上なにも申しますまい。
　　（明白了。我不再说什么了。）

☞　下宿を出ようが出まいがおれのかってだ。
　　（搬不搬离宿舍都是我的事。）

（3）禁止（禁止）

以「まいぞ」的形式表示禁止。

☞　騒ぐまいぞ。
　　（别闹了！）

☞　逃がすまいぞ。
　　（别放跑了！）

此外，还可以以「まいか」的形式表示劝诱、请求等。

☞　知っていることを話してくれまいか。
　　（能把你知道的告诉我吗？）

☞　千代さんも腹の立つ事と思うが、我慢してもらえまいか？
　　（我想千代你也会生气的，能请你忍耐一下吗？）

推量助动词「らしい」主要表示有根据的推断。

☞　ぴちゃぴちゃと音がする。下には水があるらしい。
　　（听见吧嗒吧嗒的声音。下面好像有水。）

☞　テレビのスイッチは入ったままで、掃除器を抱えた有名女優が夫を追いかけるシーンが流れていた。家電メーカーのCMらしい。
　　（电视的开关一直开着，里面播放着著名女演员抱着吸尘器追赶丈夫的场面。好像是家电公司的广告。）

☞　仙田は冗談めいた言い方をする。よほど親しいらしい。
　　（仙田开玩笑地说。看来关系相当亲密。）

☞　ずいぶん眠ったらしい、かなり風景が変わっていた。
　　（好像睡了很久，风景变了不少。）

☞　彼は、朝が早いらしい。すでに朝食をとって、出勤の支度にかかっていた。
　　（他好像早上很早。已经吃过早饭，准备上班了。）

不同于推量助动词「らしい」，接尾词「らしい」不表示推断，而表示具有相符的性质、气质等，即「～としてふさわしい」的意思。

> ☞ ほんとうに久しぶりに夏らしく晴れた一日だ。
> （真是久违的夏日晴朗的一天。）
> ☞ いかにも京都らしい喫茶店である。
> （那是一家很有京都特色的咖啡馆。）
> ☞ 私はそういう子供らしい子供が好きなのです。
> （我喜欢这种孩子气的孩子。）
> ☞ 父が退院してきたのですが、入院前とは違い、動きがゆっくりですし父らしくありません。
> （父亲出院了，和住院前不一样，动作缓慢，不像平时的父亲。）

15.2.9 希望助动词

希望助动词（希望の助動詞）有「たい」「たがる」。

「たい」和「たがる」都接在动词的连用形以及动词型活用助动词的连用形后面。

希望助动词「たい」「たがる」接续法

前接語の種類	前接語例	前接語＋「たい」	前接語＋「たがる」
五段動詞	書く	書く＋たい→書きたい	書く＋たがる→書きたがる
	読む	読む＋たい→読みたい	読む＋たがる→読みたがる
	笑う	笑う＋たい→笑いたい	笑う＋たがる→笑いたがる
一段動詞	見る	見る＋たい→見たい	見る＋たがる→見たがる
	食べる	食べる＋たい→食べたい	食べる＋たがる→食べたがる
カ変動詞	来る	来る＋たい→来たい	来る＋たがる→来たがる
サ変動詞	する	する＋たい→したい	する＋たがる→したがる
	旅行する	旅行する＋たい→旅行したい	旅行する＋たがる→旅行したがる
受身の助動詞	れる	れる＋たい→れたい	れる＋たがる→れたがる
	られる	られる＋たい→られたい	られる＋たがる→られたがる
使役の助動詞	せる	せる＋たい→せたい	せる＋たがる→せたがる
	させる	させる＋たい→させたい	させる＋たがる→させたがる

希望助动词「たい」的活用属于形容词型活用，「たがる」的活用属于动词型活用，

「たい」和「たがる」都没有命令形。

希望助动词「たい」「たがる」活用表

基本形	未然形	連用形	終止形	連体形	仮定形	命令形
たい	たかろ	たく たかっ	たい	たい	たけれ	○
たがる	たがら	たがり たがっ	たがる	たがる	たがれ	○

　　下面，分别来看希望助动词「たい」和「たがる」的意义。「たい」表示内心的愿望，而「たがる」表示表露在言行上的愿望。

　　希望助动词「たい」主要表示讲话者自身内心的愿望，在一些句式中也可以表示他人内心的愿望。

（1）讲话者自身的愿望（話_{はな}し手_て自身_{じしん}の希望_{きぼう}）

> ☞　これについてはのちに再び触れたい。
> 　　（关于这一点，我想在后面再次提及。）
> ☞　木下委員の御質問にお答えしたいと思います。
> 　　（我想回答木下委员的问题。）
> ☞　できれば、社員も入れて、自分の会社をもっと大きくしたかった。
> 　　（如果可以的话，我想加入员工，把自己的公司做得更大。）
> ☞　あんな失敗は二度と繰り返したくない。
> 　　（我不想再重复那样的失败。）
> ☞　紹介しておきたい人がいるの。
> 　　（有个人，我想介绍给你啊。）

　　「たい」可以接在「ある」「である」「もらう」「いただく」或尊敬助动词「れる」「られる」等后面，表示讲话者对他人或其他事物的希望或要求，相当于「～てほしい」的意思。

> ☞　母親は常に子どもにとって愛情に満ちた、信頼できる人でありたい。
> 　　（希望母亲对孩子来说永远是充满爱的、值得信赖的人。）
> ☞　この土が豊かでありたい。
> 　　（希望这片土地富饶。）
> ☞　断固たる措置をしてもらいたい。
> 　　（请采取果断的措施。）
> ☞　次のような例を考えてみていただきたい。
> 　　（我想请您试着思考下面的例子。）

> ☞ 人名表記については、第5章註2を参照され<u>たい</u>。
>
> （关于人名标记，请参照第5章注2。）
>
> ☞ その点に注意され<u>たい</u>。
>
> （希望您注意那一点。）

（2）讲话者以外的他人的愿望（話^{はな}し手^て以外^{いがい}の人の希望^{きぼう}）

疑问、传闻、推测等句式中，「たい」可以表示讲话者以外的他人的愿望。

> ☞ タイムマシンに乗れたら、過去に行き<u>たい</u>ですか？未来に行き<u>たい</u>ですか？
>
> （如果能乘坐时光机，你想回到过去，还是去未来呢？）
>
> ☞ どこの国も自国で万博を開催し<u>たい</u>そうです。
>
> （据说所有国家都想在本国举办世博会。）
>
> ☞ お前だって甲子園へ行き<u>たい</u>だろう。
>
> （你也想去甲子园吧。）
>
> ☞ 学生時代だからこそ彼が払い<u>たい</u>のでしょう。
>
> （正因为是学生时代，所以他才想付钱吧。）

当「たい」位于连体修饰语或条件句中时，有时也可以表示讲话者以外的他人的愿望。

> ☞ 私は彼が行き<u>たい</u>ところには一緒に行き、やり<u>たい</u>ことを一緒にやってあげようと思います。
>
> （我想和他一起去他想去的地方，一起做他想做的事情。）
>
> ☞ 本当に才能のある人、才能を発揮し<u>たい</u>人たちは、大変化の時代の到来を待望している。
>
> （真正有才能的人，想要发挥才能的人，期待着大变化时代的到来。）
>
> ☞ 課長は、何か言い<u>た</u>そうな表情になる。
>
> （课长一副想说什么的表情。）
>
> ☞ 君がそうし<u>たい</u>なら、そうしよう。
>
> （如果你想那么做，就那么做吧。）
>
> ☞ 言い<u>たく</u>なければ無理に言うことはない。
>
> （如果你不想说，不必勉强。）

希望助动词「たがる」主要表示他人表露在言行上的愿望，在一些句式中也可以表示讲话者表露在言行上的愿望等。

（1）他人的愿望（話<ruby>し手以外の人の希望<rt>はな　　て　い がい　　　　　　　　き ぼう</rt></ruby>）

　　「たがる」表示讲话者以外的其他人表露在言行上的愿望，这是「たがる」最主要的用法。

> ☞　彼はなにか、役に立ち<u>たがっ</u>ている。
> 　　（他想帮上些忙。）
> ☞　みんなあそこに住み<u>たがら</u>ない。
> 　　（大家都不想住在那里。）
> ☞　丸沼は当時、田村と友達になり<u>たがっ</u>ていた一人だ。
> 　　（丸沼是当时想和田村交朋友的人之一。）
> ☞　父親がおでんを食べ<u>たがる</u>ので、今日は作り方を教わって帰るのだと娘は言っていた。
> 　　（女儿说父亲想吃关东煮，今天要学一下做法再回去。）

　　「たがる」还可以表示某一类人或事物的习惯、特点。

> ☞　子供というのは、なんでも知り<u>たがる</u>ものだ。
> 　　（小孩子什么都想知道。）
> ☞　脳は自分の都合のいいように記憶を曲げ<u>たがる</u>ものだ。
> 　　（大脑会根据自己的情况歪曲记忆。）
> ☞　不機嫌にさせるような情報は、「偉い人」のところへは持ち込みたくないから、部下はとかく隠し<u>たがる</u>。
> 　　（部下不愿意把让人不高兴的信息带到"大人物"那里，所以总想隐瞒。）

（2）讲话者的愿望（話<ruby>し手の希望<rt>はな　て　　き ぼう</rt></ruby>）

　　当「たがる」位于连体修饰语、条件句、传闻、推测等句式中或表示回忆过去时，有时也可以表示讲话者表露在言行上的愿望。不过，这样的情况较少。

> ☞　母は、私が広い外の世界へ出ていき<u>たがっ</u>ていることなど理解できなかっただけなのだ。
> 　　（母亲只是无法理解我想去外面广阔的世界。）
> ☞　私がお菓子を食べ<u>たがる</u>と、祖母はすぐに買ってくれる。
> 　　（只要我想吃点心，祖母就会马上给我买。）

15.2.10　传闻助动词

　　传闻助动词（<ruby>伝聞の助動詞<rt>でんぶん　　じょどうし</rt></ruby>）有「そうだ」「そうです」。

　　传闻助动词「そうだ」「そうです」接在用言和部分助动词的终止形后面。

传闻助动词「そうだ」「そうです」接続法

前接語の種類	前接語例	前接語＋「そうだ」	前接語＋「そうです」
動詞	書く	書く＋そうだ→書くそうだ	書く＋そうです→書くそうです
	見る	見る＋そうだ→見るそうだ	見る＋そうです→見るそうです
	来る	来る＋そうだ→来るそうだ	来る＋そうです→来るそうです
	する	する＋そうだ→するそうだ	する＋そうです→するそうです
形容詞	長い	長い＋そうだ→長いそうだ	長い＋そうです→長いそうです
形容動詞	素直だ	素直だ＋そうだ→素直だそうだ	素直だ＋そうです→素直だそうです
助動詞	れる	れる＋そうだ→れるそうだ	れる＋そうです→れるそうです
	られる	られる＋そうだ→られるそうだ	られる＋そうです→られるそうです
	せる	せる＋そうだ→せるそうだ	せる＋そうです→せるそうです
	させる	させる＋そうだ→させるそうだ	させる＋そうです→させるそうです
	ない	ない＋そうだ→ないそうだ	ない＋そうです→ないそうです
	た	た＋そうだ→たそうだ	た＋そうです→たそうです
	たい	たい＋そうだ→たいそうだ	たい＋そうです→たいそうです
	だ	だ＋そうだ→だそうだ	だ＋そうです→だそうです

传闻助动词「そうだ」「そうです」的活用属于形容动词型活用，但只有连用形和终止形，没有未然形、连体形、假定形和命令形。

传闻助动词「そうだ」「そうです」活用表

基本形	未然形	連用形	終止形	連体形	仮定形	命令形
そうだ	○	そうで	そうだ	○	○	○
そうです	○	そうでし	そうです	○	○	○

传闻助动词表示讲话者从某处听到的内容。传闻内容的来源有时用「〜によると」「〜によれば」「〜の話では」等表示。

☞ あそこの人々は、数百年もの間、ガンにかからなかった<u>そうだ</u>。
　　（据说那里的人们数百年来从未得过癌症。）

☞ この仕事は通常の賃金の 10 倍になるということで、希望者は多かっ
　　た<u>そうだ</u>。
　　（据说这个工作的工资是通常工资的 10 倍，所以想做的人很多。）

☞ この 3 箇所を 1、2 センチ切開するだけの割と簡単な手術だった<u>そうです</u>。
　　（听说手术很简单，只需要在这 3 个地方切开一两厘米。）

☞ 彼は仕事がとても忙しい<u>そうで</u>、毎日深夜まで仕事してる<u>そうです</u>。
　　（听说他工作很忙，每天都工作到深夜。）

☞ ツアーガイドの説明によると自家製の酒だ<u>そうだ</u>。
　　（据导游介绍，那是自家酿的酒。）

☞ 隆一によれば、火焔樹と呼ぶ<u>そうだ</u>。
　　（据隆一说，它叫火焰树。）

☞ 会社の話では、君も運転は達者だ<u>そうじゃ</u>ないか。
　　（听公司的人说，你的驾驶技术也很好啊。）

15.2.11　样态助动词

样态助动词（様態の助動詞）有「そうだ」「そうです」。

与传闻助动词不同，样态助动词「そうだ」「そうです」接在动词连用形、动词型活用助动词的连用形、形容词词干、形容动词词干以及形容词活用助动词相当于词干的部分后面。

要注意的是，「そうだ」「そうです」接在形容词「よい」「ない」后面时，要使用「よさそうだ」「よさそうです」「なさそうだ」「なさそうです」。而接在否定助动词「ない」后时，使用「なそうだ」「なそうです」。

样态助动词「そうだ」「そうです」接续法

前接語の種類	前接語例	前接語＋「そうだ」	前接語＋「そうです」
動詞	書く	書く＋そうだ→書き<u>そうだ</u>	書く＋そうです→書き<u>そうです</u>
	見る	見る＋そうだ→見<u>そうだ</u>	見る＋そうです→見<u>そうです</u>
	来る	来る＋そうだ→来<u>そうだ</u>	来る＋そうです→来<u>そうです</u>
	する	する＋そうだ→し<u>そうだ</u>	する＋そうです→し<u>そうです</u>
形容詞	長い	長い＋そうだ→長<u>そうだ</u>	長い＋そうです→長<u>そうです</u>
	よい	よい＋そうだ→よさ<u>そうだ</u>	よい＋そうです→よさ<u>そうです</u>
	ない	ない＋そうだ→なさ<u>そうだ</u>	ない＋そうです→なさ<u>そうです</u>

前接語の種類	前接語例	前接語＋「そうだ」	前接語＋「そうです」
形容動詞	素直だ	素直だ＋そうだ→素直そうだ	素直だ＋そうです→素直そうです
助動詞	れる	れる＋そうだ→れそうだ	れる＋そうです→れそうです
	られる	られる＋そうだ→られそうだ	られる＋そうです→られそうです
	せる	せる＋そうだ→せそうだ	せる＋そうです→せそうです
	させる	させる＋そうだ→させそうだ	させる＋そうです→させそうです
	ない	ない＋そうだ→なそうだ	ない＋そうです→なそうです
	たい	たい＋そうだ→たそうだ	たい＋そうです→たそうです

样态助动词「そうだ」「そうです」的活用属于形容动词型活用。

样态助动词「そうだ」「そうです」活用表

基本形	未然形	連用形	終止形	連体形	仮定形	命令形
そうだ	そうだろ	そうだっ そうで そうに	そうだ	そうな	そうなら	○
そうです	そうでしょ	そうでし	そうです	（そうです）	○	○

样态助动词「そうだ」「そうです」可以表示样态、趋势、可能性、比喻等。

（1）样态（様態_{ようたい}）

讲话者根据事物的外观，凭借自己的观察（主要是视觉）做出的不完全肯定的判断。

- ☞ みなさんのお料理、どれもおいしそうですね。

    （大家做的菜看起来都很好吃呢。）
- ☞ 元気そうな赤ちゃんね。

    （看起来很健康的宝宝啊。）
- ☞ 「心療内科」って聞くと敷居が高そうに聞こえますが、決してそんなことはありませんよ。

    （"心疗内科"听起来好像门槛很高，但绝对不是那样的哦。）
- ☞ 明日もこの雨が続くようなら、小田原から新幹線を使って帰ったほうがよさそうだ。

    （如果明天也继续下雨的话，还是从小田原坐新干线回家比较好。）
- ☞ お互い怪我がなさそうでよかった。

    （双方似乎都没有受伤，太好了。）
- ☞ 彼女ははじめなにか話したそうにしていた。

    （她一开始似乎想说些什么。）

（2）趋势（趨勢<ruby>趨勢<rt>すうせい</rt></ruby>）

讲话者根据眼前的情况，对事物变化趋势做出的不完全肯定的判断。

> ☞ 木製の階段は、今にも崩れ落ち<u>そうだ</u>った。
> （木制楼梯似乎随时会倒塌。）
> ☞ いまにも雨が降り<u>そうな</u>黒雲が天を覆い、あたりはにわかに暗くなった。
> （乌云遮天，似乎马上就要下雨了，四周顿时暗了下来。）。
> ☞ 既に、あちこちの小川が氾濫していた。橋が流され<u>そうに</u>なっているところもあった。
> （各处的小河已经泛滥。有些地方的桥眼看要被冲走了。）

（3）可能性（<ruby>可能性<rt>かのうせい</rt></ruby>）

讲话者对某种可能性做出的不完全肯定的判断。

> ☞ ぼくは、ゴールまではまだもう少し時間がかかり<u>そうだ</u>。
> （我离终点可能还有一段时间。）
> ☞ 志望していた企業に就職でき<u>そうです</u>。
> （我似乎能进入自己想去的企业工作。）
> ☞ とても行け<u>そう</u>もありませんよ。
> （无论如何也去不了啊。）
> ☞ 部長の怒りは、そう簡単に治まり<u>そうに</u>ない。
> （部长的愤怒似乎不会那么容易平息。）

（4）比喻（<ruby>比喻<rt>ひゆ</rt></ruby>）

表示比喻或夸张。

> ☞ 田舎のスローライフを夢見てましたが、結構にぎやかで、忙しくて目が回り<u>そうです</u>。
> （梦想着乡村的慢生活，但其实相当热闹，忙得团团转。）
> ☞ じっとしていると痛みで気が狂い<u>そうだ</u>った。
> （我一动不动的话，就会疼得快要发疯。）
> ☞ もう二度と、彼女の元気な声を聞けないと思うと、胸が張り裂け<u>そうに</u>なる。
> （一想到再也听不到她充满活力的声音，我的心都快撕裂了。）

15.2.12　断定助动词

断定助动词（断定の助動詞）有「だ」「です」。

「だ」主要接在体言后面，也可以接在部分副词及部分助词后面。

「です」除了接在体言、部分副词、部分助词后，还可以接在形容词终止形及部分助动词终止形后面。

断定助动词「だ」「です」接续法

前接語の種類	前接語例	前接語＋「だ」	前接語＋「です」
名詞	山	山＋だ→山だ	山＋です→山です
数詞	3時	3時＋だ→3時だ	3時＋です→3時です
代名詞	彼	彼＋だ→彼だ	彼＋です→彼です
副詞	そう	そう＋だ→そうだ	そう＋です→そうです
	もちろん	もちろん＋だ→もちろんだ	もちろん＋です→もちろんです
助詞	ぐらい	ぐらい＋だ→ぐらいだ	ぐらい＋です→ぐらいです
	など	など＋だ→などだ	など＋です→などです
形容詞	長い		長い＋です→長いです
助動詞	ない		ない＋です→ないです
	た		た＋です→たです（大多用于「た」前接形容词或形容词型活用助动词的场合）
	らしい		らしい＋です→らしいです
	たい		たい＋です→たいです

断定助动词「だ」的活用属于形容动词型活用，「です」的活用属于特殊型活用。

断定助动词「だ」「です」活用表

基本形	未然形	連用形	終止形	連体形	仮定形	命令形
だ	だろ	だっ　で	だ	（な）	なら	○
です	でしょ	でし	です	（です）	○	○

要注意的是，「だ」的未然形「だろ」、假定形「なら」、「です」的未然形「でしょ」的接续法与「だ」「です」有所不同：「だろ」「なら」「でしょ」的前接词范围更广，除了接在体言、部分副词、部分助词之后，还可以接在动词终止形、形容词终止形及

部分助动词终止形后面。

断定助动词表示对事物或状态等做出的明确判断。「です」是「だ」的郑重表达方式。

☞　東京都内の一番深い地下鉄駅は、都営地下鉄・大江戸線の「六本木」駅だ。
　　（东京都内最深的地铁站是都营地铁大江户线的"六本木"站。）
☞　僕は学生で、去年 4 月に実家に帰ってきました。
　　（我是学生，去年 4 月回老家来了。）
☞　リンゴなら、実がなって、ジャムやジュースやお菓子を作って売ることができますね。
　　（苹果的话，可以结出果实，做成果酱、果汁、点心来卖啊。）
☞　武蔵野市・三鷹市あたりは治安もいいし交通の便もいいです。
　　（武藏野市、三鹰市一带治安好，交通也方便。）

15.2.13　比况助动词

比况助动词（比况の助動詞）有「ようだ」「ようです」「みたいだ」「みたいです」。

「ようだ」「ようです」接在体言后续助词「の」、用言和部分助动词的连体形后面。

比况助动词「ようだ」「ようです」接续法

前接语の種類	前接語例	前接語＋「ようだ」	前接語＋「ようです」
名詞	山	山＋の＋ようだ→山のようだ	山＋の＋ようです→山のようです
数詞	3 時	3 時＋の＋ようだ→3 時のようだ	3 時＋の＋ようです→3 時のようです
代名詞	彼	彼＋の＋ようだ→彼のようだ	彼＋の＋ようです→彼のようです
動詞	書く	書く＋ようだ→書くようだ	書く＋ようです→書くようです
	見る	見る＋ようだ→見るようだ	見る＋ようです→見るようです
	来る	来る＋ようだ→来るようだ	来る＋ようです→来るようです
	する	する＋ようだ→するようだ	する＋ようです→するようです
形容詞	長い	長い＋ようだ→長いようだ	長い＋ようです→長いようです
形容動詞	素直だ	素直だ＋ようだ→素直なようだ	素直だ＋ようです→素直なようです

前接語の種類	前接語例	前接語＋「ようだ」	前接語＋「ようです」
助動詞	れる	れる＋ようだ→れるようだ	れる＋ようです→れるようです
	られる	られる＋ようだ→られるようだ	られる＋ようです→られるようです
	せる	せる＋ようだ→せるようだ	せる＋ようです→せるようです
	させる	させる＋ようだ→させるようだ	させる＋ようです→させるようです
	ない	ない＋ようだ→ないようだ	ない＋ようです→ないようです
	た	た＋ようだ→たようだ	た＋ようです→たようです
	たい	たい＋ようだ→たいようだ	たい＋ようです→たいようです

　　「みたいだ」「みたいです」直接接在体言、形容动词词干后面，也可以接在动词、形容词和部分助动词的连体形后面。

比况助动词「みたいだ」「みたいです」接续法

前接語の種類	前接語例	前接語＋「みたいだ」	前接語＋「みたいです」
名詞	山	山＋みたいだ→山みたいだ	山＋みたいです→山みたいです
数詞	3時	3時＋みたいだ→3時みたいだ	3時＋みたいです→3時みたいです
代名詞	彼	彼＋みたいだ→彼みたいだ	彼＋みたいです→彼みたいです
形容動詞	静かだ	静かだ＋みたいだ→静かみたいだ	静かだ＋みたいです→静かみたいです
動詞	書く	書く＋みたいだ→書くみたいだ	書く＋みたいです→書くみたいです
	見る	見る＋みたいだ→見るみたいだ	見る＋みたいです→見るみたいです
	来る	来る＋みたいだ→来るみたいだ	来る＋みたいです→来るみたいです
	する	する＋みたいだ→するみたいだ	する＋みたいです→するみたいです
形容詞	長い	長い＋みたいだ→長いみたいだ	長い＋みたいです→長いみたいです

前接語の種類	前接語例	前接語＋「みたいだ」	前接語＋「みたいです」
助動詞	れる	れる＋みたいだ→れるみたいだ	れる＋みたいです→れるみたいです
	られる	られる＋みたいだ→られるみたいだ	られる＋みたいです→られるみたいです
	せる	せる＋みたいだ→せるみたいだ	せる＋みたいです→せるみたいです
	させる	させる＋みたいだ→させるみたいだ	させる＋みたいです→させるみたいです
	ない	ない＋みたいだ→ないみたいだ	ない＋みたいです→ないみたいです
	た	た＋みたいだ→たみたいだ	た＋みたいです→たみたいです
	たい	たい＋みたいだ→たいみたいだ	たい＋みたいです→たいみたいです

　　比况助动词「ようだ」「ようです」「みたいだ」「みたいです」的活用属于形容动词型活用。

比况助动词「ようだ」「ようです」「みたいだ」「みたいです」活用表

基本形	未然形	連用形	終止形	連体形	仮定形	命令形
ようだ	ようだろ	ようだっ ようで ように	ようだ	ような	ようなら	○
ようです	ようでしょ	ようでし	ようです	○	○	○
みたいだ	みたいだろ	みたいだっ みたいで みたいに	みたいだ	みたいな	みたいなら	○
みたいです	みたいでしょ	みたいでし	みたいです	○	○	○

　　下面，分别来看比况助动词「ようだ」「ようです」和「みたいだ」「みたいです」的意义。

　　比况助动词「ようだ」「ようです」可以表示比喻、例示、内容指示、推断、目的、愿望、要求等多种意义。「ようだ」「ようです」中的「よう」独立性很强，有时可以单独使用，也可以直接后续部分终助词。

（1）比喻（比喩、比況）

　　用类似的事物来比拟想要说明的事物。

> ☞　わたしたち二人は静かだ。静かに佇んでいる彫像の<u>ようだ</u>。
> 　　　（我们两个人都很安静。就像静静伫立的雕像。）
> ☞　猫の額の<u>ような</u>家である。
> 　　　（房子就像猫的额头那样狭窄。）
> ☞　作品がまるで雨後の竹の子の<u>ように</u>次々と翻訳出版されたもの
> 　　です。
> 　　　（作品就像雨后竹笋一样不断地被翻译出版。）
> ☞　陶器に割れ目が入る<u>ように</u>稲妻がすばやく走る。
> 　　　（闪电飞快地划过，就像陶器上划出裂缝一样。）

（2）例示（例示）

　　以「～ような」「～ように」的形式举出具体的例子提示某类事物。

> ☞　数学の<u>ような</u>専門的な研究なども、比較的若い年齢のときに、大き
> 　　な発見をしたり、すぐれた仕事をすることが多いそうです。
> 　　　（像数学这样的专业研究，据说很多人在比较年轻的时候就会有重大
> 　　发现，做出出色的工作。）
> ☞　東京の<u>ように</u>平均の通勤距離が20キロもあるような地域では、救援
> 　　活動は困難になると思われます。
> 　　　（像东京这样平均通勤距离达20公里的地区，救援活动将变得很困难。）

（3）内容指示（内容の指示）

　　指示已经叙述或将要叙述的内容。

> ☞　国内、国際輸送の動向は以上の<u>よう</u>である。
> 　　　（国内、国际运输走势如上所述。）
> ☞　彼は、脳研究の現段階を次の<u>ように</u>総括している。
> 　　　（他对现阶段的大脑研究进行了如下总结。）
> ☞　ご存じの<u>ように</u>、アメリカのヘレン・ケラーは、目が見えず、耳も
> 　　聞こえず、話すのも困難な重度の障害者でした。
> 　　　（正如您所知道的，美国的海伦·凯勒是一名眼睛看不见、耳朵听不见、
> 　　连说话都很困难的重度残疾人。）

（4）推断（推定）

　　表示不确定的判断或推测。有时讲话者为了使语气委婉而使用这种表达方式。

☞　今夜は特に冷え込みが厳しい<u>ようだ</u>。
　　（今晚好像特别冷。）
☞　皆びっくりしている<u>ようです</u>。
　　（大家似乎都很吃惊。）
☞　それは懐かしのメロディーの<u>よう</u>ね。
　　（那好像是令人怀念的旋律啊。）
☞　お忙しい<u>ようです</u>し、失礼しましょうか。
　　（您好像很忙，我就告辞了吧。）
☞　順調な<u>ような</u>ので何よりだ。
　　（似乎很顺利，比什么都好。）

（5）目的（目的）

表示行为的目的、目标等。

☞　多くの読者の皆さんが読みすすめる上で参考になる<u>ように</u>、巻末に「用語解説」をつけた。
　　（为了给广大读者提供参考，我在书卷末尾附上了"术语解说"。）
☞　時間に間に合う<u>よう</u>、急いで帰って来たところだった。
　　（为了赶上时间，我急急忙忙回来。）
☞　お父さん、お母さんの期待に応えられる<u>ように</u>、これからも頑張るからね。
　　（为了不辜负爸爸妈妈的期待，我今后也会努力的。）
☞　女性の意見が農協運営に反映できる<u>ように</u>、具体的取り組みが検討されている。
　　（为了将女性的意见反映到农协运营中，正在研究具体方案。）
☞　香子は、秋子に誤解されない<u>ように</u>、そのときのことを詳しく話した。
　　（香子为了不让秋子误会，详细地说了当时的情况。）

（6）愿望、要求（願い、依頼）

表示愿望、请求、要求、轻微的命令等。

☞　どうかことがうまく運びます<u>ように</u>。
　　（希望一切顺利。）
☞　皆様によろしくお伝え下さいます<u>よう</u>、お願い致します。
　　（请代我向大家问好。）
☞　頭と腰は動かさない<u>ように</u>。
　　（头和腰不要动。）
☞　医師と事前によく相談し、充分に納得したうえで治療を始める<u>よう</u>にしてください。
　　（请事先和医生好好商量，在充分理解的基础上开始治疗。）

　　比况助动词「みたいだ」「みたいです」用于口语，可以表示比喻、例示、内容指示、推断等。「みたいだ」「みたいです」中的「みたい」独立性很强，有时可以单独使用，也可以直接后续部分终助词。

　　与「ようだ」「ようです」不同，「みたいだ」「みたいです」不能表示目的、愿望、要求。

（1）比喻（比喻、比况）

> ☞　彼女は真っ白な顔をしていて、びくとも動かなかった。まるで壁にピンで留められた白い画用紙みたいだった。
> 　　（她脸色苍白，纹丝不动。简直就像用大头针别在墙上的白色画纸。）
> ☞　百五十万円のダイヤの指輪が、煙みたいに消えちゃったらしい。
> 　　（一百五十万日元的钻石戒指，好像烟消云散了。）

（2）例示（例示）

> ☞　イトーヨーカドーみたいな大型スーパーでも売っています。
> 　　（像伊藤洋华堂这样的大型超市也有卖。）
> ☞　今日みたいに雨の降っている日、そこに水がたまるでしょう。
> 　　（像今天这样下雨的日子，那里会积水吧。）

（3）内容指示（内容の指示）

> ☞　今先生がおっしゃったみたいに環境税でもいろいろな構想があるのですね。
> 　　（就像刚才老师您说的，在环境税方面也有各种构想啊。）

（4）推断（推定）

> ☞　守備で打球を追いかけた時に足を痛めたみたいで、治療で試合を中断させました。
> 　　（在防守中追赶击球时，脚好像受伤了，因治疗中断了比赛。）
> ☞　いつもより疲れてるみたいよ。
> 　　（你好像比平时累啊。）
> ☞　調べたら確かにあのコメディアンは柴田さんみたいです。
> 　　（调查了一下，那个喜剧演员确实像是柴田。）
> ☞　いろんな違った世界が見られたことが楽しいみたいだ。
> 　　（能看到各种不同的世界，他好像很开心。）
> ☞　外国人のお客さんも多いみたい。
> 　　（外国客人好像也很多。）

> ☞ 競艇がお好き<u>みたいで</u>、日曜日にはいつもびわこ競艇までバスに乗っ
> て行かれるのよ。
> （他好像很喜欢赛艇，星期天总是坐巴士去琵琶湖赛艇啊。）

15.2.14 郑重助动词

郑重助动词（丁寧の助動詞）是「ます」。

「ます」接在动词以及动词型活用助动词的连用形后面。

要注意的是，特殊五段活用动词「ござる」「なさる」「くださる」「おっしゃる」「いらっしゃる」后续「ます」时发生イ音便。

郑重助动词「ます」接续法

前接語の種類	前接語例	前接語＋丁寧の助動詞
五段動詞	書く	書く＋ます→書き<u>ます</u>
	くださる	くださる＋ます→ください<u>ます</u>
	いらっしゃる	いらっしゃる＋ます→いらっしゃい<u>ます</u>
一段動詞	見る	見る＋ます→見<u>ます</u>
カ変動詞	来る	来る＋ます→来<u>ます</u>
サ変動詞	する	する＋ます→し<u>ます</u>
	報告する	報告する＋ます→報告し<u>ます</u>
受身、可能、自発、尊敬の助動詞	れる	れる＋ます→れ<u>ます</u>
	られる	られる＋ます→られ<u>ます</u>
使役の助動詞	せる	せる＋ます→せ<u>ます</u>
	させる	させる＋ます→させ<u>ます</u>
希望の助動詞	たがる	たがる＋ます→たがり<u>ます</u>

郑重助动词「ます」的活用属于特殊型活用。

郑重助动词「ます」活用表

基本形	未然形	連用形	終止形	連体形	仮定形	命令形
ます	ませ ましょ	まし	ます	ます	ますれ	ませ まし

郑重助动词表示讲话者郑重、有礼貌的态度。

> ☞ 忘れてはならない大切な日になり<u>ます</u>。
> （成为不能忘记的重要日子。）
> ☞ これ以上は、言え<u>ません</u>。
> （我不能再多说了。）
> ☞ いずれにしても、もう少し待ってみ<u>ましょう</u>。
> （不管怎样，再等等看吧。）
> ☞ ご存知の方がい<u>ましたら</u>、お教えください。
> （如果有哪位知道的话，请告诉我。）
> ☞ ゆっくり話そうと心掛けてはい<u>ます</u>が、やはりどもってしまい<u>ます</u>。
> （我本想慢慢说的，但还是结结巴巴的。）
> ☞ この法律を施行いたし<u>ますれ</u>ば、従前と比べて実態把握がやりやすくなるというふうに考え<u>ます</u>。
> （我认为，如果实施这个法律的话，与以前相比，可以更容易地把握实际情况。）
> ☞ ご意見をお聞かせ下さい<u>ませ</u>。
> （请让我听听您的意见。）

📝 课外练习

一、次の表の空欄に各助動詞の活用形を記入しなさい。

（注意：活用形のない場合は空欄に○をつけなさい。）

助　動　詞　活　用　表

助動詞基本形	未然形	連用形	終止形	連体形	仮定形	命令形
られる（受身）						
られる（可能、自発、尊敬）						
せる（使役）						
ない（打消）						
た（過去・完了）						

助動詞 基本形	未然形	連用形	終止形	連体形	仮定形	命令形
よう (推量)						
まい (推量)						
らしい (推量)						
たい (希望)						
たがる (希望)						
そうだ (伝聞)						
そうだ (様態)						
だ (断定)						
です (断定)						
ようだ (比況)						
ます (丁寧)						

二、次の各文中にある助動詞を抜き出し、その意味を述べなさい。

1. 私は妹に電気をつけさせる。（　　　　　　　　　　）

2. 学生たちに発音の練習、言葉の練習を積ませないと、外国語は上達しない。
　（　　　　　　　　　　）

3. 秋山はときどき社長にほめられる。（　　　　　　　　　）

4. 国境にはただひとりの老人だけが残されました。（　　　　　　　　）

5. 明日は9時までに来られると思う。（　　　　　　　　　）

6. ときどき故郷のことが思い出される。（　　　　　　　　）

7. 私にもそう考えられる。（　　　　　　　　）

8. 先生は教室におられますか。（　　　　　　　　　　）

9. 先生は毎日何時に起きられますか。（　　　　　　　　）

10. なんとお礼を言っていいか分かりません。（　　　　　　　）

11. 秋の終わりでなければ食べられない。（　　　　　　　）

12. このことは今のところ何とも言えぬ。（　　　　　　　）

13. 早く暇をもらって帰りたいものだ。（　　　　　　）

14. あそこには誰も行きたがらない。（　　　　　　　）

15. ゆうべはとても寒かった。（　　　　　　　）

16. 実験は今終わった。（　　　　　　）

17. 田中さんは大学生ですか。（　　　　　　）

18. 山の麓には村があろう。（　　　　　）

19. さっそく探してみよう。（　　　　　）

20. これは偽物らしい。（　　　　　）

21. あそこには何も珍しいものはあるまい。（　　　　　　　）

22. 月日の経つのは水の流れるようだ。（　　　　　　）

23. この布は薄くて紙みたいだ。（　　　　　）

24. 今日も雨が降りそうだ。（　　　　　）

25. うまそうなケーキ。（　　　　　）

26. 試合は10時に始まるそうだ。（　　　　　　）

三、次の（　）の中に仮名一字ずつ助動詞を書き入れなさい。

1. 高橋さんにはまだお会いしたことがあり（　　）（　　）ん。

2. ちょっと警察署まで来ていただき（　　）（　　）（　　）う。

3. 天気予報によると明日は雨（　　）（　　）（　　）。

4. そう思い（　　）（　　）（　　）ば、勝手に思え。

5. おいし（　　）（　　）（　　）ケーキが並んでいる。

6. 期日については、こちらで決め（　　）（　　）ていただけるとありがたいのですが。

7. そこまでは考え（　　）（　　）（　　）た。

8. そんなにたくさん食べ（　　）（　　）、おなかをこわしますよ。

9. 道が悪（　　）（　　）（　　）（　　）、もどってきなさい。

10. 君は佐藤君（　　）（　　）たね。

11. 妹が散歩に行くと、すぐにジュースを飲み（　　）（　　）（　　）。

12. 私は妻に秘密を知ら（　　）てしまった。

13. なにも食べ（　　）に寝た。

14. 佐藤先生のために乾杯し（　　）（　　）ではありませんか。

15. 二度と言う（　　）（　　）と誓う。

16. どうやら事実（　　）（　　）（　　）。

17. 早く健康になります（　　）（　　）祈ります。

18. 今日（　　）（　　）（　　）（　　）日に将棋をさすなんて。

19. この調子では今日は聴衆が3千人を越え（　　）（　　）（　　）。

20. 両大国の争いは世界中を巻きこま（　　）にはおかない。

21. 君が彼女に会おうと会う（　　）（　　）と僕には関係のないことだ。

22. こんなことができない（　　）（　　）では、話にならない。

23. ちょっと期待を裏切られた（　　）（　　）（　　）気がする。

四、次の各文中の下線を引いた言葉の品詞名を（　　　　　　）の中に書きなさい。
（注意：助詞や助動詞は必ずその下位分類の名で書きなさい。）

1. このあたりの土地はダイオキシンに汚染されている。（　　　　　　　　　　　）

2. この川でとれる魚はうまい。（　　　　　　　　）

3. 昔のことが思い出される。（　　　　　　　　）

4. 地震で家が倒れた。（　　　　　　　　）

5. 先生も行かれるそうです。（　　　　　　　　）

6. 磁針がやや西に振れる。（　　　　　　　　）

7. 心配でいても立ってもいられない。（　　　　　　　　）

8. 子供を好きなようにさせておく。（　　　　　　　　）

9. また遊びに来させていただきます。（　　　　　　　　）

10. シャーベットは果汁を凍らせて作ります。（　　　　　　　　）

11. 一度にたくさんの単語を覚えさせるのは無理だ。（　　　　　　　　）

12. 社長は給料を前借りさせてくれた。（　　　　　　　　）

13. 水がなければ何物も生きていることはできない。
　　（　　　　　　　　）（　　　　　　　　）

14. 窓を閉め<u>ない</u>でください。（　　　　　　　　　　　　）

15. こんなつまら<u>ない</u>小説は読みたく<u>ない</u>。読ま<u>ない</u>ほうがいいよ。

（　　　　　　　　　　　）（　　　　　　　　　　　）（　　　　　　　　　　　）

16. ６月１日までに申込書を出さ<u>なければならない</u>。

（　　　　　　　　　　　）（　　　　　　　　　　　）

17. 考えてみれば、彼の意見ももっともだという気が<u>しないでもない</u>。

（　　　　　　　　　　　）（　　　　　　　　　　　）

18. 君に分から<u>ん</u>はずはない。（　　　　　　　　　　　）

19. 母は午後デパートに行っ<u>た</u>。（　　　　　　　　　　　）

20. たっ<u>た</u>一度そんな話を聞いた。（　　　　　　　　　）

21. たい<u>し</u>た評判になったものだ。（　　　　　　　　　）

22. 妹が大きな声で叫ん<u>だ</u>。（　　　　　　　　　　　）

23. 台風は去った。<u>だ</u>が雨はまだ強い。（　　　　　　　　　）

24. あの白い建物がぼくの学校<u>だ</u>。（　　　　　　　　　）

25. あの方はいつもしとやか<u>だ</u>。（　　　　　　　　　）

26. 市長は明日の特急で帰るそう<u>だ</u>。（　　　　　　　　）

27. まるで鬼の首でもとったよう<u>だ</u>。（　　　　　　　　）

28. 明日の式典はさぞはなやか<u>だろ</u>う。（　　　　　　　　）

29. あの子はまだ一年生<u>だろ</u>う。（　　　　　　　　）

30. ほら一雨来そう<u>だろ</u>う。（　　　　　　　）

31. 夏休みには海に行こ<u>う</u>。（　　　　　　　）

32. 切符を２枚買<u>う</u>。（　　　　　　　　）

33. 忙しいのなら、手伝ってあげ<u>よう</u>。（　　　　　　　　）

34. いい<u>よう</u>が悪いから誤解される。（　　　　　　　　）

35. このボールペンはあなたので<u>しょう</u>。（　　　　　　　　）

36. めず<u>らしい</u>お客さんが来た。（　　　　　　　　）

37. 新しく出たビデオカメラはとても便利<u>らしい</u>。（　　　　　　　　）

38. 弱音を吐くなんて君<u>らしく</u>ないね。（　　　　　　　）

39. あの人は不合格だった<u>らしい</u>。（　　　　　　　）

40. 雨が降り始め<u>たらしい</u>。（　　　　　　　）

41. 学生なら学生<u>らしく</u>しなさい。（　　　　　　　）

42. 今年の冬は暖かいそうだ。（　　　　　　　　　　　　　）

43. 服のボタンがとれそうだ。（　　　　　　　　　　　）

44. 町はたいそうな人出だ。（　　　　　　　　　　　）

45. そうするよりほかはなかったのだ。（　　　　　　　　　　　）

46. そういうわけだったのか。（　　　　　　　　　）

47. そう、それはよくやった。（　　　　　　　　　）

五、次の日本語を中国語に訳しなさい。

1. 私たちの訪問は彼をよろこばせた。

2. 言わせておけばいいさ。

3. 子供を一人で行かせるわけには行かない。

4. 体育活動を発展させ、人民の体位を向上させよう。

5. 日本の人口動態はこのグラフのように推定される。

6. 気の毒に思われてならない。

7. 机の上に置かれている一冊の本に目がとまった。

8. 皆さんは教育を受ける権利を憲法によって与えられているのです。

9. そんな言葉を使わないでほしい。

10. 新聞がなくては世間の情勢が分からない。

11. ご一報くだされたくお願い申し上げます。

12. 会場の人たちはだれも彼と話したがらない。

13. 人が見ていようといまいと、不正なことはすべきではない。

14. 家から一歩でも出ようものなら、すぐ大風に吹き飛ばされてしまう。

15. 子供でもあるまいし、ばかなまねはするな。

16. あろうことかあるまいことか、医者の資格がない者が何人もの患者に手術を行っていた。

17. そんなことを言うのはいかにも彼らしい。

18. 彼女が眠れるようにみな静かにしていた。

19. ぼくみたいな安月給取りをいじめるなよ。

20. 留守中にお越しくださったそうで、失礼しました。

21. このぶんなら新しいのを買う必要はなさそうだ。

六、次の各文の（　）の中から正しいものを選んでその記号に○を付けなさい。

1. うっかり失礼なことを言って彼（a に　　b を）怒らせた。

2. 彼との出会いが彼女の人生（a に　　b を）すっかり狂わせた。

3. 子供（a に　　b を）タバコを吸わせてはいけません。

4. 父親が息子に（a 行かせた　　b 行くように言った）が、息子は行かなかった。

5. 山下さんは、毎日遅くまで（a 残業させられて　　b 残業されて）いるらしい。

6. 人形にドレスを（a 着せる　　b 着させる）。

7. 金融不安が、日本の経済状態を（a 悪化する　　b 悪化させる）原因となっている。

8. 忙しいとき、秘書に（a 休まれる　　b 休ませる）と、大変困ります。

9. お世話になった方に、近所でとれた新鮮な野菜を送って、とても（a 喜ばせた　　b 喜ばれた）。

10. 日本では中国の映画はあまり（a 見えない　　b 見られない）。

11. テレビの前に立っている人は誰ですか。はやく座ってください。テレビが（a 見えません　　b 見られません）よ。

12. 最近は忙しくてテレビが（a 見えない　　b 見られない）。

13. ここから海も（a 見える　　b 見られる）。

14. この部屋は暗くて、何も（a 見えない　　b 見られない）。

15. 日本へ行けば、本当の富士山が（a 見える　　b 見られる）。

16. 今ではラジオで天気予報が（a 聞ける　　b 聞こえる）。

17. 彼の声はあまり小さいので、はっきり（a 聞けない　　b 聞こえない）。

18. この人はこんにゃくが（a 売れないで　　b 売れなくて）困っていたそうです。

19. その話は、家の中で決して（a しないで　　b しなくて）ほしい。

20. 7時に（a なったら　　b なるなら）、出発しましょう。

21. この子は（a 大きくなったら　　b 大きくなるなら）、きっと出世するだろう。

22. あなたが（a 行ったら　　b 行くなら）、私も一緒に行く。

23. ゆうべは手紙を（a 書きたかったが　　b 書こうとしたが）、ペンが見付からなかったのでやめた。

24. テレビを（a 買いたいが　　b 買おうとしたが）、金がない。

25. 彼は彼女が好き（a ようだ　　b らしい）。

26. オートバイに乗っていると、頬を撫でる風が急に冷たくなってきた（a ようだ　　b らしい）。

27. 噂によると、あの人は仕事をやめたい（a ようだ　　b らしい）。

七、次の段落にある助動詞を抜き出し、その意味を述べなさい。

1.

> 　約束は必ず守りたい。人間が約束を守らなくなると社会生活は出来なく
> なるからだ。従って、私は人との約束は不可抗力の場合以外破ったことが
> ない。ただ、時々破る約束がある。それは原稿執筆の約束だ。これだけは、
> どうも守り切れない。
>
> 　　　　　　　　　　　　　　　　　　　　　　菊池寛『私の日常道徳』より

2.

> 　郊外に住むようになってから、私は更に種類の異う空の美があることを
> 知った。それは、大都会の上の空——大都会のペーヴメントに立って仰ぐ
> 空の美しさだ。空はそこでは、ただのん気に広々としてはいない。高い建物、
> 広告塔、アンテナ、其等の錯綜した線に切断され、三角の空、ゆがんだ六
> 角の空、悲しい布の切端のような空がある。
>
> 　　　　　　　　　　　　　　　　　　　　　　宮本百合子『空の美』より

八、次の段落を朗読し、中国語に訳しなさい。

> 　形態的な特徴として、常に他の語に付属して用いられる語のうち、活用を有
> するものを一般に助動詞という。特に、動詞の後に添えて表現主体の種々の判
> 断を加えるものが多いという点から、英文法の auxiliary verb の訳語である
> 「助動詞」なる名称を付したといわれる。意味・用法上の特徴としては、動詞
> を初めとする用言や体言などに添えられて、その意味を補ったり種々の主体的
> な判断を表すとされる。具体的にどの種の語を助動詞とするかについては、形
> 態上の特徴や意味・用法上の特徴に対する観点の違いから、異なった説がたて
> られ、必ずしも一致していないし、活用のない「う・よう」「まい」なども助
> 動詞とするなど、上に述べた概念規定に矛盾する点もある。
> 　ここでは通常、学校教育の口語文法で助動詞として扱われているものを具体
> 的に示し、それらを検討しながら問題を指摘していく。
> 　学校文法で扱われている助動詞の種類は以下のようである。（　）内は意味
> 分類による名称を示す。
>
> 　れる・られる（受け身・可能・自発・尊敬）、せる・させる（使役）、たい（希
> 望）、そうだ（様態）、ようだ（様態・比況）、だ（指定）、た（過去・完了）、
> ない・ぬ（ん）（否定）、らしい（推定）、そうだ（伝聞）、う・よう（意志・
> 推量）、まい（否定の意志・推量）、です、ます（丁寧）
>
> 　このほか「たがる（希望）」「みたいだ、ふうだ（様態・比況）」を助動詞
> として扱う考えもあり、また「だろう、でしょう（推量）」を「う・よう」と
> 別に独立させる考えもある。更に、文語の残存形式である「しめる（使役）」「ず
> （ぬ）（否定）」「ごとし（比況）」「べし（当然）」などを加えることもある。
>
> 　　　　　　　　　　　　　　　　　　　　　　　　　　　　　（阪田雪子）

第 16 课　助词（1）

16.1　助词的性质和用法

助词（助詞）是没有活用的附属词。助词接在体言、用言等后面，表示词与词的关系，或者增添某种意义。

助词是附属词，不能单独构成句节，而是接在独立词后面，与独立词一起构成主语、连体修饰语、连用修饰语、谓语等，或连接句节、句子。

（1）助词与其前面的独立词一起构成主语。

> ☞　鈴木さんのお宅の前に、翌週、例の男が現れました。
> 　　（第二周，那个男人出现在铃木先生家门前。）
> ☞　私のふるさとは岩手県の花巻である。
> 　　（我的故乡是岩手县的花卷。）

（2）助词与其前面的独立词一起构成连体修饰语。

> ☞　ある夜、砂漠の気温が下がり、寒気に襲われた。
> 　　（一天夜里，沙漠气温下降，寒气袭人。）

（3）助词与其前面的独立词一起构成连用修饰语。

> ☞　相手はプレッシャーを感じます。
> 　　（对方会感到压力。）
> ☞　自転車で朝から晩まで田舎を走り回っている。
> 　　（骑着自行车从早到晚在乡下跑来跑去。）

（4）助词与其前面的独立词一起构成谓语。

> ☞　夏休みには、きっと行くよ。
> 　　（暑假时一定会去哦。）
> ☞　この部屋、広すぎるかしら？
> 　　（这个房间是不是太大了？）

（5）助词连接句节、句子。

> ☞　図星だった<u>から</u>、僕は何も答えなかった。
> 　　（他猜对了，所以我什么也没回答。）
> ☞　私たちが長い時間粘っ<u>て</u>、結局一円のお金も使わなく<u>ても</u>、店の人は嫌な顔をしなかった。
> 　　（我们待了很长时间，结果一日元也没花，店里的人也没有露出厌恶的表情。）

16.2　助词的分类

日语中助词为数众多，其分类方式也多种多样。

助词可以根据其接续、意义和职能等分为 4 种类型：格助词（格助詞）、接续助词（接続助詞）、副助词（副助詞）和终助词（終助詞）。

（1）格助词（格助詞）

格助词主要接在体言或相当于体言的词后面，说明该词与句中其他词之间的关系。

> ☞　格助詞：が、の、を、に、で、へ、と、から、より

（2）接续助词（接続助詞）

接续助词主要接在用言或助动词后面，连接前后句节或句子，并表示前后句节或句子在意义上的关系。

> ☞　接続助詞：ば、と、から、ので、ても、が、のに、て、ながら…

（3）副助词（副助詞）

副助词接在各种词后面，增添各种意义。

> ☞　副助詞：は、も、さえ、まで、ばかり、だけ、くらい、や、とか…

（4）终助词（終助詞）

终助词接在各种词后面，主要用于句末，表示各种语气。

> ☞　終助詞：か、かしら、ぞ、よ、わ、ね、さ、や、とも、っけ、の…

本课学习格助词和接续助词。

16.3　格助词

格助词（格助词）主要接在体言或相当于体言的词后面，说明该词与句中其他词之间的关系，也就是该词在句中的地位。

格助词共9个：「が」「の」「を」「に」「で」「へ」「と」「から」「より」。

下面介绍格助词的主要用法。

16.3.1　格助词「が」

「が」主要构成主语，表示进行某种动作、作用的主体或者拥有某种性质、状态的主体。

「が」也可以构成对象语，表示可能、愿望、好恶、巧拙的对象。偶尔还可以构成连体修饰语，相当于「の」，这是文语的残余。

格助词「が」的用法

	用法	用例
1	主語	☞ 責任者がやって来た。 （负责人来了。） ☞ 空が青いなあ。 （天好蓝啊！）
2	対象語	☞ 僕は、小鳥が大好きです。 （我很喜欢小鸟。） ☞ 彼は話が上手だった。 （他很会说话。）
3	連体修飾語	☞ そのことを、今が今までまったく知らなかったのだ。 （直到现在，我都完全不知道那件事。）

16.3.2　格助词「の」

「の」主要构成连体修饰语，修饰体言。

「の」有时还可以构成定语从句中的主语成分或对象语成分，相当于「が」。不过，要注意的是，并非所有定语从句中的主语成分或对象语成分都可以用「の」表示，当句式比较复杂、用「の」容易引起误解时，应该使用「が」。

格助词「の」的用法

	用法	用例
1	連体修飾語	☞ 彼女の部屋は一階だ。 （她的房间在一楼。） ☞ 餌は、鰹の小さいのを使ってる。 （鱼饵用的是小鲣鱼。）
2	主語	☞ おっしゃったことは私の考えていることと非常に近いです。 （您说的和我的想法非常接近。）
3	対象語	☞ 香水の嫌いな人もいるでしょう。 （也有人讨厌香水吧。）

16.3.3　格助词「を」

「を」主要构成宾语（目的語），表示他动词的动作、作用所涉及的对象。

「を」有时可以用于部分自动词谓语句，表示移动或经过的场所、经过的时间、出发点、分离点等，这些句子中的自动词往往表示移动、离开等含义。

格助词「を」的用法

	用法	用例
1	目的語	☞ 母の手作りの料理を食べる。 （吃妈妈亲手做的菜。） ☞ 地球温暖化は、人類の生存に深刻な影響を及ぼす。 （全球变暖将严重影响人类的生存。）
2	経路・通過点	☞ 二人は少し庭を歩いた。 （两人在院子里走了一会儿。）
3	経過時間	☞ 会津の人々は、その家訓に従って二百年を生きてきた。 （会津人遵循这条家训生活了两百年。）
4	出発点・分離点	☞ 浅見はすぐに部屋を出た。 （浅见立刻走出房间。） ☞ 3月に、智子は小学校を卒業した。 （3月，智子小学毕业了。）

16.3.4　格助词「に」

「に」的用法很多，主要构成连用修饰语，表示动作发生的时间点、存在的场所、动作的归着点、动作的对象、动作的目的、变化的结果、比较或比例的基准、原因或理由、状态、被动句的施动者、使役的对象等。

「に」有时可以构成对等句节，表示并列、添加等。

「に」偶尔还可以构成主语，用「には」「にも」等形式表示令人尊敬的主体或者具有某种能力的主体。

格助词「に」的用法

	用法	用例
1	時	☞ 彼女は、5時に起きあがり、大きな伸びをした。 （她5点起床，伸了个大大的懒腰。）
2	存在の場所	☞ 教室は西新宿にあります。 （教室在西新宿。）
3	動作の到着点	☞ 26時間の旅を終えて無事地球の反対側に着きました。 （结束了26个小时的旅行，平安到达了地球的另一边。）
4	動作の相手	☞ 僕は携帯電話を淳子ちゃんに渡した。 （我把手机递给淳子。）
5	動作の目的	☞ この店に毎日、一匹の魚を買いに来るお年寄りがいる。 （每天都有老人来这家店买一条鱼。）
6	変化の結果	☞ 霜の下りる季節になった。 （到了下霜的季节。）
7	比較・割合の 基準	☞ その動きが昆虫に似ている。 （它的动作很像昆虫。） ☞ 外来患者が一日に三百人にも及ぶ。 （门诊患者一天多达三百人。）
8	原因・理由	☞ 弥生時代後期の急激な遺跡増にびっくりした。 （弥生时代后期遗迹的急剧增加让我感到惊讶。）
9	状態	☞ 由紀は激しく顔を上下に動かしている。 （由纪的脸剧烈地上下晃动着。）
10	受身文の動作主	☞ それじゃあ泥棒に、やすやすと盗まれてしまいます。 （那就很容易被小偷偷走了。）
11	使役の対象	☞ 父は、息子に何かを学ばせようとしたのだろう。 （父亲是想让儿子学点什么吧。）
12	並立	☞ 鈴木さんに田中さんに高野さんが来ました。 （铃木、田中、高野都来了。）
13	添加	☞ 今朝お財布を無くして焦って探していたら、気づけばスマートフォンもポケットにない、こんな弱り目に祟り目の状況は初めてだ。 （今天早上钱包丢了，焦急地找着，发现手机也不在口袋里了，这种雪上加霜的情况还是第一次遇到。）

	用法	用例
14	尊敬すべき主体・能力を有する主体	☞ 皆様にはお元気でお過ごしのことと存じます。 （想必大家都很健康。） ☞ それは高校生にもできる仕事です。 （那是高中生也能做的工作。）

16.3.5　格助词「で」

　　「で」主要构成连用修饰语，表示动作或作用的场所、空间或时间的范围、限度或期限、手段或材料、动作进行时的状态、原因或理由等。

　　「で」有时可以构成主语，表示动作或状态的主体，通常使用「では」「でも」等形式。

格助词「で」的用法

	用法	用例
1	動作・作用の場所	☞ その人は何でもがんばりやさんで、仕事の傍ら土日は図書館で勉強するような人です。 （那人做什么都很努力，工作之余，周末还在图书馆学习。）
2	範囲	☞ 世界でも珍しいと言われる難病です。 （是世界上罕见的疑难杂症。） ☞ 一年で一番忙しい時が始まろうとしていた。 （一年中最忙碌的时刻就要开始了。）
3	限度・期限	☞ 約2年ぐらい前、秋葉原でプリンターを1万円で買いました。 （大约2年前，我在秋叶原花1万日元买了一台打印机。） ☞ 評価作業は3年間で終了する。 （评估工作将在3年内结束。）
4	手段・材料	☞ 市営地下鉄で北に向かい、烏丸御池という駅で降りる。 （乘坐市营地铁往北，在乌丸御池站下车。） ☞ 肩には竹で編んだ背負い籠があった。 （肩上背着一个竹编的背篓。）
5	動作の状態	☞ はだしで部屋を横切りました。 （光着脚穿过房间。）
6	原因・理由	☞ 妻が風邪で寝込んでます。 （妻子因为感冒卧床不起。）
7	動作・状態の主体	☞ 最後に訪ねた店では、私たちの希望に耳を傾けたあと、アドバイスさえしてくれた。 （最后去的那家店，在倾听了我们的愿望之后，甚至还给了我们建议。）

16.3.6　格助词「へ」

「へ」主要构成连用修饰语，最重要的用法是表示动作的方向。还可以表示动作的归着点、动作或作用的对象等。

格助词「へ」的用法

	用法	用例
1	動作の方向	☞ 台風は速い速度で北東へ進みます。 （台风以很快的速度往东北方向前进。） ☞ 葉っぱが、風でちぎれて海のほうへとんでいきます。 （叶子被风刮碎，向大海那边飞去。）
2	動作の到着点	☞ 山下と別れて、敦子は家へ帰った。 （与山下道别后，敦子回到家中。）
3	動作・作用の相手	☞ 弁護士へ電話した。 （给律师打了电话。） ☞ お父さんへのお土産がまだ決まっていません。 （给父亲的礼物还没决定。）

16.3.7　格助词「と」

「と」主要构成连用修饰语，表示动作的对象或动作的共同进行者、比较的对象、变化的结果、引用或思考等的内容、动作或作用的状态等。「と」后续否定表达方式时，有时可以表示限度。

「と」还可以构成对等句节，表示并列等。

格助词「と」的用法

	用法	用例
1	動作の相手・共同行為者	☞ 昨日、親と一緒にドラマを見ていた。 （我昨天和父母一起看了电视剧。） ☞ 明日その友人と会います。 （我明天和那个朋友见面。）
2	比較の対象	☞ この言葉の使用頻度は以前と比べてかなり低くなった。 （这个词的使用频率比以前低了很多。）
3	変化の結果	☞ 私は 11 年間、国立国会図書館に勤務し、その後退職して小説家となった。 （我在国立国会图书馆工作了11年，之后退休成为小说家。）
4	引用・思考などの内容	☞ 祐樹が眉根を寄せて、「全くの誤解です」と言った。 （祐树皱起眉头说："完全是误会。"）

	用法	用例
5	動作・作用の状態	☞ 次から次へと人が来て、一瞬の隙もなかった。 （人一个接一个地来，一刻也没有空隙。）
6	限度	☞ もう二度とこの人たちに会えないかもしれない。 （也许再也见不到这些人了。）
7	並立	☞ リンゴと蜂蜜がこの州の特産である。 （苹果和蜂蜜是这个州的特产。）

16.3.8　格助词「から」

　　「から」主要构成连用修饰语，最重要的用法是表示时间、空间、顺序等的起点。也可以表示动作或作用的起源、动作或作用经由的场所、动作或作用的起因、判断或比较的根据、构成事物的材料或要素等。还能表示起码的数量，强调数量之多。

　　「から」有时还可以构成主语，表示动作的主体。

格助词「から」的用法

	用法	用例
1	起点	☞ 例年にない猛暑が続き、その日も朝からぐんぐん気温が上がった。 （持续着往年没有的酷暑，那天从早上开始气温也直线上升。） ☞ 会社から東京駅まで1時間かかります。 （从公司到东京站要花1个小时。）
2	経由場所	☞ 彼はあわてて玄関から飛び出した。 （他急急忙忙地从大门跑了出去。）
3	動作・作用の出所	☞ 小遣いは親から送ってもらっている。 （零花钱都是父母寄来的。） ☞ 生徒達からお礼を言われた。 （学生们向我道谢了。）
4	起因	☞ 不注意から事故を起こしてしまいました。 （因为不小心引起了事故。）
5	判断・比較の根拠	☞ アンケート調査の結果から、以下のことが言えよう。 （根据问卷调查的结果，可以得出以下结论。）
6	材料・構成要素	☞ フルーツから作ったお酒で、アルコールの度数は30度くらいです。 （用水果酿造的酒，酒精的度数在30度左右。）

	用法	用例
7	数量の強調	☞ 空港周辺住民約 13000 人<u>から</u>の損害賠償請求に係る調停手続が進められている。 （有关机场周边居民 13000 多人损害赔偿请求的调解程序正在进行中。）
8	動作の主体	☞ 主な考え方だけを私<u>から</u>申し上げます。 （我只说主要的想法。）

16.3.9 格助词「より」

「より」主要构成连用修饰语，最重要的用法是表示比较的基准。

「より」还可以表示时间或空间上的起点，比「から」更为郑重。「より」后续否定表达方式时，有时可以表示限定。

格助词「より」的用法

	用法	用例
1	比較の基準	☞ 北海道は四国や九州<u>より</u>面積が広い。 （北海道比四国和九州面积大。） ☞ ビタミンは、牛乳<u>より</u>も野菜や海草から補給するべきです。 （比起牛奶，更应该从蔬菜和海草中补充维生素。）
2	起点	☞ 15 日月曜日午前 10 時<u>より</u>開会します。 （15 日星期一上午 10 点开幕。） ☞ JR 京都駅<u>より</u>徒歩 7 分。 （从 JR 京都站步行 7 分钟。）
3	限定	☞ 私には、この言葉を繰り返す<u>より</u>ほかに言葉がなかった。 （我只能重复这句话。） ☞ やはり、この道を行く<u>より</u>しかたがない。 （果然只能走这条路。）

除了上述格助词，日语中还存在「に対して」「にとって」「について」「につき」「によって」「をもって」「にかけて」「にわたって」「として」「を問わず」「において」等复合格助词（複合格助詞），其主要用法归纳如下。

复合格助词主要用法

	語例	用法	用例
1	に対して	対象	☞ 彼女に対して反感を抱いているわけではなかった。 （并不是对她反感。）
		対比	☞ これは立法提案のときの国税庁の解釈です。それに対して、税理士会の見解は広いのです。 （这是立法提案时国税厅的解释。与此相对，税务师协会的见解则较为广泛。）
2	にとって	価値判断・評価の立場	☞ 私にとって、母親はまさにヒーローでした。 （对我来说，母亲就是英雄。）
		関係を捉える立場	☞ 私にとっては弟、十三郎にとっては叔父ということになります。 （对我来说是弟弟，对十三郎来说是叔父。）
3	について	動作・作用の対象	☞ 年金について教えていただきたいことがあります。 （关于养老金我想请教一下。）
		数量的対応	☞ 学生一人について経費が一万円かかる。 （每个学生需要一万日元的经费。）
4	によって	方法	☞ 私たちは、インターネットによって、世界各地の人たちの姿をリアルタイムで見ることができる。 （通过互联网，我们可以实时看到世界各地人们的身影。）
		原因・理由	☞ 悪天候や、飢えや病によって大きな損害をこうむった。 （由于恶劣天气、饥饿和疾病，蒙受了巨大的损失。）
		材料・構成要素	☞ あらゆる物質はこれらの元素の組み合わせによってできている。 （所有的物质都由这些元素组合而成。）
		変化・対応	☞ 当然人によって差がある。 （当然因人而异。）
		受身の動作主	☞ 胃は粘膜と粘液によって守られている。 （胃由粘膜和黏液保护。）

	語例	用法	用例
5	をもって	体裁・形式	☞ 文書をもって通知いたします。 （我会以书面形式通知您。）
		開始や終了の区切り	☞ 日本の会計年度は、3月31日をもって終了する。 （日本的会计年度于3月31日结束。）
6	にかけて	空間的・時間的範囲（両端）	☞ この本は1916年の10月から年末にかけて書かれた。 （这本书写于1916年10月至年底。）
7	にわたって	空間的・時間的範囲（全体）	☞ 彼は約十カ月にわたって、東南アジアとヨーロッパ、アメリカを視察してまわった。 （他用约十个月的时间，考察了东南亚、欧洲和美国。）
8	として	資格・立場	☞ 青年作家代表大会で受賞者代表として大会挨拶をした。 （在青年作家代表大会上作为获奖者代表作了大会致词。）
9	を問わず	多様性に対する不変化	☞ 最近では、老若男女を問わず自動車を運転するようになってきました。 （最近,不论男女老少都开始开车了。）
10	において	事態が生じる場所	☞ 本書は、山口大学において開催された公開シンポジウム『21世紀後半の言語』に関する報告書である。 （本书是关于在山口大学召开的公开研讨会《21世纪后半叶的语言》的报告。）

16.4 接续助词

接续助词（接続助詞）主要接在用言或助动词后面，连接前后句节或句子，并表示前后句节或句子在意义上的关系。

接续助词所表示的句节或句子之间的关系主要可以分为3大类型：条件（条件）、并列（並立）和补助（補助）。

条件可以分成假定条件（仮定条件）和确定条件（確定条件）。

假定条件和确定条件又分别包含顺态接续（順態接続）和逆态接续（逆態接続）。顺态接续，简称为顺接（順接）；逆态接续，简称为逆接（逆接）。

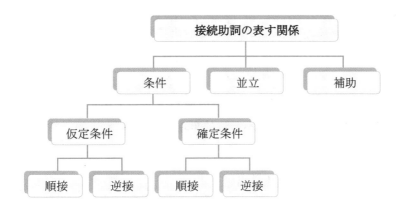

（1）顺接假定条件（順接仮定条件）

　　順接假定条件，指接续助词所连接的前后句节或句子中，前项表示假定的事项，后项表示在前项条件下发生与预期相一致的事项。

☞　雨が降れば、外出しない。
　　（如果下雨，就不出门。）

可以表示顺接假定条件的接续助词如下：

☞　順接仮定条件：ば、と、ては…

（2）顺接确定条件（順接確定条件）

　　順接确定条件，指接续助词所连接的前后句节或句子中，前项表示既定的事项，后项表示在前项条件下发生与预期相一致的事项。

☞　雨が降ったので、外出しなかった。
　　（因为下雨了，所以没有出门。）

可以表示顺接确定条件的接续助词如下：

☞　順接確定条件：ば、と、から、ので、て、なり…

（3）逆接假定条件（逆接仮定条件）

　　逆接假定条件，指接续助词所连接的前后句节或句子中，前项表示假定的事项，后项表示在前项条件下发生与预期不一致的事项。

☞　雨が降っても、外出する。
　　（即使下雨，也要出门。）

可以表示逆接假定条件的接续助词如下：

271

> ☞ 逆接仮定条件：ても、たって、と、ところで…

（4）逆接确定条件（逆接確定 条件）

逆接确定条件，指接续助词所连接的前后句节或句子中，前项表示既定的事项，后项表示在前项条件下发生与预期不一致的事项。

> ☞ 雨が降ったが、外出した。
> （虽然下雨了，但我还是出门了。）

可以表示逆接确定条件的接续助词如下：

> ☞ 逆接確定条件：が、けれども、ても、のに、ながら…

（5）并列关系（並立の関係）

并列关系，指接续助词所连接的前后句节或句子是对等关系。

> ☞ 雨が降ったり、風が吹いたりする。
> （一会儿下雨，一会儿刮风。）

可以表示并列关系的接续助词如下：

> ☞ 並立の関係：て、し、ながら、つつ、たり、ば…

（6）补助关系（補助の関係）

补助关系，指接续助词所连接的前后句节中，后项是补助用言，对前项起意义上的补助作用。

> ☞ 雨が降っている。
> （正在下雨。）

可以表示补助关系的接续助词如下：

> ☞ 補助の関係：て

常用接续助词有「ば」「と」「なり」「や」「ては」「ものなら」「から」「ので」「ても」「とも」「たって」「ところで」「が」「けれども」「ものの」「のに」「ものを」「て」「し」「ながら」「つつ」「たり」等。

下面介绍常用接续助词的主要用法。

16.4.1　接续助词「ば」

　　「ば」接在用言或助动词假定形后面，主要用于顺接假定条件、顺接确定条件、恒常条件等，还能以「～と言えば」「～によれば」等形式表示话题、根据。

　　「ば」还可以构成对等句节，表示并列等。

接续助词「ば」的用法

	用法	用例
1	顺接仮定条件	☞ 気に入らなければ、あとで取り替えることもできる。 （如果不满意，之后还可以更换。）
2	顺接確定条件	☞ 雪の季節に入れば、彼らの足も遠のいた。 （进入下雪的季节，他们走得更远了。）
3	恒常条件	☞ 大木は生ある限り、春になれば多くの葉を繁らせ、秋になれば地面に葉を散らす。 （大树只要还活着，到了春天就会枝繁叶茂，到了秋天就会满地落叶。）
4	話題・根拠	☞ 日本では、杉田玄白と言えば、ほとんど知らない人はない。 （在日本，提起杉田玄白，几乎无人不知。） ☞ 「小規模企業実態調査」によれば、中小企業経営者は後継者に求められる資質として統率力、判断力、行動力、先見性等をあげている。 （根据"小规模企业实态调查"，中小企业经营者认为接班人需要的资质有统帅力、判断力、行动力、前瞻性等。）
5	並立	☞ 勝つこともあれば、負けることもある。 （有赢的时候，也有输的时候。）

16.4.2　接续助词「と」

　　「と」接在用言或助动词终止形后面，主要用于顺接假定条件、顺接确定条件、恒常条件等。

　　当用于顺接确定条件时，「と」可以表示同一主体紧接着进行的两项动作、作用，或不同主体同时进行的动作、作用，还可以表示前项是后项产生的契机等。

　　还能以「～と言うと」「～によると」等形式表示话题、根据。

　　此外，「と」接在「う」「よう」「まい」等助动词的终止形后面时，可用于逆接假定条件。

接续助词「と」的用法

	用法	用例
1	順接仮定条件	☞ 明りが点いていない<u>と</u>、真っ暗だろう。 （不开灯的话，会一片漆黑吧。）
2	順接確定条件	☞ 彼は部屋をとび出る<u>と</u>、薬局へ向かった。 （他冲出房间，向药店走去。） ☞ 玄関に入る<u>と</u>、見知らぬ男性がいる。 （一进大门，就看到一个陌生的男人。） ☞ 試してみる<u>と</u>、大成功だった。 （试了一下，大获成功。）
3	恒常条件	☞ 氷を融かす<u>と</u>、水になる。 （冰融化，变成水。）
4	話題・根拠	☞ これは何故かと言う<u>と</u>、人間には「理性」があるからです。 （要说这是为什么，是因为人类有"理性"。） ☞ 令和元年度調査による<u>と</u>、青少年の体力は次のとおりである。 （据令和元年度调查，青少年体能情况如下。）
5	逆接仮定条件	☞ 何と言われよう<u>と</u>、わたしにはわたしの周囲で生きている人たちがいちばん大事だ。 （不管别人怎么说，对我来说，生活在我周围的人是最重要的。） ☞ 容器を密閉していよう<u>と</u>、していまい<u>と</u>同じことだ。 （无论容器是否密封，都是一样的。）

16.4.3 接续助词「なり」

「なり」接在动词或助动词终止形后面，主要用于顺接确定条件，连接同时或紧接着进行的两项动作或作用，相当于「とすぐ」。

还能以「～たなり～」的形式表示在维持前项状态的情况下，进行后项动作，相当于「～たまま～」。

接续助词「なり」的用法

	用法	用例
1	順接確定条件	☞ 彼は、近藤の部屋に入る<u>なり</u>、そう言った。 （他一进近藤的房间就那么说。） ☞ コーラが運ばれてくる<u>なり</u>、弟はそれを一気に飲んでしまった。 （可乐刚端上来，弟弟就一口气喝光了。）
2	状態の維持	☞ 良太は頭を垂れた<u>なり</u>、じっと動かなかった。 （良太一直低着头，一动也不动。）

16.4.4　接续助词「や」

　　「や」主要接在动词终止形后面，用于顺接确定条件，连接同时或紧接着进行的两项动作或作用，相当于「とすぐ」，也可以使用「や否や」的形式。接续助词「や」一般作为书面语使用。

接续助词「や」的用法

用法	用例
顺接确定条件	☞　二人が秀吉の意を伝える<u>や</u>、織田信雄は、一も二もなく、「よろしい」承知をした。 （二人转达秀吉的意思后，织田信雄立刻答应道："好。"） ☞　私は、大学を卒業する<u>や</u>、関東地方のアクセント分布から調べはじめた。 （大学一毕业，我就开始调查关东地区的声调分布。） ☞　この言葉を聞く<u>や否や</u>、わたしは思わず泣いてしまった。 （一听到这句话，我就忍不住哭了。）

16.4.5　接续助词「ては」

　　「ては」接在动词、形容词或动词型活用、形容词型活用助动词连用形后面。接在发生拨音便和ガ行イ音便的五段活用动词后面时变成「では」。

　　「ては」用于顺接假定条件、顺接确定条件、动作的反复等。

　　当「ては」用于顺接假定条件和顺接确定条件时，后项多为消极或否定的结果。

接续助词「ては」的用法

	用法	用例
1	顺接仮定条件	☞　邪魔され<u>ては</u>困る。 （如果被打扰可就麻烦了。）
2	顺接確定条件	☞　こんなに人数が少なく<u>ては</u>仕事にならない。 （人数这么少，干不了活。）
3	動作の反復	☞　お姉ちゃんの思い出が次々に浮ん<u>では</u>消えた。 （关于姐姐的回忆一个接一个浮现出来又消失了。）

16.4.6　接续助词「ものなら」

　　「ものなら」可以接在表示可能意义的动词或助动词的连体形后面，用于顺接假定条件，前项一般是讲话人认为不太可能实现的事项。

「ものなら」还可以接在推量助动词「う」「よう」的连体形后面，用于顺接假定条件，后项多为消极或否定的结果。

接续助词「ものなら」的用法

用法	用例
顺接仮定条件	☞ 逃げられる<u>ものなら</u>、もう一度やってみろ。 （如果你逃得掉，就再试一次看看。） ☞ 選挙のときの公約を破ったりしよう<u>ものなら</u>、大変な騒ぎになる。 （如果违反选举时的诺言，就会引起很大的骚动。）

16.4.7　接续助词「から」

「から」接在用言或助动词终止形后面，主要用于顺接确定条件，表示原因或理由。后项多为主观性强的表达方式，如表示讲话人的主张、意志、推测、请求、命令等。

接续助词「から」的用法

用法	用例
原因・理由	☞ 間違った方向に進んでしまうかもしれません<u>から</u>、気をつけましょう。 （可能会走错方向，所以要小心啊！） ☞ 生まれつき体が丈夫だった<u>から</u>、耐えられたのだろう。 （大概是天生身体就很好，所以能坚持下来吧。） ☞ さっきと同じように、一つ一つ聞いていきます<u>から</u>、答えてください。 （我会和刚才一样，一个一个地问，请回答。）

16.4.8　接续助词「ので」

「ので」接在用言或助动词连体形后面，主要用于顺接确定条件，表示原因或理由。

与接续助词「から」不同，「から」所表示的因果关系基于讲话人的主观判断，而「ので」所表示的因果关系一般基于客观事实。因此，「ので」比「から」语气更郑重、委婉。

接续助词「ので」的用法

用法	用例
原因・理由	☞ 六時半になったら、レストランへ行こうと約束していたので、まだ時間はたっぷりあった。 （我们约好了六点半去餐厅，所以时间还很充裕。） ☞ お金がないので、小さい店しか借りられなかった。 （因为没钱，所以只能租间小店。） ☞ 私のパート仕事は立ち仕事なので、午前中だけでも疲れる。 （我的兼职是站着工作的，光是上午就很累。） ☞ うちの息子が、ちょっと話をしたいというので、お聞きいただけませんか？ （我儿子想和您说几句话，您能否听听啊？）

16.4.9　接续助词「ても」

　　「ても」接在动词、形容词或动词型活用、形容词型活用助动词连用形后面。接在发生拨音便和ガ行イ音便的五段活用动词后面时变成「でも」。

　　「ても」用于逆接假定条件、逆接确定条件等。

接续助词「ても」的用法

	用法	用例
1	逆接仮定条件	☞ 教えても、信じないだろう。 （即使告诉他，他也不会相信吧。） ☞ お母さんが車を運転できるなら、多少遠くても問題ないと思います。 （如果妈妈会开车的话，稍微远一点也没有问题。）
2	逆接確定条件	☞ いくら考えても、結論は出なかった。 （无论怎么想，也没有得出结论。） ☞ 使用許諾書を読んでもわかりませんでした。 （尽管读了使用承诺书也不明白。）

16.4.10　接续助词「とも」

　　「とも」接在形容词连用形或助动词「う」「よう」等的终止形后面，偶尔也可以接在动词终止形后面。

　　「とも」用于逆接假定条件、逆接确定条件等。一般作为书面语使用。

接续助词「とも」的用法

	用法	用例
1	逆接仮定条件	☞ どんなに痛く<u>とも</u>我慢するよ。 （再疼我也会忍着啊！） ☞ たとえ危険があろう<u>とも</u>外の世界に自分は出たいのだ。 （即使有危险，自己也想去外面的世界。）
2	逆接確定条件	☞ 表に出なく<u>とも</u>、これは天下周知のこととなった。 （即使没有公开，也已经成为天下周知的事情。）

16.4.11　接续助词「たって」

「たって」接在动词、形容词或动词型活用、形容词型活用助动词连用形后面。接在发生拨音便和ガ行イ音便的五段活用动词后面时变成「だって」。

另外，还能以「ったって」的形式接在用言或助动词终止形后面，表示强烈的逆接，相当于「といっても」「としても」的意思。

「たって」用于逆接假定条件、逆接确定条件等。是口语中比较随便的说法。

接续助词「たって」的用法

	用法	用例
1	逆接仮定条件	☞ こんなの飲ん<u>だって</u>なんにもならないよ。 （这种东西即使喝了也完全没用啊！） ☞ でもさ、来る<u>ったって</u>、おれたちの小屋は今のメンバーで一杯だからなぁ。 （不过，就算要来，我们的小屋已经被现在的成员塞满了啊。）
2	逆接確定条件	☞ なんにもなかったとおまえが言っ<u>たって</u>信じようがない。 （就算你说什么都没有，我也无法相信。） ☞ いくらスピードが速く<u>たって</u>、避けたりすることくらいできたんじゃないか。 （就算速度再快，也能避开吧。）

16.4.12　接续助词「ところで」

「ところで」一般接在过去、完了助动词「た」终止形后面，用于逆接假定条件、逆接确定条件等。后项多为消极或否定的结果，不能使用「～てください」「～ましょう」等表达方式。

接续助词「ところで」的用法

	用法	用例
1	逆接仮定条件	☞ 大人たちに訊いた<u>ところで</u>誰も相手にしてくれまい。 （就算问大人们，也没人搭理我吧。） ☞ 社長一人懲らしめた<u>ところで</u>大勢に影響はないでしょう。 （就算惩罚社长一个人，也不会对大局造成影响吧。）
2	逆接確定条件	☞ ここで騒ぎ立てた<u>ところで</u>、どうにもなりはしない。 （即使在这里吵吵嚷嚷，也无济于事。）

16.4.13　接续助词「が」

　　「が」接在用言或助动词终止形后面，用于逆接确定条件、并列或对比、单纯接续等。

　　此外，「が」接在「う」「よう」「まい」等助动词的终止形后面时，可用于逆接假定条件。

接续助词「が」的用法

	用法	用例
1	逆接確定条件	☞ じっと耳を澄してみた<u>が</u>、物音一つ聞こえない。 （我一动不动地侧耳倾听，却听不到任何声音。） ☞ ぶっきらぼうな言い方だった<u>が</u>、悪意はなさそうだ。 （虽然语气生硬，但似乎没有恶意。）
2	並立・対比	☞ 彼が外出中という可能性もある<u>が</u>、家にいる可能性もある。 （他有可能外出了，也有可能在家。） ☞ 自然のエネルギーを利用するということは、人間には優しい<u>が</u>、自然には厳しい。 （利用大自然的能量，对人类很友好，对大自然却很苛刻。）
3	単純な接続	☞ 突然ですみません<u>が</u>、ここで自己紹介をさせてください。 （很突然，不好意思，请允许我在这里做一下自我介绍。）
4	逆接仮定条件	☞ どんなに姿を変えよう<u>が</u>、きみの正体はバレているんだよ。 （不管怎么改变形象，你的真面目都暴露了啊！） ☞ 気がつこう<u>が</u>つくまい<u>が</u>、彼女はただ自分のペースで変化し、成長していくのかもしれない。 （不管我有没有注意到，她也许只是按照自己的步调变化成长着。）

16.4.14　接续助词「けれども」

　　「けれども」接在用言或助动词终止形后面，用于逆接确定条件、并列或对比、单纯接续等。

「けれども」主要在口语中使用，语气比较郑重。还可以略成「けれど」「けども」「けど」，语气较随便。

接续助词「けれども」的用法

	用法	用例
1	逆接確定条件	☞ すこしむずかしいけど、おもしろいな。 （虽然有点难，但很有趣啊！） ☞ 今までは、本とか読んで参考にし慎重に面接に挑んだんだけども、受かった試しがない。 （到现在为止，我读了书作为参考，慎重地挑战面试，但是没有一次通过。） ☞ 美香が何か答えたけれども、小声で聞き取れなかった。 （美香回答了些什么，但声音太小没听清。）
2	並立・対比	☞ 昨日は安かったけれど、今日は通常値段です。 （昨天很便宜，今天是平常的价格。）
3	単純な接続	☞ このように思いますけれども、いかがでしょうか。 （我是这样想的，您觉得怎样呢？）

16.4.15　接续助词「ものの」

「ものの」接在用言或助动词连体形后面，用于逆接确定条件。「ものの」的前项表示某一事实，后项表示与前项不相符的另一事实，多指前项事态没有进一步发展。

「ものの」经常作为书面语使用。

接续助词「ものの」的用法

用法	用例
逆接確定条件	☞ これらの点で少しずつ改善が見られるものの、まだとても十分とはいえない。 （虽然在这些方面有所改善，但还远远不够。） ☞ 多少の問題が起きたものの、何とか無事に終わった。 （虽然发生了一些问题，但总算顺利结束了。） ☞ 幸いなことに、風は強いものの、いまは霧は出ていなかった。 （幸运的是，虽然风很大，但现在没有起雾。） ☞ 謎を解いてはみたものの、彼は少しも気分が晴れなかった。 （虽然解开了谜团，但他的心情一点也不愉快。） ☞ 電灯だからいいようなものの、ガスででもあったら大変ですよ。 （因为是电灯还好，如果是煤气可就麻烦了。） ☞ 件数が減ったとはいうもの依然としてあることは事実です。 （虽然数量减少了，但依然存在，这是事实。）

16.4.16　接续助词「のに」

　　「のに」接在用言或助动词连体形后面，用于逆接确定条件，大多含有反常、意外、不满等语气。

接续助词「のに」的用法

用法	用例
逆接確定条件	☞ 時計は一時をまわった<u>のに</u>、だれも昼食をとらない。 （时钟已经过了一点，却没有人吃午饭。） ☞ 戻りたい<u>のに</u>、戻れない。 （想回去，却回不去。） ☞ お互いに初対面な<u>のに</u>、なんとなくずっと昔から知りあいだったような気がした。 （明明彼此是第一次见面，但总觉得好像很久以前就认识了。） ☞ みんな行ってしまう<u>のに</u>、なぜおまえは残っているのか。 （大家都走了，为什么你还留在这里？） ☞ 雨が降っているせいか、土曜日だという<u>のに</u>、人通りが思ったより少ない。 （也许是因为下雨的缘故，虽然是星期六，路上的行人却比想象中要少。）

16.4.17　接续助词「ものを」

　　「ものを」接在用言或助动词连体形后面，用于逆接确定条件。「ものを」的前项表示期待的内容，后项则指出事实情况，大多含有不满、后悔等语气，相当于「のに」的意思。

接续助词「ものを」的用法

用法	用例
逆接確定条件	☞ それならば初めから愛想よく挨拶すればいい<u>ものを</u>、そう簡単にできないのがこの年頃の厄介なところなのだ。 （如果是这样的话，一开始热情打招呼就好了，但不是那么简单就能做到的，这正是这个年纪的麻烦所在。） ☞ もっと勉強していれば受かった<u>ものを</u>、いつもゲームばかりしているからそうなるんだ。 （本来只要再努力学习就能考上的，却因为总是玩游戏才变成那样。）

16.4.18　接续助词「て」

「て」接在动词、形容词或动词型活用、形容词型活用助动词连用形后面。接在发生拨音便和ガ行イ音便的五段活用动词后面时变成「で」。

「て」的用法较多，可以构成对等句节，表示顺序、并列或添加等。

「て」也可以用于顺接确定条件，表示原因或理由、方法或手段等。偶尔用于逆接确定条件，相当于「のに」的意思。

「て」还可以连接用言和补助用言，表示句节间的补助关系。

接续助词「て」的用法

	用法	用例
1	顺序	☞ 魚はさっと洗ってキッチンペーパーで水気を取ります。 （把鱼快速洗一下，用厨房用纸吸干水分。）
2	並立・添加	☞ 目玉が大きく、触角は細くて短い。 （眼珠很大，触角又细又短。）
3	原因・理由	☞ レモンの味が濃くて、おいしいです。 （柠檬的味道很浓，很好吃。）
4	方法・手段	☞ 母と買い物をして二人で歩いて帰ったことがある。 （我曾经和妈妈买完东西，两个人走着回家。）
5	逆接確定条件	☞ 見て見ぬ振りをすることが、相手に対する深い思いやりの表現であることもある。 （睁一只眼闭一只眼，有时是对对方深切关怀的表现。）
6	補助	☞ 今でもそう思っている。 （我现在也这么想。）

16.4.19　接续助词「し」

「し」接在用言或助动词终止形后面，可以构成对等句节，表示并列等。

「し」也可以用于顺接确定条件，列举一个或一个以上的主要事实或条件作为后项的原因或理由等。

接续助词「し」的用法

	用法	用例
1	並立	☞ 体は丈夫だし、まだ若い。 （身体结实，还很年轻。） ☞ ストーリーが泣けるし、音楽と雰囲気もいい。 （故事情节催人泪下，音乐和氛围也很好。）

	用法	用例
2	原因·理由	☞ 目標設定の仕方も無理がないです<u>し</u>、きっと成功すると思いますよ。 （设定目标的方法也很合理，我想一定会成功的。） ☞ 日陰に入れば、風はとても涼しい<u>し</u>、緑も多い<u>し</u>良い所だと思います。 （在背阴处的话，风很凉爽，绿色也很多，我认为是个好地方。）

16.4.20　接续助词「ながら」

　　「ながら」接在动词或动词型活用助动词连用形后面，也接在形容词或形容词型活用助动词终止型后面，还接在形容动词词干、名词、少数副词后面。

　　「ながら」可以表示两项动作同时进行，也可以用于逆接确定条件。还可以表示保持某种状态，相当于「～のまま」「～のとおり」。

接续助词「ながら」的用法

	用法	用例
1	動作の並行	☞ いろんな意見を聞き<u>ながら</u>ゆっくり選びましょう。 （一边听取各种意见一边慢慢选择吧。） ☞ 博士は笑い<u>ながら</u>出ていった。 （博士笑着走了出去。）
2	逆接確定条件	☞ これは、短い<u>ながら</u>もかなり込み入った内容を持つ作品である。 （这是一部短小但内容相当复杂的作品。） ☞ ぼくが来るのがわかっていた<u>ながら</u>外出したことですよ。 （明知道我要来，却还出去了。） ☞ 小柄<u>ながら</u>立派な体格をお持ちであった。 （虽然身材矮小，但体格健壮。）
3	状態の維持	☞ そこへ私はたびたび行って、店先に立ち<u>ながら</u>、並べてあるいろいろの書物を読むことにしていた。 （我经常去那里，站在店门口阅读摆放着的各种书籍。） ☞ いつも<u>ながら</u>、みごとだった。 （一如既往地出色。）

16.4.21　接续助词「つつ」

　　「つつ」接在动词或动词型活用助动词连用形后面，可以表示两项动作同时进行，也可以用于逆接确定条件等，相当于「ながら」的意义。

　　「つつ」还能以「～つつある」的形式表示动作、作用的持续，相当于「～ている」的意义。

　　「つつ」经常作为书面语使用。

接续助词「つつ」的用法

	用法	用例
1	動作の並行	☞ 多くの人たちが、さまざまな問題を抱え、悩みつつ生きている。 （很多人都带着各种各样的问题，一边烦恼一边生活着。） ☞ 私はかなり長い間、早百合の姿を捜しつつ、長野市内を廻ったが、成果はなかった。 （我花了很长时间寻找早百合的身影，在长野市内转了一圈，却一无所获。）
2	逆接確定条件	☞ 害があると知りつつやめられないのか。 （明知有害却不能戒掉吗？） ☞ 当てにならないと思いつつも、期待していました。 （虽然觉得不可靠，但还是很期待。）
3	動作・作用の継続	☞ あの島は美しい海岸線をもち、観光地として発展しつつある。 （那个岛拥有美丽的海岸线，作为旅游观光地，正在发展中。）

16.4.22　接续助词「たり」

「たり」接在用言或助动词连用形后面。接在发生拨音便和ガ行イ音便的五段活用动词后面时变成「だり」。

以「～たり～たり」等形式构成对等句节，表示并列。

也可以列举某一个动作或状态，暗示存在其他同类动作或状态。

接续助词「たり」的用法

	用法	用例
1	並立	☞ ハーブはとれた地域によって、香りが強かったり弱かったりします。 （香草根据采摘地区的不同，香味有浓有淡。） ☞ 関西だったり、関東だったりで、その日でないと行き先はわかりません。 （有时是关西，有时是关东，不到当天不会知道目的地。） ☞ 今なお人類は、話しながら顔をやわらげたり、緊張させたり、手を振ったり、こぶしを握ったりして言語表現を助けています。 （时至今日，人类仍在一边说话，一边用表情缓和、紧张、挥手、握拳等方式来帮助语言表达。）
2	例示	☞ 直美さん、どうして泣いたりするの？ （直美，你为什么哭啊？） ☞ 外から眺めるのと、実際に生活してみるのとでは、大違いだったりします。 （外部眺望与实际生活，有时会有很大不同。）

📝 课外练习

一、次の文中の下線を引いた「の」の品詞名を（　　　　　）の中に書きなさい。

　懐中時計が筆笥 ₐの向う側へ落ちて一人でチクタクと動いておりました。

　鼠が見つけて笑いました。

「馬鹿だなあ。誰も見る者はない ʙのに、何だって動いているんだねえ」

「人 ᴄの見ない時でも動いているから、いつ見られても役に立つ ᴅのさ」

と懐中時計は答えました。

「人 ᴇの見ない時だけか、または人が見ている時だけに働いているものはどちらも泥棒だよ」

　鼠は恥かしくなってコソコソと逃げて行きました。

「の」の品詞名：

A（　　　　　　　）　　　　　　B（　　　　　　　　）

C（　　　　　　　）　　　　　　D（　　　　　　　　）

E（　　　　　　　）

二、次の段落の中から格助詞を見つけ、線を引きなさい。

　私はその人を常に先生と呼んでいた。だからここでもただ先生と書くだけで本名は打ち明けない。これは世間を憚かる遠慮というよりも、その方が私にとって自然だからである。私はその人の記憶を呼び起すごとに、すぐ「先生」といいたくなる。筆を執っても心持は同じ事である。よそよそしい頭文字などはとても使う気にならない。

（夏目漱石『こころ』より）

三、次の各文中の下線を引いた言葉の品詞名を（　）の中に書きなさい。

　（注意：助詞や助動詞は必ずその下位分類の名で書きなさい。）

1. これとは関係ない。（　　　　　　　　　　）

2. 火事と聞くと飛び起きた。（　　　　　　　　　）（　　　　　　　　　）

3. 堂々と行進する。（　　　　　　　　　）

4. この絵は生き生きとしている。（　　　　　　　　）

5. 「どなたですか」と春花は尋ねた。すると、電話は切れてしまった。

　（　　　　　　　　　　）

6. お友達との旅行に行ってもいいですよ。（　　　　　　　　　）

7. 鏡に映ったあさみの顔からは、すっかり血の気が失せていた。と、突然、携帯から声が聞こえてきた。（　　　　　　　　）

8. 人数は少ない<u>が</u>、意気込みは高い。（　　　　　　　　　　）

9. わたしはビール<u>が</u>好きです。（　　　　　　　　　）

10. 風<u>が</u>ひんやりと湿気を帯びていた。（　　　　　　　　）

11. ところ<u>が</u>、ここに新しい問題が生じた。（　　　　　　　　）

12. ここに着陸し始めたところ<u>が</u>、どうしてもいつもの調子が出ない。
　　（　　　　　　　　）

13. 兄はサラリーマン<u>で</u>、弟は教員です。（　　　　　　　　）

14. けさは水道が断水<u>で</u>水が出なかった。<u>で</u>、わたしは食事もできず会社へ出た。
　　（　　　　　　　）（　　　　　　　　）

15. 教科書を見ない<u>で</u>答えなさい。（　　　　　　　　）

16. 毎日楽しそう<u>で</u>いいね。（　　　　　　　）

17. 彼は北京<u>で</u>生まれ、北京<u>で</u>育った。（　　　　　　　）（　　　　　　　　）

18. この点も非常に心配<u>で</u>す。（　　　　　　　　）

19. <u>で</u>、その時間は何をしていた？（　　　　　　　　）

20. あの人は機知をもって有名<u>で</u>ある。（　　　　　　　　）

21. ニンニクせんべいを売っていたよう<u>で</u>、いまは空地になっている。
　　（　　　　　　　　）

22. 高校時代からやっていたそう<u>で</u>、かなりうまいみたい<u>で</u>すよ。
　　（　　　　　　　）（　　　　　　　　）

23. だ<u>から</u>、あと五年待ってください。（　　　　　　　　）

24. おもしろそうだ<u>から</u>ぼくにも見せてほしいな。（　　　　　　　　）

25. だれがなんと言おうとわたしはやめない<u>から</u>。（　　　　　　　　）

26. 9月に入って<u>から</u>急に涼しくなった。（　　　　　　　　）

27. 手で習い、目で習い、それ<u>から</u>更に心で習ったと聞いて、私は一瞬どきりとした。
　　（　　　　　　　）

28. いまの知事が若くて、僕なんか<u>より</u>はるかにやる気がある。（　　　　　　　　）

29. 曲は自分がどんな歌を歌いたいかに<u>より</u>ます。（　　　　　　　　）

30. 意見をぶつけあってこそ、<u>より</u>よい方法を見つけられる。（　　　　　　　　）

四、次の（　　）の中に仮名一字ずつ助詞を書き入れなさい。

1. 汽車が山の下（　　　）通る。

2. 行こう（　　）行くまい（　　）僕の勝手だ。

3. この時計は2千円（　　）（　　）する。

4. 日（　　）暮れかかったころ、青い鳥（　　）二羽鳴いているのが見えた。

5. 利用者（　　）の説明はどのようにしたらよいでしょうか。

6. 次の潮なり波なりがどこからかやってくるのを待つ（　　）（　　）ほかない。

7. われ（　　）（　　）（　　）うまくやった。

8. 体に悪いと知り（　　）（　　）も酒を飲む。

9. どんな事があろう（　　）（　　）秘密は守らなければならない。

10. 失敗しよう（　　）（　　）（　　）（　　）、首になるかもしれない。

11. 起きる（　　）否（　　）飛び出した。

12. 我慢はした（　　）（　　）（　　）、なんともやりきれない。

13. そんなものにすわっ（　　）（　　）、こわれるぞ。

14. 知りたいと思っ（　　）（　　）、その機会がない。

15. 美香が何か答えた（　　）（　　）（　　）（　　）、小声で聞き取れなかった。

16. みんな行ってしまう（　　）（　　）、なぜおまえは残っているのか。

17. 沈黙が続け（　　）、お互いに気まずくなって、とても会話が弾む方向には進まないだろう。

五、次の日本語を中国語に訳しなさい。

1. 失敗は往々にして不注意により生ずる。

2. 安いといったところで５万円は下るまい。

3. 行ったなり帰らない。

4. うそをつこうものなら、ただではおかない。

5. 行ってはみたがだめだった。

6. 施設は広場・ボランティアルーム・研修室からなっている。

7. 誰が聞いたって、信じられないでしょう。

8. あなたは知っていながら、わざとそれを打ち消していらっしゃるのだ。

9. 介護という面からは少なくとも十年前の老人病院のイメージからすれば改善はされつつある。

10. 春先で積もった雪が溶けては凍り、溶けては凍りして無数のつららをぶら下げている。

六、次の各文の（　　）の中から正しいものを選んでその記号に〇を付けなさい。

1. 東吾（a が　　b の）改めて兄の部屋へ呼ばれたのは、太郎（a が　　b の）ぐっすり眠り込んでからのことである。

2. 長谷川さんが造った素敵な建物（a が　　b を）、いつまでも美しく使いたいから。

3. 彼には話し（a が　　b を）してあり、落ち着くまで待つしかないと言っています。

4. モーター室（a に　　b を）通り抜けて、秘密の通路（a に　　b を）、端まで歩いて行き、そこから、階段（a に　　b を）あがって来たのである。

5. 混雑（a に　　b を）避け、ぼくは鉄梯子（a に　　b を）のぼって二階（a に　　b を）あがった。

6. 姉がすぐ近く（a に　　b で）住んでいる。恵子はもとの実家（a に　　b で）暮らしている。

7. 工場（a に　　b で）事故があって、重傷を負ったらしいんです。

8. 私は今日（a は　　b に）学校（a が　　b を）休みました。

9. 毎日庭（a に　　b で　　c を）散歩する習慣がある。

10. 今日（a に　　b で）夏休みはおしまいだ。

11. あれは弟さん（a へ　　b に）のプレゼントだったそうです。

12. 彼が来る（a に　　b まで　　c までに）お待ちください。

13. 森田さん（a が　　b は）来なければ、あなたがかわりに会議に出てください。

14. 彼女は大学を卒業（a すると　　b すれば　　c したら）すぐ結婚した。

15. けちと（a 言うと　　b 言えば　　c 言ったら）殴られた。

16. 雨が降ろう（a が　　b か）風が吹こう（a が　　b か）、毎日出かけていく。

17. 彼はまだ独身だし、早く帰った（a ところが　　b ところを　　c ところで　　d どころか）別にすることもない。

18. 戦争がなかったら、川村さんだって平穏無事に暮らせていた（a ものの　　b ものを　　c ものなら　　d ものだから）。

19. 夕食に引きとめた（a にせよ　　b にしては　　c にしろ　　d にもかかわらず）彼は間もなく帰っていった。

20. さっきは金がないって言ってた(a ものに　　b くせに　　c ように　　d ことに)、あるじゃないか。

七、次の各文の（　　）に後から適当なものを選んで番号で答えなさい。但し、後にあげるものは、それぞれ一回しか使わないこと。

1. 何をするにも人と人であり、人の感情（　　　）結果が大きく左右される。

2. 印欧諸語は、東部と西部（　　　）、きわめて対照的な語順が分布している。

3. 彼は入社以来、十数年（　　　）、知らないことがあったら、すぐに調べるということを続けてきたのである。

4. 秋から冬（　　　　）のサッカーシーズンともなれば、日曜日ごとに各地で試合が行われる。

5. 三人は友人（　　　　）仲良く付き合っていた。

6. 次のような人（　　　　）、あなたはどういう印象を持つか考えてみよう。

7. 彼は四季（　　　　）、五日に一度ぐらい、この店の縄暖簾をくぐる。

8. 市民の熱意により生み出された緑道は、地域の人々（　　　　）なくてはならない存在となっている。

9. その番組は今年の9月（　　　　）終了しました。

10. その思いがけない効果（　　　　）六つの側面から述べてみます。

<table>
<tr><td>A に対して</td><td>B にとって</td><td>C について</td><td>D によって</td><td>E をもって</td></tr>
<tr><td>F にかけて</td><td>G にわたって</td><td>H として</td><td>I を問わず</td><td>J において</td></tr>
</table>

八、次の段落を朗読し、中国語に訳しなさい。

> 　品詞論上、自立せずに各種の語につき、活用しない語が助詞と呼ばれるが、英語などの前置詞とは逆の語順をもつことから、後置詞と呼ばれることもある。その機能はさまざまであるため、助詞はさらに下位の品詞に分類される。その分類法、個々の助詞の名称、所属語彙には諸説ある。
>
> 　代表的なものとしては、「が」「を」「に」「で」「から」「まで」「と」「の」などの"格助詞"、「と」「か」「や」（コーヒー{と／か／や}紅茶）などの"並立助詞（並列助詞）"、「と」「ば」「たら」「から」「ので」「が」「けれども」「ながら」などの"接続助詞"、「も」「さえ」「まで」「だけ」「ばかり」「しか」「こそ」などの"とりたて助詞"、「か」「わ」「よ」「ね」などの"終助詞"、「ね」「さ」などの"間投助詞"などがある。
>
> 　このうち、とりたて助詞は、従来、"係助詞""副助詞"と呼ばれていたものが、その"とりたてる"機能からとりたて助詞（あるいはとりたて詞）と呼ばれるようになってきている。ただし、係助詞「は」については、その処遇に問題は残る。また、「赤いのを下さい」の「の」のようなものは、"準体助詞"と呼ばれることもあるが、むしろ「こと」などと同じく、形式名詞と考えるべきであろう。
>
> 　その所属語彙からもわかるように、同一の形式の語が異なったタイプの助詞として用いられることもある。たとえば、「と」の場合、「太郎が花子と結婚した」では格助詞として用いられているが、「太郎と花子が結婚した」では並立助詞として用いられている。また、「まで」の場合、「太郎が駅まで行った」では格助詞として用いられているが、「太郎までが欠席した」ではとりたて助詞として用いられている。しかも、この場合、両者は意味的にも近い関係をもっていると考えられる。
>
> （杉本武）

第17课　助词（2）

本课学习副助词和终助词。

17.1　副助词

副助词（副助詞）接在各种词后面，增添各种意义。

副助词可以增添的意义很多，主要包括强调（強調）、类推（類推）、并列（並立）、限定（限定）、添加（添加）、程度（程度）、例示（例示）、不确定（不確実）等。

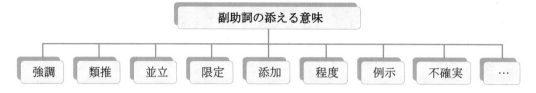

（1）强调（強調）

强调，指着重突出副助词的前接词。

☞　わたしは目を見開き、今度こそはっきりと見た。
（我睁大眼睛，这次看得很清楚。）

（2）类推（類推）

类推，指举一个极端的例子，让人推测与其同类的事物亦是如此。

☞　飲み水さえない。
（连饮用水都没有。）

（3）并列（並立）

并列，指列举两个以上的同类事物。

☞　痛みも痒みもありません。
（不痛也不痒。）

（4）限定（限定）

限定，指在数量、范围等方面加以规定。

☞　ぼくを含めて七人だけだった。
（包括我在内只有七个人。）

（5）添加（添加）

添加，指在原有事物基础上增添其他事物。

> ☞ 雨が降り、雷まで鳴りだした。
> （下雨了，还打起雷了。）

（6）程度（程度）

程度，指事物的范围或限度等。

> ☞ 片道一時間ほどかかる。
> （单程要一个小时左右。）

（7）例示（例示）

例示，指举出其中的例子，也存在其他相符的事例。

> ☞ コートなどは春物でいいと思います。
> （外套之类的，我认为春装就可以了。）

（8）不确定（不確実）

不确定，指不能明确的事物。

> ☞ 彼女はもう、どこかに姿を消してしまったらしい。
> （她好像已经消失在某个地方了。）

常用副助词有「は」「も」「こそ」「さえ」「すら」「でも」「だって」「なり」「しか」「まで」「ばかり」「だけ」「のみ」「きり」「くらい（ぐらい）」「ほど」「など」「ずつ」「やら」「や」「か」「とか」「の」「だの」等。

下面介绍常用副助词的主要用法。

17.1.1　副助词「は」

「は」接在体言、副词、助词、活用词连用形等后面。「は」最重要的用法是表示主题。此外，「は」还可以表示对比、强调、让步等。

副助词「は」的用法

	用法	用例
1	主题	☞ 祖母は90歳です。 （祖母90岁。） ☞ 手は洗ったほうが良いと思います。 （我觉得手洗一下比较好。）

	用法	用例
		☞ その部屋には家具があんまりなかった。 （那个房间里没有什么家具。） ☞ 彼は、話が上手だった。 （他很会说话。） ☞ そんなにたくさんは要らないんですよ。 （不需要那么多啊！）
2	対比	☞ 表情はまだ硬かったが、口調は平静さを取り戻していた。 （虽然表情还很僵硬，但语气已经恢复了平静。） ☞ 私は今回はどこへも行きませんでした。 （我这次哪儿也没去。）
3	強調	☞ 短くとも半年はかかる。 （最短也要半年。） ☞ 年に一回くらい顔をあわせるのも悪くはない。 （一年见一次面也不错。）
4	譲歩	☞ そんな二人が縁あって結婚はしたが、どう見ても不釣り合いな夫婦である。 （那样的两个人有缘结了婚，但怎么看都是不般配的夫妻。）

17.1.2 副助词「も」

「も」接在体言、副词、助词、活用词连用形等后面，表示同类、并列、强调、全面肯定、全面否定等。

副助词「も」的用法

	用法	用例
1	同類	☞ 私も頑張っています。 （我也在努力。） ☞ 父にも話してあります。 （我也跟父亲说过了。）
2	並立	☞ 日本語も英語も出来て立派ですね。 （既会日语又会英语，很出色呢。） ☞ もう手も足も出ません。 （已经无计可施了。） ☞ 可愛くも、可哀想でもない。 （既不可爱，也不可怜。）

	用法	用例
3	強調	☞ 部屋の真ん中に直径4メートル<u>も</u>ある大円卓が置いてある。 （房间正中央摆着一张直径4米的大圆桌。） ☞ 毎日毎日ぐうたらぐうたらしていてよく<u>も</u>飽きないものだわね。 （每天都无所事事，也不腻烦啊！）
4	全面的な肯定	☞ たまごの形はどれ<u>も</u>同じように見えますが、よく見るとその形はひとつひとつ違っているのです。 （每个鸡蛋的形状看起来都一样，但仔细一看，其形状都不同。）
5	全面的な否定	☞ きわめて異様なこの事態に、周囲は何<u>も</u>しようとはしなかった。 （对于这种极为异常的事态，周围的人什么也不想做。）

17.1.3　副助词「こそ」

「こそ」接在体言、副词、助词等后面，表示强调等。「こそ」既可以提示并强调主语，也可以强调其他各种句节。

副助词「こそ」的用法

用法	用例
強調	☞ それ<u>こそ</u>最大の問題です。 （那才是最大的问题。） ☞ 時間を効率的に使って<u>こそ</u>成功するものである。 （只有有效地利用时间才能成功。） ☞ 我々は甲子園という目標があれば<u>こそ</u>練習してるんだ。 （我们正因为有甲子园这个目标才练习的。） ☞ こういう場だから<u>こそ</u>、あえて批判のための批判は控え、基本的な質問をいたしました。 （正因为是这样的场合，我才刻意避免为批判而批判，只问了一些基本的问题。） ☞ 名選手であったという経歴は、監督にとってプラスで<u>こそ</u>あれ、いささかもマイナスではない。 （曾经是著名运动员的经历，对于教练来说，只有好处，没有丝毫坏处。）

17.1.4　副助词「さえ」

「さえ」接在体言、副词、助词、活用词连用形后面，表示类推、限定、添加。

副助词「さえ」的用法

	用法	用例
1	類推	☞ 田舎ですから、大きな本屋さん<u>さえ</u>ありません。 （因为是乡下，所以连大书店都没有。） ☞ 顔に疲労の色が濃く、むくんで<u>さえ</u>見えた。 （脸上充满了疲惫，甚至看上去有些浮肿。）
2	限定	☞ 暇<u>さえ</u>あれば掃除している。 （只要一有空就打扫。） ☞ 私みたいな何の才能もない人間は、雇ってもらえ<u>さえ</u>すれば、ありがたいのです。 （像我这样没有任何才能的人，只要能雇我，我就很感激了。）
3	添加	☞ それについて聞いたことがあるだけでなく、この目で見たこと<u>さえ</u>あるのです。 （关于那个我不仅听说过，甚至还亲眼见过。）

17.1.5　副助词「すら」

「すら」接在体言、部分格助词等后面，表示类推、添加，相当于「さえ」的意义。

副助词「すら」的用法

	用法	用例
1	類推	☞ もちろん、この女性のことを知る術はない。なぜなら、名前<u>すら</u>知らないのだ。 （当然，我们无从了解这个女人。因为连名字都不知道。）
2	添加	☞ すべてに関し、原因を探してしまい、人の感情<u>すら</u>分析してしまいます。 （对所有的事情都寻找原因，甚至分析人的感情。）

17.1.6　副助词「でも」

「でも」接在体言、副词、助词、活用词连用形等后面，表示类推、例示等。

此外，「でも」接在疑问词和不定词后面，与肯定的语气相呼应，可以表示全面肯定。

副助词「でも」的用法

	用法	用例
1	類推	☞ とくに危険な箇所もないので女性や子供<u>でも</u>安心して楽しめるのが魅力だった。 （没有特别危险的地方，妇女和孩子也能安心地享受，这是它的魅力所在。）

	用法		用例
2	例示	☞	食事を早めに済ませて、コーヒーでも飲みに行こうよ。 （早点吃完饭，去喝杯咖啡之类的吧。）
3	全面的な肯定	☞	誰にでもできる仕事に決まってるじゃない。 （肯定是谁都能做的工作啊。）

17.1.7　副助词「だって」

　　「だって」接在体言、副词、助词等后面，表示类推、例示等。

　　此外，「だって」接在疑问词和不定词后面，与肯定的语气相呼应，可以表示全面肯定。接在不定词或表示数量、程度的词后面，与否定的语气相呼应，可以表示全面否定。

　　「だって」用于比较随便的口语中。

副助词「だって」的用法

	用法		用例
1	類推	☞	いつも、休日だって、ろくに人の顔を見ないのに、こんなに大勢の人間が、この辺には住んでいるのか、と感心した。 （平时，即使是休息日也很少见到人，我不禁感叹：这附近竟然住着这么多人啊。）
2	例示	☞	おもちゃだって何だって、大事にしなければ、もう何も買ってあげたくない。 （玩具也好，什么也好，如果不好好珍惜的话，就什么都不想给你买了。）
3	全面的な肯定	☞	他にいくらだって便利な交通手段のある時代に、わざわざ夜行列車を選ぶのは、なぜなのだろうか。 （在这个有其他很多便利交通手段的时代，为什么还要特意选择夜行列车呢？）
4	全面的な否定	☞	ぼくは一度だってルールを破ったことはありませんよ。 （我从来没有违反过规则啊！）

17.1.8　副助词「なり」

　　「なり」接在体言、助词、用言终止形等后面，表示例示、并列等。

副助词「なり」的用法

	用法	用例
1	例示	☞ 採用の時期なり、勤務場所なり、年齢などの具体的内容について目下国鉄において個別各企業との間で詰めを急いでいるところでございます。 （关于录用时间、工作地点、年龄等具体内容，目前国铁正在与个别企业加紧进行最后敲定。） ☞ 家族がなるたけ頻繁に顔を出すなり、できたら一緒に住むなりして、話し相手になってあげることが大切です。 （家人尽可能经常露面，可以的话最好一起住，成为聊天的对象是很重要的。）
2	並立	☞ お医者さんなり介護支援専門員なり、そこが人間性の重要な点だと思うんです。 （无论是医生还是护理支援专员，我认为这是人性中很重要的一点。） ☞ 先ほど申しました公共機関の方に苦情なり相談があった件数のうちから、その企業を拾ったものでございます。 （我从刚才提到的公共机构的投诉和咨询中，挑出了那家企业。）

17.1.9 副助词「しか」

「しか」接在体言、副词、助词、动词连体形等后面，仅后续否定的表达方式，表示除了某个特定的事项、条件之外否定其他一切，即限定的意义。还能以「だけしか」的形式，加强限定的含义。

副助词「しか」的用法

用法	用例
限定	☞ 検索しても、古い情報しか出てこない。 （即使搜索，也只能搜索到旧的信息。） ☞ この国の気象庁には、自動車が2台しかない。 （这个国家的气象局只有两辆汽车。） ☞ 油が少ししかありません。 （只有一点油。） ☞ 本当にこれは奇跡としか言えません。 （这真的只能说是奇迹。） ☞ おかしいと感じたら、もう直接相手に聞くしかない。 （如果觉得奇怪，就只能直接问对方了。） ☞ 自分のことだけしか分からないので、人の魅力を引き出すことはできないのです。 （因为只了解自己，所以无法激发出他人的魅力。）

17.1.10　副助词「まで」

「まで」接在体言、助词、活用词连体形等后面，表示程度或限度、添加等。

副助词「まで」的用法

	用法	用例
1	程度・限度	☞　達哉は、彼女の後ろ姿が見えなくなるまで、ただ黙って見送っていた。 （达哉只是默默地目送她，直到她的背影消失。） ☞　いまついでに言ったまでだ。 （刚才只是顺便说了一下。） ☞　中は開けてみるまでもなかった。 （里面根本不用打开看。）
2	添加	☞　夕立がやって来た。風までひゅうひゅう吹きだした。 （傍晚雷阵雨来了。风也呼呼地刮起来了。）

17.1.11　副助词「ばかり」

「ばかり」接在体言、副词、助词、活用词连体形等后面，表示限定、大概的程度、动作完成不久、即将接近某种状态等。

还能以「～（た）ばかりに」的形式表示原因，后项常为消极的后果，包含"仅仅因为……原因而导致事态恶化"的意思。

副助词「ばかり」的用法

	用法	用例
1	限定	☞　僕はほとんどフランス象徴派の詩人たちの作品ばかり読んでいた。 （我过去几乎只读法国象征派诗人的作品。） ☞　雑談ばかりでなく、少しは堅い話もした。 （除了闲聊，也谈了一些严肃的话题。） ☞　事情を説明しようとすればするほど唇は震え、額に汗が吹き出し、歯がかちかち鳴るばかりだった。 （越想说明情况，嘴唇就越颤抖，额头冒汗，牙齿咔嗒咔嗒地响。）
2	おおよその程度	☞　ここ 3 年ばかり旦那の年収は目減りしています。 （最近 3 年左右老公的年收入在减少。） ☞　今日は少しばかり事情が違っていた。 （今天的情况稍微有些不同。）

	用法	用例
3	動作が完了して、間もない	☞ その本を彼はこの家の書斎で書きあげ、つい最近出版したばかりだった。 （那本书是他在这个家的书房里写的，最近才出版。） ☞ 浅見は、昨日見たばかりの新聞の記事を思い起こした。 （浅见想起昨天刚看到的报纸上的报道。）
4	そうなる寸前	☞ プレゼントを持っていくたびに、彼女は目を細め、泣き出さんばかりに喜んだ。 （每次送礼物过去，她都会眯起眼睛，高兴得几乎要哭出来。） ☞ まるで人ごと、自分には責任がないと言わんばかりでありました。 （简直就像在说别人的事，自己没有责任一样。）
5	原因	☞ 連絡がとれなかったばかりに、残念な結果になってしまった。 （正因为没能取得联系，才造成了遗憾的结果。）

17.1.12　副助词「だけ」

「だけ」接在体言、副词、助词、活用词连体形等后面，表示限定、程度等。

还能以「～だけに」「～だけあって」的形式表示原因，包含"事物的状态与……相符"的意思。

副助词「だけ」的用法

	用法	用例
1	限定	☞ 将棋というのは一人だけの孤独な戦いです。 （将棋是仅仅一个人孤独的战斗。） ☞ 1日中ゴロゴロしているだけで、カロリーをたくさん使う代謝のよい人もいます。 （有些人新陈代谢迅速，一天无所事事，就能消耗很多热量。） ☞ 谷田は声が大きいだけでなく、性格も、浦上とは違って明るい。 （谷田不仅声音大，性格也和浦上不同，很开朗。）
2	程度	☞ 「青春18きっぷ」は、1日たったの2410円で全国どこへでも好きなだけ乗れる。 （"青春18车票"一天只需2410日元，可以随心所欲地乘坐到全国任何地方。） ☞ 単語の数が少なければそれだけ人間の記憶に対する負担が減る。 （单词的数量越少，人的记忆负担就越小。）

	用法	用例
3	原因	☞ このことは古来、言われていることとはいえ、実作者の言葉だけに、おもしろかった。 （虽说这是自古以来就有的说法，但正因为是作者的原话，才更有趣。） ☞ 売店をのぞくと、さすが長寿村の特産だけあって、「健康」とその関連語があふれている。 （看了看商店，不愧是长寿村的特产，到处都是"健康"及其相关词语。）

17.1.13　副助詞「のみ」

「のみ」接在体言、副词、助词、活用词连体形等后面，表示限定等。「のみならず」相当于「だけでなく」，表示"不只，不仅"的意思。

「のみ」主要用于书面语。

副助詞「のみ」的用法

用法	用例
限定	☞ 私としては、ただ天に幸運を祈るのみだ。 （作为我，只能祈求上天的好运。） ☞ ASEAN 諸国は、経済のみならず、科学技術分野でも急速に力をつけつつある。 （东盟各国不仅在经济领域，在科学技术领域也迅速发展。）

17.1.14　副助詞「きり」

「きり」接在体言、部分助词、活用词连体形等后面，可以表示限定，相当于「〜だけ」；也可以表示保持某种状态，相当于「〜のまま」。「きり」还能以与否定表达方式相呼应，表示事物存在、状态等的限度、界限，包含"从那以后再也没有……"等意思。

「きり」主要用于口语中，还可以使用「ぎり」「っきり」的形式。

副助詞「きり」的用法

	用法	用例
1	限定	☞ 会いに行ったのは一度きりです。 （我只去见过一次。） ☞ カウンターがあるきりの、あまり清潔とは言い難い店だった。 （这家店只有一个柜台，算不上干净。）

	用法	用例
2	状態の維持	☞ 二人はそれっきり黙り込んだ。 （两人就此沉默了。）
3	限度・限界	☞ 勝代は随分前に、車を運転して買物に出かけたきり、まだ帰って来ない。 （胜代很久前开着车出去买东西，到现在还没有回来。）

17.1.15　副助词「くらい（ぐらい）」

「くらい（ぐらい）」接在体言、副词、助词、活用词连体形等后面，表示大概的程度、状态的程度、限度等。表示限度时，会举出一些程度较低的事项，含有轻视的语气。

「くらい（ぐらい）」还可以表示比较的基准等，常用「～くらい（ぐらい）～はない」的形式。

副助词「くらい（ぐらい）」的用法

	用法	用例
1	おおよその程度	☞ 気に入った店もなく、一時間くらい市内を歩いた。 （没有中意的店，在市内走了一个小时左右。）
2	状態の程度	☞ このときは気持ちも落ち着いて、普通に会話もできるくらいです。 （这个时候心情也平静下来，甚至可以正常对话。）
3	限度	☞ 10分くらいはあっという間に過ぎてしまう。 （10分钟的话，一眨眼就过去了。） ☞ おにぎりくらいなら、作れます。 （饭团什么的，我能做。）
4	比較の基準	☞ 親類とのつきあい方ぐらい難しいものはない。 （没有比与亲戚相处更难的了。）

17.1.16　副助词「ほど」

「ほど」接在体言、助词、活用词连体形等后面，表示大概的程度、状态的程度等。表示程度时，有时会举出程度较高的事项。

「ほど」还可以后续否定表达方式，表示比较的基准。「AはBほど～ない」表示"A不如B……"。

副助词「ほど」的用法

	用法	用例
1	おおよその程度	☞ セミナーは年間 2 回ほど開催されることになっていた。 （研讨会每年举办两次左右。） ☞ カウンターの前の長椅子に、8 人ほどが座っていた。 （柜台前的长椅上坐着 8 人左右。）
2	状態の程度	☞ 見直さなきゃいけないことを山ほど抱えている。 （必须重新审视的事情堆积如山。） ☞ わざわざ電話をかけるほどのことはない。 （用不着特意打电话。） ☞ 海が深ければ深いほど、その表面は穏やかです。 （海越深，其表面就越平静。） ☞ 学年が高くなるほど、読書量が少なくなる傾向がある。 （年级越高，往往读书越少。）
3	比較の基準	☞ 東京は人が多いため、回りの人に対する関心が地方ほど高くない。 （因为东京人多，所以对周围人的关心程度不如其他地方那么高。） ☞ 人間社会は野生動物の世界ほど弱肉強食ではない。 （人类社会不像野生动物世界那样弱肉强食。）

17.1.17　副助词「など」

「など」接在体言、副词、助词、活用词连体形等后面，表示例示，包含"存在其他同类事物"的意思。「など」还可以表示轻视等语气。

副助词「など」的用法

	用法	用例
1	例示	☞ 鮭、昆布などの海産物が主なる輸出品であった。 （鲑鱼、海带等海产品是主要的出口产品。） ☞ 機会があったら、北海道のお話などしたいですね。 （如果有机会的话，真想聊聊北海道的事之类的。）
2	軽視	☞ その先生の娘が、お前などは相手にせず、梅太郎を慕っている。 （那位老师的女儿不把你当回事，一心仰慕梅太郎。） ☞ 真意はその子しか分からないことだから、特に私などがどうこう言う資格もないしそのつもりもないが、一つだけ驚くことがあった。 （真正的用意只有那个孩子才知道，所以像我这样的人没有资格特别说什么，也不想说什么，但有一件事让我很吃惊。）

17. 1. 18　副助词「ずつ」

「ずつ」接在体言、副词、助词、活用词连用形等后面，表示同等分量、比例、程度。「ずつ」也可以表示以同等分量、比例、程度进行分配，常用「～に～ずつ」的形式。

副助词「ずつ」的用法

	用法	用例
1	同じ分量・割合・程度	☞ 毎年、おかげさまで新人を一人ずつデビューさせています。 （托您的福，每年都会让一位新人出道。） ☞ 仕事の量は少しずつ増えてきている。 （工作量在一点点增加。）
2	同じ分量・割合・程度で分配すること	☞ 営業マンに軽トラックを1台ずつ持たせ、配送のスピード化を図っている。 （给每个销售员一辆轻型卡车，以提高配送速度。） ☞ 数年前から三ヵ月に一度ずつ、健康診断をしていただいている。 （几年前开始每三个月给我做一次健康检查。）

17. 1. 19　副助词「やら」

「やら」接在体言、副词、助词、活用词终止形等后面。

「やら」接在疑问词、不定词后面，或者以「～とやら」的形式，表示不确切的语气。「やら」还可以表示并列，暗示其他类似事物的存在。

此外，以「～やら～やら」的形式后续「分からない」「見当が付かない」等否定表达方式，表示列举的各项事物都不确定。

副助词「やら」的用法

	用法	用例
1	不確実	☞ 両者の間にはどこやら違うと思わせる何かがありはしないか。 （两者之间有没有什么让人觉得不一样的地方呢？） ☞ 最近の世の中は、「食の安全」とやらで、低農薬・有機栽培が盛んになってきた。 （最近，社会上为了"食品安全"，盛行低农药、有机栽培。）
2	並立	☞ 最近は人間関係やら仕事やらでストレスを感じていました。 （最近在人际关系和工作上感到了压力。） ☞ 私はラリーの内容やらルールやらほとんど何も知らない。 （我对拉力赛的内容和规则几乎一无所知。）

17.1.20　副助词「や」

「や」主要接在体言或相当于体言的词后面，有时也接在活用词终止形或部分助词等后面。「や」表示并列，暗示其他类似事物的存在。

副助词「や」的用法

用法	用例
並立	☞ 記録する場合には、対象児や保護者に不安や誤解を与えないように目の前で記録することは控える。 （记录的时候，为了不给对象儿童和监护人造成不安和误解，尽量避免在眼前记录。） ☞ なんで、足や腕や手などを長時間圧迫したら痺れるような感じになるんですか？ （为什么长时间压迫脚、胳膊和手等会有麻痹的感觉呢？）

17.1.21　副助词「か」

「か」接在体言、副词、助词、活用词终止形等后面。

「か」接在疑问词等各种句节后面，表示不确切的语气。「か」还可以并列两项或两项以上事物，从中选择其一，或者表示这几项事物都不确定。

副助词「か」的用法

	用法	用例
1	不確実	☞ 今の若い人はだれかに指示されるまで待っていて、自分から行動を起こそうとしない。 （现在的年轻人总是等待别人的指示，自己不去采取行动。） ☞ 水不足のせいか葉っぱの先が枯れてしまいました。 （也许是缺水的缘故，叶子的尖端枯萎了。）
2	並立	☞ 平日はだめだから土曜日か日曜日がいいですね。 （平时不行，所以周六或周日比较好吧。） ☞ 行くか行かないかは人によると思います。 （我觉得去还是不去是因人而异的。）

17.1.22　副助词「とか」

「とか」接在体言、活用词终止形等后面，主要表示并列，暗示其他类似事物的存在。有时还可以表示不确切的语气。

「とか」主要用于口语中。

副助词「とか」的用法

用法		用例
1	並立	☞ イギリスでは、小児の一般診療とか救急診療をそれぞれ総合医あるいは家庭医あるいは救急医が担っている。 （在英国，儿童的一般诊疗和急救诊疗分别由综合医生、家庭医生或急救医生承担。） ☞ 私は、この部分が多いとか少ないとかということを言っているわけではない。 （我并不是在说这个部分多还是少。）
2	不確実	☞ たしかジュンとかいう名前だったな。 （好像名字是叫纯吧。）

17.1.23　副助词「の」

「の」接在体言、副词、助词、活用词终止形等后面，表示并列，常用「～の～のと＋言語活動」的形式，包含"说这说那、唠唠叨叨、吵吵闹闹"的意思。

「の」的惯用表达方式有「どうのこうの」「なんのか（ん）の」等。

副助词「の」的用法

用法	用例
並立	☞ この靴下は好かないの、シャツが汚れてるの、と身なりのことばかり言っている。 （一个劲地说穿着打扮，什么不喜欢这双袜子啦，什么衬衫脏了啦。） ☞ 部屋の隅のほうでは、もう昨日頼んだ魚がどうのこうのと言い合いが始まっている。 （房间一角已经开始争论昨天点的鱼怎么怎么了。） ☞ なんのかのと言い訳して遠まわしに断ってきた。 （以这样那样的理由委婉地拒绝了。）

17.1.24　副助词「だの」

「だの」接在体言、副词、助词、活用词终止形等后面，表示并列，常用「～だの～だのと＋言語活動」的形式，包含"说这说那、唠唠叨叨、吵吵闹闹"的意思。「だの」接续、意义、用法与「の」基本相同。

「だの」的惯用表达方式有「～だのなんだの」等。

副助词「だの」的用法

用法	用例
並立	☞ 何しろグローバル化<u>だの</u>、メガコンペティション<u>だの</u>と言われるような競争の厳しい時代だ。 （这是一个全球化、大型竞争等竞争残酷的时代。） ☞ 最近はパチンコにトチ狂った日本の主婦が、幼児をほうりっ放しにしておいて、誘拐<u>だの</u>行方不明<u>だの</u>という騒ぎが頻発している。 （最近沉迷于弹子机的日本主妇，对幼儿置之不理，导致诱拐、失踪等事件频繁发生。） ☞ この危険を回避するために、昔から家柄<u>だの</u>、学歴<u>だの</u>、ブランド<u>だの</u>、データ<u>だの</u>、といったことから判断するということがされてきました。 （为了规避这种危险，从很早以前开始，人们就会从家庭背景、学历、品牌、数据等方面进行判断。） ☞ もちろん責任<u>だのなんだの</u>本気で言ってるんじゃないのよ。 （当然，我并不是真的在说责任之类的。）

17.2　终助词

终助词（終助詞）接在各种词后面，主要用于句末，表示各种语气。其中，「ね」「さ」「よ」「な（なあ）」「や」等除了可以用于句末，还可以用于句中的句节末尾，这时被称为间投助词（間投助詞）。

终助词可以表示的语气很多，主要包括疑问（疑問）、反问（反語）、禁止（禁止）、感叹（感動）、劝诱（勧誘）、叮嘱（念を押す）、呼唤（呼びかけ）等。

（1）疑问（疑問）

疑问，指表示讲话者向听话者询问不明白的事情，或者向讲话者自己提问。

> ☞ ボーナス預金って何です<u>か</u>。
> （奖金存款是什么呢？）

（2）反问（反語）

反问，虽然采用疑问的形式，但实际上是在强调绝非如此。

> ☞ 本当にそれでよいのだろう<u>か</u>。
> （那样真的好吗？）

（3）禁止（禁止）

禁止，指不允许听话者做某事。

> ☞ バカなことをする<u>な</u>。
> （别做傻事！）

（4）感叹（感動）

感叹，指有所感触而叹息。

> ☞ やはり春が来たんだ<u>なあ</u>。
> （春天果然来了啊！）

（5）劝诱（勧誘）

劝诱，指对听话者发出做某事的邀请。

> ☞ じゃあ、試してみましょう<u>よ</u>。
> （那么，就试试看吧！）

（6）叮嘱（念を押す）

叮嘱，指对听话者或讲话者自己加以再次提醒或确认。

> ☞ 大事にするんだ<u>よ</u>。
> （你要好好珍惜啊！）

（7）呼唤（呼びかけ）

呼唤，指向某人或某事物呼喊召唤。

> ☞ わが子<u>よ</u>、父の諭しに聞き従え。
> （我的孩子啊，要听从父亲的教诲！）

　　常用终助词有「か」「かしら」「な（禁止）」「な（命令）」「な（なあ）」「ぞ」「よ」「わ」「ね（ねえ）」「さ」「や」「とも」「っけ」「の」「こと」「もの」「ものか」等。

　　下面介绍常用终助词的主要用法。

17.2.1　终助词「か」

「か」接在句末的动词、形容词、助动词的终止形以及体言、副词、助词、形容动词词干等后面，表示疑问、确认、反问、谴责、劝诱、感叹等语气。

还能以「～ないかな」「～ないかなあ」的形式表示愿望。

终助词「か」的用法

	用法	用例
1	疑問	☞ 新会社の上場の見通しについて、どのようにお考えです<u>か</u>。 （关于新公司的上市前景，您是怎么想的？） ☞ 旬のものがなぜおいしい<u>か</u>。 （为什么应季的东西好吃呢？）
2	確認	☞ いい<u>か</u>、何が起こっても声をたててはだめだぞ。 （听好了，无论发生什么都不能出声啊！） ☞ 高橋君には、どうしても会えないんでしょう<u>か</u>。 （无论如何都见不到高桥吗？）
3	反語	☞ これは果たして同じものなのであろう<u>か</u>。 （这真的是同样的东西吗？）
4	非難	☞ まだそんなこと言ってるの<u>か</u>。 （你还在说那种话吗？） ☞ 最初からそんなこと分かりきってるじゃない<u>か</u>。 （那样的事情，你不是一开始就很清楚吗？）
5	勧誘	☞ 二人で行こう<u>か</u>。 （两个人一起去吧。） ☞ 彼らの手を借りようではない<u>か</u>。 （请他们帮忙吧。）
6	感動	☞ なる程、そう思った<u>か</u>。 （原来是那样想的啊！） ☞ ああ、月日の流れるのはなんと早いこと<u>か</u>。 （啊，岁月流逝得真快啊！）
7	願望	☞ 悪いけど、このコーヒー、書斎まで持って来てくれ<u>ないかな</u>。 （不好意思，能帮我把这杯咖啡拿到书房来吗？） ☞ 早く次の舞台の誘いが来<u>ないかなあ</u>。 （希望下一场演出的邀请快点来啊！）

17.2.2　终助词「かしら」

「かしら」接在句末的动词、形容词、助动词的终止形以及体言、副词、助词、形容动词词干等后面，主要表示疑问语气。还能以「～ないかしら」的形式表示愿望。

「かしら」在现代语中属于女性用语。不过现实生活中，即使是女性，一般也不使用「かしら」。「かしら」大多出现在动漫、小说、电影等的女性口语中。

终助词「かしら」的用法

	用法	用例
1	疑問	☞ いま、わたしはどこにいるのかしら。 （现在，我在哪里呢？） ☞ 誰からの電話かしら。 （是谁打来的电话呀？）
2	願望	☞ こんなこと、早く終わってくれないかしら。 （这种事能快点结束吗？）

17.2.3　终助词「な（禁止）」

「な」接在句末的动词、部分助动词的终止形等后面，表示禁止，语气强烈。

「な」还可以后续终助词「よ」构成「～なよ」的形式，相当于「～ないほうがいいよ」的意思。

终助词「な（禁止）」的用法

用法	用例
禁止	☞ 馬鹿にするな。 （别小看我！） ☞ 偉そうに言うなよ。 （不要说得那么了不起哦！）

17.2.4　终助词「な（命令）」

「な」接在句末的动词、部分助动词的连用形等后面，表示命令。是补助动词「なさる」的命令表达方式「なさい」的省略形式，用于比较随便的口语中。

「な」还可以后续终助词「よ」构成「～なよ」的形式，相当于「～なさいよ」的意思。

终助词「な（命令）」的用法

用法	用例
命令	☞ 落ち着きな。 （冷静点！） ☞ ちょっと読んでみなよ。 （你读读看哦！）

17.2.5　终助词「な（なあ）」

「な（なあ）」接在句末的活用词终止形后面，表示感叹、愿望、叮嘱等。其中，「な（なあ）」表示叮嘱时，属于男性用语。

「な」还可以接在「なさい」「ください」「いらっしゃい」等后面，使命令、请求、劝告的语气有所缓和。

此外，「な（なあ）」还具有间投助词的用法，可以用于句中的句节末尾，包含希望对方理解自己的语气，属于男性用语。

终助词「な（なあ）」的用法（含间投助词）

	用法	用例
1	感動	☞ 残念だった<u>な</u>。 （真遗憾啊！） ☞ うるさい<u>なあ</u>。 （真吵啊！）
2	願望	☞ 行きたい<u>なあ</u>。 （真想去啊！） ☞ おばちゃんが、来てくれるといい<u>な</u>。 （要是阿姨能来就好了！）
3	念を押す	☞ この事実に間違いない<u>な</u>。 （这个事实没错吧。）
4	語気の緩和	☞ とにかく楽しく過ごせればいいんだから、楽しんできてください<u>な</u>。 （总之，只要过得开心就好，你就好好享受吧！）
5	間投助詞	☞ あの<u>な</u>、じつは<u>な</u>、看板屋が<u>な</u>、間違えたんや。 （那个啊，其实啊，卖招牌的啊，弄错了呀！）

17.2.6　终助词「ぞ」

「ぞ」接在句末的活用词终止形后面，属于男性用语。

既可以用于自言自语，表示自己的判断或决心；也可以向同辈或晚辈强调自己的判断或主张，语气强烈。

终助词「ぞ」的用法

用法	用例
強調	☞ 負けはしない<u>ぞ</u>。 （我不会输的！） ☞ 今夜はえらいことがあった<u>ぞ</u>。 （今晚发生了一件大事啊！）

17.2.7　终助词「よ」

「よ」接在句末的活用词终止形等后面。

「よ」还可以接在体言、形容动词词干、助词等后面，这时属于女性用语。

另外，一般认为，男性使用「～かよ」「～だよ」，女性使用「～のよ」「～てよ」「～ことよ」等，但是现在女性也使用「～かよ」「～だよ」。

「よ」表示断定、叮嘱、责备、劝诱、命令等语气，包含讲话者想把自己的意志、感情、判断、意见等强加给听话者的心情。

此外，「よ」还具有间投助词的用法，可以用于句中的句节末尾，表示呼唤等。

终助词「よ」的用法（含间投助词）

	用法	用例
1	断定	☞ 品質的には問題ないと思いますよ。 （我觉得质量上没有问题啊！） ☞ それだけでも充分だったよ！ （仅仅那样就足够了！）
2	念を押す	☞ バッグ、後ろ側に下げて歩いていると危ないよ。 （把包挂在后侧走路很危险哦！）
3	非難	☞ なに考えてるんだよ。 （你在想什么呢！）
4	勧誘	☞ 次の駅で降りようよ。 （我们下一站下车吧。） ☞ 明日は、遊園地へ行きましょうよ。 （明天去游乐场吧。）
5	命令	☞ はやく言えよ。 （快说呀！）
6	間投助詞	☞ 人間よ、なんじ自身を知れ。 （人啊，你们要了解自己！）

17.2.8　终助词「わ」

「わ」接在句末的活用词终止形等后面，但是不能接在推量助动词「う」「よう」「まい」以及体言后面。「わ」可以表示感叹，或强调自己的主张等。

「わ」读成上升调时，属于女性用语。不过现实生活中，即使是女性，也较少使用「わ」。「わ」大多出现在动漫、小说、电影等的女性口语中。

男性有时也会用「わ」表示感叹等，不过男性使用「わ」时，读成下降调。

终助词「わ」的用法

	用法	用例
1	感動	☞ 先生方と、またお仕事ができるなんてうれしいわ。 （能再次和老师们一起工作，真是太高兴了啊！） ☞ 蓋は開いたままになるわ、郵便物は濡れてごわごわになるわで悩んでいます。 （盖子一直开着，邮件湿漉漉硬邦邦的，很烦恼。）
2	主張	☞ それは、甘いに違いないわ。 （那一定太天真了啊！） ☞ そうとも断言できない、と思うわ。 （我觉得也不能那么断言呀！）

17.2.9　终助词「ね（ねえ）」

　　「ね（ねえ）」接在句末的活用词终止形、副词、助词等后面，表示感叹、叮嘱、希望对方同意或确认等，语气不强烈。

　　此外，「ね（ねえ）」还具有间投助词的用法，可以用于句中的句节末尾来调整语气等，女性多用。

终助词「ね（ねえ）」的用法（含间投助词）

	用法	用例
1	感動	☞ 困りましたねえ。 （真难办啊！） ☞ 本当によかったですね。 （真是太好了！）
2	念を押す	☞ 半年はかかるかと思いますが頑張ってくださいね。 （可能需要半年时间，请加油哦！） ☞ 今日あげた本、大事にしてね。 （今天送给你的书，要好好珍惜哦！）
3	同意・確認を求める	☞ みな、仲良くしましょうね。 （大家好好相处吧。） ☞ 昨日は「防災の日」でしたね。 （昨天是"防灾日"吧。）
4	間投助詞	☞ あのね、ここだけの話だが、歳を取るとね、思いがけないことがある。 （那个啊，我只是在这里说说，上了年纪啊，会有意想不到的事情。）

17.2.10　终助词「さ」

「さ」接在句末的活用词终止形、体言、形容动词词干、助词等后面，表示轻微的断定、提问或反驳等。语气较随便。

此外，「さ」还具有间投助词的用法，可以用于句中的句节末尾来引起对方注意等。

终助词「さ」的用法（含间投助词）

	用法	用例
1	断定	☞ 「聞いてるの？」「もちろん<u>さ</u>。面白いね。」 （"你在听吗？""当然了，很有趣呀！"） ☞ そういう人間だっているの<u>さ</u>。 （也有那样的人啊！）
2	質問・反駁	☞ じゃどうすればいいの<u>さ</u>。 （那怎么办才好呢？） ☞ なんで由美さんにそんなことが分かるの<u>さ</u>。 （由美怎么会知道那样的事呢？）
3	間投助詞	☞ でも<u>さ</u>、考えてみてほしい。 （不过呀，希望你考虑考虑。）

17.2.11　终助词「や」

「や」接在句末的活用词终止形或命令形等后面，属于男性用语。「や」表示劝诱或命令，还可以表示感叹等。

此外，「や」还具有间投助词的用法，可以用于句中的句节末尾来表示呼唤等。

终助词「や」的用法（含间投助词）

	用法	用例
1	勧誘・命令	☞ お互い頑張ろう<u>や</u>。 （我们一起努力吧！） ☞ 今晩のうちに旅の支度をしてくれ<u>や</u>。 （今晚要帮我做好旅行的准备啊！）
2	感動	☞ ちゃんちゃらおかしい<u>や</u>。 （真是太可笑了！） ☞ 通天閣は高い<u>や</u>。 （通天阁很高啊！）
3	間投助詞	☞ 照子<u>や</u>、照子<u>や</u>、お父さんはここにいるよ。 （照子啊，照子啊，爸爸在这里哦！）

17.2.12　终助词「とも」

　　「とも」接在句末的活用词终止形后面，表示强烈的断定语气，不容怀疑或反对，相当于中文的"当然……""自然……"。

终助词「とも」的用法

用法	用例
強調	☞　「十二時でどうでしょう？」「いいです<u>とも</u>。」 （"十二点怎么样？""当然可以。"） ☞　「この話は誰にも言わないでくださいよ。」「言わない<u>とも</u>。」 （"这件事请不要对任何人说噢！""当然不说。"）

17.2.13　终助词「っけ」

　　「っけ」接在过去完了助动词「た」或断定助动词「だ」的终止形后面，表示回忆或疑问语气。

终助词「っけ」的用法

	用法	用例
1	回想	☞　銭湯と言えば子供の頃はよく行った<u>っけ</u>。 （说起澡堂，小时候经常去啊！）
2	疑問	☞　ロッテルダムで物すごい夫婦喧嘩があったということ、お話ししました<u>っけ</u>。 （在鹿特丹发生过一场非常严重的夫妻吵架，那件事我和您讲过吗？） ☞　何の話をしてたんだ<u>っけ</u>？ （刚才在聊什么来着？）

17.2.14　终助词「の」

　　「の」接在句末的活用词连体形后面，但是不能接在推量助动词「う」「よう」「まい」以及体言后面。「の」表示断定、疑问等，属于女性和儿童用语。

终助词「の」的用法

	用法	用例
1	断定	☞　このことは向こうに知られたくない<u>の</u>。 （我不想让对方知道这件事啊！） ☞　それが音楽界の常識な<u>の</u>。 （那是音乐界的常识呀！）

	用法	用例
2	疑問	☞ 台風とハリケーンって何が違う<u>の</u>？ （台风和飓风有什么区别呢？） ☞ 父親のことを案じてる<u>の</u>？ （你在担心父亲吗？）

17.2.15　终助词「こと」

「こと」接在句末的活用词终止形后面，但是不能接在推量助动词「う」「よう」「まい」以及体言后面。「こと」表示感叹、断定、疑问等，属于女性用语。表示断定语气时，多用「〜ことよ」的形式。

此外，「こと」还可以表示命令，语气严肃生硬，这时属于书面语，不是女性用语。

终助词「こと」的用法

	用法	用例
1	感動	☞ そんなことまで、よくご存じです<u>こと</u>。 （连那种事您都知道得很清楚啊！） ☞ まあ、大胆だ<u>こと</u>。 （哎呀，真是大胆啊！）
2	断定	☞ 何と不健康な<u>ことよ</u>！ （多么不健康啊！）
3	疑問	☞ 生ぬるいままにしておくほうがよっぽど危ないですわ！悪くなってしまうじゃありません<u>こと</u>？ （不冷不热地放着更危险啊！不会变坏吗？） ☞ 明日の午後２時、横浜でお会いできません<u>こと</u>？ （明天下午两点，能在横滨见面吗？）
4	命令	☞ 広く公衆に開放する<u>こと</u>。公衆に、入場、出席、傍聴、観覧、使用などを許す<u>こと</u>。 （向广大公众开放。允许公众入场、出席、旁听、观看、使用等。） ☞ お金についてはとにかく借金をしない<u>こと</u>。 （关于钱，总之不要借债。）

17.2.16　终助词「もの」

「もの」接在句末的活用词终止形后面，但是不能接在推量助动词「う」「よう」「まい」以及体言后面。「もの」以不满、抱怨、撒娇等语气陈述理由，多使用「〜だもの」「〜ですもの」等形式，属于女性和儿童用语。

終助詞「もの」的用法

用法	用例
理由	☞ 自分だってここへはじめて来た時には、あたりの光景に圧倒されたの<u>だもの</u>。 （自己第一次来这里的时候，也被周围的景象所震撼呢！） ☞ 逃げたとしたら、十中八、九は見付かります。子供のこと<u>ですもの</u>。 （如果逃跑了，十有八九都能找到。因为是孩子嘛！）

17.2.17　終助詞「ものか」

　　「ものか」接在句末的活用词连体形后面，表示反问，语气强烈，包含断然否定的意思。对同辈或晚辈使用时，含有轻视对方的语感。

　　较客气的说法是「～ものですか」。在比较随便的口语中，「ものか」可以说成「もんか」。

終助詞「ものか」的用法

用法	用例
反語	☞ こんなやつに食べられて、たまる<u>ものか</u>。 （被这样的家伙吃掉，还能忍受吗？） ☞ そういったような方法はとれない<u>ものですか</u>。 （不能采取那样的方法吗？） ☞ なにが恐いことある<u>もんか</u>。 （有什么好怕的？） ☞ クラスメートたちと腕相撲をしたって負けたことのない腕力なんだ。負ける<u>もんか</u>。 （和同学们掰手腕，我的腕力从来没有输过。怎么会输呢？）

📓 课外练习

一、次の各文中の下線を引いた言葉の品詞名を(　　　　　)の中に書きなさい。

　　（注意：助詞や助動詞は必ずその下位分類の名で書きなさい。）

1. 見る<u>なり</u>立ちあがった。（　　　　　　　　　　　　）

2. われわれはわれわれ<u>なり</u>の方式でいく。（　　　　　　　　　）

3. お茶<u>なり</u>もらおうか。（　　　　　　　　）

4. 「早くやってくれよ。」「<u>だって</u>、ほんとうに暇がないんですよ。」

　　（　　　　　　　　　　）

5. だれ<u>だって</u>知らない。（　　　　　　　　　）

6. そんなに急い<u>だって</u>もう間に合わない。（　　　　　　　　）

7. いくら静か<u>だって</u>交通の不便なところでは困る。（　　　　　　　　　）

8. 速さは世界一<u>だって</u>うわさだ。（　　　　　　　）

9. そんなことは子供<u>でも</u>分かる。（　　　　　　　）

10. 金持ち<u>でも</u>幸福だとはかぎらない。（　　　　　　　　　）

11. お客様<u>でも</u>見えたらどうするの。（　　　　　　　　）

12. あの人に何度も手紙を出してみたわ。<u>でも</u>、一度も返事をくれなかったの。
　　（　　　　　　　　）

13. 彼はおしゃべり<u>の</u>好きな人です。（　　　　　　　　）

14. わたしはとてもいやな<u>の</u>。（　　　　　　　　）

15. きれいな<u>の</u>をください。（　　　　　　　）

16. 死ぬ<u>の</u>生きる<u>の</u>と言って騒ぐ。（　　　　　　　　　）（　　　　　　　　　　）

二、次の（　　）の中に仮名一字ずつ助詞を書き入れなさい。

1. きょうの会には 10 人（　　）（　　）来なかった。

2. そんなことは三つの子供（　　）（　　）知っている。

3. わが家（　　）（　　）のよい所はない。

4. 洗濯（　　）（　　）（　　）自分でできる。

5. 油断した（　　）（　　）（　　）に事故を起こしてしまった。

6. あなたがそうおっしゃったから（　　）（　　）、そうしたんじゃありませんか。

7. これはよい本だ。みんながほめる（　　）（　　）のことはある。

8. 通勤時間がだいたい同じなら、お互いが出会う確率は高いのですから、当然とい
　　えばそれ（　　）（　　）のことです。

9. 「分かりましたよ、それじゃ、うちに電話しますから、課長から遅くなる理由を
　　説明してやってくれますか？」「ああ、もちろんいい（　　）（　　）。」

10. その番組名って何でした（　　）（　　）？

三、次の日本語を中国語に訳しなさい。

1. さすがに横綱だけあって、相手を前にしてもびくともしない。

2. 来年こそは合格するぞ。

3. 夏休みもあと 1 日きりだ。

4. 出発するばかりのところに邪魔が入った。

5. 書面でなり口頭でなり申し込むこと。

6. 子供のころは君とよくけんかをしたっけ。

7. 手も骨と皮ばかりになって、針がなかなか刺さりません。

8. 仕事さえすめば、三時に帰ってよい。

9. 色素沈着は程度の差こそあれ、ほぼ 100 パーセント生じます。

10. どんなに正しいことでも、子どもに伝わらなかったら意味がありません。

四、次の各文の（　　　）に後から適当なものを選んで番号で答えなさい。但し、後にあげるものは、それぞれ一回しか使わないこと。

1. 彼は自分の命を捨てて（　　　　）国家の財産を守った。

2. 七月になって、ぬか雨（　　　）降らなかった。

3. 銀行で借りる（　　　）なら、私が貸してあげるのに。

4. できる（　　　）努力してみましょう。

5. 見たもの、聞いたもの（　　　）が、一時記憶されます。

6. 英語も数学も学校を出てからは、忘れていく（　　　）だ。

7. その言い方は、皮肉で（　　　）あれ、けっしてユーモアとは言えない。

8. みて。残ったお金はこれっ（　　　）よ。

9. だれと（　　　）喧嘩するんじゃありませんよ。

10. 会場にはまだ 10 人（　　　）残っている。

     A など　　　B こそ　　　C さえ　　　D きり　　　E ほど

     F まで　　　G だけ　　　H でも　　　I くらい　　　J ばかり

五、次の各文は助詞の使い方がまちがっている。一ヵ所だけなおして正しい表現にしなさい。

1. みんなはそろったところで料理が出た。（　　　　　　　　　　　）

2. 隣の部屋から人の話し声をします。（　　　　　　　　　　）

3. 試験の前ばかりに、風邪を引かないように気をつけてください。（　　　　　　　　）

4. 着物が日で焼けて色が褪せた。（　　　　　　　　　）

5. どんなにたくさん本を買ったところが、読まなければなんにもならない。

   （　　　　　　　　）

6. 用事というくらいのことはない。（　　　　　　　　　）

7. 彼は日曜どころか、正月こそ働きに出る。（　　　　　　　　）

8. 風が強いうえに、雨でも降ってきた。（　　　　　　　　　）

9. 今朝のニュースによって、またドルが下がったそうだ。（　　　　　　　　）

10. 東京に大地震が起こると、大きな被害が出るだろう。（　　　　　　　　）

11. わたしは父よりも母のほうとよけい似ている。（　　　　　　　　）

12. 引き受けはしたものを、どうしたらいいか分からない。（　　　　　　　　）

六、次の段落を朗読し、中国語に訳しなさい。

　　文法は「ことばのきまり」と言い換えられることがある。広くとれば、どのような場面でどのようなことばを使うかもきまりであるが、それは表現の選択に関する文体論の問題で、文法は、時間の流れに沿った一つづきの言語表現がどのように組み立てられるかについての類型に関するきまりである。

　　文法は、それぞれの民族がそれぞれに発展させてきたもので、歴史上の関係から相互によく似た文法をもつ言語もあるが、言語を分けるには文法上の違いが主要な目印になる。

　　日本語の文法的特色をごく概略に列挙するならば、まず、文の構造について、述語が文末におかれ、主語はこれに先立つというのが第一の性質である。また修飾語は常に被修飾語に先立つ。これは名詞が形容詞や助詞の「の」を受けたり、動詞が副詞を受けたり目的語や補語をとったりする場合などである。時に述語が倒置されることがあり、また主語その他の成分が省略されることが少なくない。

　　文節という単位が認められ、それを構成する上で語が二種に大別される。一は詞で、文節の主成分たる自立語、他は辞で、常に詞のあとに伴う附属語である。

　　詞は、体言（名詞、数詞、代名詞）、用言（動詞、形容詞、形容動詞）及びその他の副用言（副詞、連体詞、接続詞、感動詞）に分かれるが、体と用との差は、用言が活用という文法上の語形変化の体系をもつ点である。形容詞がある程度動詞と共通の活用形式をもち、文の述語として用いられることは、英語等に比して特異な点の一つである。

　　辞も、活用の有無によって助詞と助動詞とに分かれる。助詞は、詞の表す客観的概念に対して、他の概念への関係づけ（格の指示及び接続）や判断への量的限定を行ったり、話し手の感情的評価や話の相手に対する働きかけをしたり、その他話し手の心的操作に属する表現をする。特に助詞「は」は、主題とその解説叙述を具えた文の構造に、特別の役割をもつものとして論議が多い。

　　助動詞は、用言の活用や体言に更に活用の語尾を加える形で用いられ、指定、推量、否定（打ち消し）、完了及び過去の表現、受け身使役の表現、尊敬表現その他の働きをもつ。

　　助詞、助動詞ともにその数は比較的限られているが、一つの詞の後にいくつか重ねて用いられる複雑な表現がある。「私－に－だけ－でしょ－う－ね」「書か－せ－られ－なかっ－た－の－です－か」などのように。連続の形式とともに一語一語の用法を外国人に学習させるには工夫がいる。

　　詞のうちのあるものは、他の詞に対して補助的な意味を添える。補助用言（補助動詞、補助形容詞）は、受給表現、アスペクト（動作態）等に関して、助動詞のようにしきりに用いられる。また「こと、の」等の形式名詞がある。これらは実質的な意味をもたないが、文法上の役割をはたしている。

　　待遇表現いわゆる敬語は、伝達の内容や場面による用語選択として、語彙論や文体論にかかわる面が多い。しかし、助動詞や連語や、受給などに関連する補助動詞等、相交渉して、表現形式に法則性が著しいという文法的性格をもつ点で、日本語を特色づけている。

（佐治圭三・林大）

· 练习参考答案 ·

第 1 课课外练习（P5）

一、

1. （文節数：6　　単語数：12）
2. （文節数：3　　単語数：5）
3. （文節数：5　　単語数：8）
4. （文節数：5　　単語数：9）
5. （文節数：4　　単語数：13）
6. （文節数：3　　単語数：6）

二、

1.

　　文の成分として、議論されることが多いのは、主語、述語、修飾語、独立語、補助成分などである。

　　文の中で、「何がどうする」「何がどんなだ」「何が何だ」における「何が」を示す文節を（主）（語）という。

　　文の中で、「何がどうする」「何がどんなだ」「何が何だ」における「どうする」「どんなだ」「何だ」にあたる語または文節を（述）（語）という。

　　修飾語は、ある語句の概念を限定したり、意味を詳しくしたりする語である。体言を修飾するものを（連）（体）（修）（飾）（語）、用言を修飾するものを（連）（用）（修）（飾）（語）という。

　　主語と述語、修飾語と被修飾語のように、他の成分と特定の関係をもつというようなことがなく、文中で比較的独立しているものを（独）（立）（語）という。

　　（補）（助）（動）（詞）と（補）（助）（形）（容）（詞）は、本来の意味・用法の独立性が薄れ、述語の下に付いて、もっぱら付属的に用いられるようになったものである。

2.

　　単語は、文構成の（最）（小）単位で、特定の意味と文法上の職能を有するものである。例えば、「花が赤い」という文は、「花」「が」「赤い」の三つの（単）（語）に分けられる。

三、

1. （連体修飾語）
2. （補助成分）
3. （連用修飾語）
4. （述語）
5. （独立語）
6. （連用修飾語）
7. （主語）
8. （連用修飾語）

四、

問1

木に白い美しい花がいっぱい咲きました。木は自分の姿がこんなに美しくなったので、嬉しくてたまりません。けれどだれ一人、「美しいなあ」とほめてくれるものがないのでつまらないと思いました。木はめったに人の通らない緑の野原の真ん中にぽつんと立っていたのであります。

問2

（　4　）

問3

木に｜白い｜美しい｜花が｜いっぱい｜咲きました｜。（　6　）

問4

　　主語　　　：<u>花が</u>

　　述語　　　：<u>咲きました</u>

　　連体修飾語：<u>白い、美しい</u>

　　連用修飾語：<u>木に、いっぱい</u>

問5

<u>木</u>は<u>自分</u>の<u>姿</u>が<u>こんなに</u><u>美しく</u><u>なった</u>ので、<u>嬉しく</u>て<u>たまり</u><u>ません</u>。（　16　）

問6

　　補助成分：<u>いた、あります</u>

五、（略）

第 2 课课外练习（P11）

一、

1. ○

第 1 题「自立語は一つだけで文節になりうる」，意思是"独立词可以单独构成句节"。这与独立词的定义相符合，所以是正确的。

2. ×

第 2 题「自立語は必ず付属語を伴って文節をなす」，意思是"独立词构成句节时，必须带有附属词"。而按照"独立词"的定义，独立词可以单独构成句节，并不是一定需要带有附属词，因此第 2 题是错误的。

3. ○

第 3 题「付属語は必ず自立語に付属して用いられるものである」，意思是"附属词必须跟在独立词后使用"，也就是说"附属词不可以单独使用"。日语的附属词包括助动词和助词。这两类词的确必须跟在独立词后使用，不能够单独出现，所以第 3 题是正确的。

4. ×

第 4 题「自立語で活用がないものはすべて体言である」，意思是"所有没有活用的独立词都是体言"。从本课的"日语单词分类图"中，可以看到：没有活用的独立词，除了体言，还有连体词、副词、接续词和感叹词。所以"没有活用的独立词"并不都是"体言"，第 4 题是错误的。体言与连体词、副词、接续词、感叹词最大的区别在于：体言可以构成主语。因此，正确的说法可以是「自立語で活用がなく、且つ主語になれるものはすべて体言である」。

5. ○

第 5 题「自立語で活用があるものはすべて用言である」，意思是"所有有活用的独立词都是用言"。根据本课的"日语单词分类图"，可以发现：有活用的独立词包括动词、形容词和形容动词，这三类词确实都属于用言。因此第 5 题是正确的。

6. ×

第 6 题「体言を名詞・数詞・代名詞に分けたのは、主としてその文法的働きの違いを基準にした分類である」，意思是"把体言分为名词、数词和代词，主要是以其语法职能的不同为基准进行分类的"。名词、数词和代词都属于体言，体言最大的语法职能是可以构成主语，因此，名词、数词和代词在语法职能上具有相似的一面，语法职能难以作为区分三者的基准。而在形态方面，名词、数词和代词由于都没有活用，所以相互也比较接近。名词、数词和代词最大的不同还是体现在意义方面：名词一般表示事物的名称；数词表示数量或顺序；代词则指代某一人、事或物。所以第 6 题是错误的。正确的说法应该是「体言を名詞・数詞・代名詞に分けたのは、主としてその意味上の違いを基準にした分類である」。

7. ○

第 7 题「用言を動詞・形容詞・形容動詞に分けたのは、主として形態上（語形上）の違いを基準にした分類である」，意思是"把用言分为动词、形容词和形容动词，主要是以其形态上（词形上）的不同为基准进行分类的"。动词、形容词和形容动词都属于用言，用言在语法职能方面最大的特点是可以单独构成谓语，因此动词、形容词和形容动词在语法职能上具有相似之处；而这三类词，在意义上也有相似或者相近的地方，比如：动词、形容词、形容动词中都有一些词可以用来表示事物的状态；只有在形态（词形）方面，动词、形容词和形容词各自具有区别与其他两者的鲜明特征：动词的词尾最后一个音节是「う」段音，形容词的词尾是「い」，形容动词的词尾是「だ」或者「です」。因此第 7 题是正确的。

8. ○

第8题「連体詞は必ず連体修飾語になるものである」，意思是"连体词只能充当连体修饰语"。所谓"连体词"，是指仅对体言起修饰作用的词。因此，连体词只有一个用法，就是单独作连体修饰语，第8题是正确的。

9. ×

第9题「副詞は必ず連用修飾語になるものである」，意思是"副词只能充当连用修饰语"。所谓"副词"，是指修饰用言又没有活用的独立词。副词可以单独构成连用修饰语。但是，副词的用法并不仅仅限于构成连用修饰语，副词还有许多转用的用法，例如在一定条件下，副词可以作主语，可以作连体修饰语，还可以构成谓语等。所以第9题是错误的。正确的说法是「副詞は連用修飾語になることができる」。

10. ×

第10题「付属語は活用がないものである」，意思是"附属词是没有活用的词"。根据前面的"日语单词分类图"，可以看到：附属词分为两类，一类是有活用的助动词，另一类是没有活用的助词。因此，认为"附属词都没有活用"是不正确的。正确的说法可以是「助詞は活用のない付属語である」。

二、

1. 「自立語」：

「自立語」とは、実質的な意味を表し、文中で単独でも文節を構成できる単語である。名詞・数詞・代名詞・動詞・形容詞・形容動詞・連体詞・副詞・接続詞・感動詞は、自立語である。

在论述"独立词"的概念时，应该注意三点：第一，独立词是单词的一种；第二，在意义方面，独立词具有实质意义；第三，在语法职能方面，独立词可以单独构成句节。

2. 「付属語」：

「付属語」とは、実質的な意味を持たなく、単独では文節を構成できず、常に自立語の下について文節の一部として用いられる単語である。助動詞と助詞は付属語である。

在论述"附属词"的概念时，也应该注意三点：第一，附属词是单词的一种；第二，在意义方面，附属词不具有实质意义；第三，在语法职能方面，附属词不可以单独构成句节。

三、

1. b   2. b   3. c   4. a   5. a   6. b

四、

1. b   2. d   3. b   4. a   5. b   6. c

五、

問1

　　バスがカーブを曲がってくる。目の前に流れてきてゆっくり止まり人々は並んでぞろぞろ乗り込む。バスはとても込んでいた。暮れる空がはるかビルの向こうへ消えてゆくのをつり革につかまった手に持たれかかるようにして見つめていた。まだ若い月がそうっと空を渡ってゆこうとしているのが目に止まった時バスが発車した。　　（　5　）

問2

　　自立語：＿＿バス、カーブ、曲がっ、くる＿＿＿

　　付属語：＿＿＿＿＿が、を、て＿＿＿＿＿＿＿＿

問3

　　助動詞：＿＿＿＿＿う、た、た＿＿＿＿＿＿＿＿

　　助詞　：＿が、を、て、と、て、が、に、が＿

六、　（略）

第3课课外练习（P20）

一、

　　这道题的正确答案是：a、c、f、h。

　　在解答这道题时，先分别用这些词语造句，看看它们是否可以不加任何助词，直接修饰用言。如果可以的话，这个词就具有副词性用法。具体分析如下：

a 普通：

　　在「普通こういう可能性はない。」一句中，「普通」直接修饰形容词「ない」，所以「普通」具有副词性用法。

b 普遍：

　　如短语「普遍の真理」所示，「普遍」不可以直接修饰用言，一般加助词「の」修饰体言。「普遍」只有名词性用法，没有副词性用法。

c 先日：

　　在「先日失礼しました。」一句中，「先日」直接修饰动词「失礼する」，所以「先日」具有副词性用法。

d 先方：

　　如「先方のご意向はどうなんですか。」所示，「先方」不可以直接修饰用言，但是可以加词「の」修饰体言。「先方」只有名词性用法，而没有副词性用法。

e 実情：

　　如「実情を知らない。」一句所示，「実情」不可以直接修饰用言，但是可以通过

加助词「を」构成连用修饰语。「実情」只有名词性用法，没有副词性用法。

f 実際：

在「彼等の仕事ぶりには実際感心する。」一句中，「実際」直接修饰动词「感心する」，因此，「実際」具有副词性用法。

g 結果：

如「投票の結果を新聞で知る。」所示，「結果」不可以直接修饰用言，但是可以通过加助词「を」构成连用修饰语。「結果」只有名词性用法，没有副词性用法。

h 結局：

在「結局だれがやるのか。」一句中，「結局」直接修饰用言「やる」，因此「結局」具有副词性用法。

二、

1. d

这道题目应该从造语的角度进行分析：虽然 a、b、c、d 都是名词，但是，a「はなし」、b「ながめ」和 c「かざり」都是从动词转化而来的，只有 d「つくえ」原本就是名词，所以这道题应该选择 d。

2. d

a「春風」、b「うすぎ」和 c「窓際」都是复合词，只有 d「考え方」是派生词，它含有接尾词「方」，所以这道题应该选择 d。

3. d

a「ご飯」、b「小雨」和 c「初春」都是派生词，「ご飯」含有接头词「ご」，「小雨」含有接头词「小」，「初春」含有接头词「初」。而「大人」是复合词，所以这道题应该选择 d。

4. b

a「授業中」、c「予想外」和 d「西洋風」都是包含接尾词的派生词，「授業中」含有接尾词「中」，「予想外」含有接尾词「外」，「西洋風」含有接尾词「風」。只有 b「無愛想」是包含接头词「無」的派生词，所以这道题应该选择 b。

5. c

a「人々」、b「山々」和 d「国々」都是叠词，只有 c「滅茶苦茶」是复合词，所以这道题应该选择 c。

三、

1. b

这道题应该从究竟是一个单词还是两个单词的角度来思考。a「静かだ」、c「病気がちだ」、d「風邪気味だ」、e「妙だ」都是一个单词，而且都是形容动词。只有 b「病気だ」是两个单词，即名词「病気」加上断定助动词「だ」。所以这道题应该选择 b。

2. c

a「小男」、b「小鮒」、d「小川」、e「小雨」都是派生词，因为 a「小男」、b「小鮒」、e「小雨」中的「小（こ）」以及 d「小川」中的「小（お）」都属于接头词。

只有 c「小麦」表示的是「麦」的一个种类，其中的「小」不是接头词，因此 c 不是派生词，而是复合词。所以这道题应该选择 c。

3. a

a「目覚め」中的「目」和「覚める」之间的关系可以用提示主语的助词「が」来表示，因此是主谓结构。b「名づけ」中的「名」和「つける」、c「夢見」中的「夢」和「見る」、e「花見」中的「花」和「見る」之间的关系都可以用提示宾语的助词「を」来表示，因此都是连用修饰结构。d「旅立ち」中的「旅」和「立つ」之间的关系可以用助词「に」来表示，因此也是连用修饰结构。所以这道题应该选择 a。

4. e

a「出入り」中的「出る」和「入る」、b「好き嫌い」中的「好き」和「嫌い」、d「草木」中的「草」和「木」之间的关系都可以用表示对等的助词「と」来表示，因此是对等结构。而 c「高名」中的「高」和「名」是连体修饰结构。「人助け」中的「人」和「助ける」之间的关系可以用提示宾语的助词「を」来表示，因此是连用修饰结构。所以这道题应该选择 e。

5. a

a「父親」是指在父母中作为父亲的人，「父」对「親」进行限定，因此是连体修饰结构。b「親子」是指「親と子」，是对等结构。c「親譲り」中的「親」是「譲る」的主体，「親」和「譲る」之间可以用提示主语的助词「が」来表示，因此是主谓结构。d「親孝行」中的「親」和「孝行する」之间可以用助词「に」来表示，属于连用修饰结构。e「子守り」中的「子」和「守る」之间可以用提示宾语的助词「を」来表示，因此和 d「親孝行」一样，也是连用修饰结构。所以这道题应该选择 a。

四、

証（あかし）、麻（あさ）、跡（あと）、穴（あな）、網（あみ）、主（あるじ）、泡（あわ）、頂（いただき）、市（いち）、稲（いね）、芋（いも）、岩（いわ）、渦（うず）、器（うつわ）、梅（うめ）、襟（えり）、尾（お）、公（おおやけ）、

丘（おか）、沖（おき）、掟（おきて）、雄（おす）、鬼（おに）、趣（おもむき）、折（おり）、鏡（かがみ）、垣（かき）、革（かわ）、影（かげ）、塊（かたまり）、鐘（かね）、雷（かみなり）、殻（から）、柄（がら）、冠（かんむり）、傷（きず）、

絹（きぬ）、牙（きば）、霧（きり）、茎（くき）、鎖（くさり）、癖（くせ）、唇（くちびる）、蔵（くら）、獣（けもの）、志（こころざし）、粉（こな）、暦（こよみ）、境（さかい）、侍（さむらい）、猿（さる）、潮（しお）、滴（しずく）、舌（した）、

質（しつ）、芝（しば）、霜（しも）、汁（しる）、印（しるし）、城（しろ）、酢（す）、姿（すがた）、杉（すぎ）、筋（すじ）、鈴（すず）、砂（すな）、滝（たき）、丈（たけ）、縦（たて）、盾（たて）、棚（たな）、束（たば）、

魂（たましい）、乳（ちち）、筒（つつ）、綱（つな）、角（つの）、翼（つばさ）、露（つゆ）、扉（とびら）、富（とみ）、苗（なえ）、鉛（なまり）、縄（なわ）、荷（に）、鶏（にわとり）、沼（ぬま）、墓（はか）、端（はし）、旗（はた）、

鉢（はち）、浜（はま）、瞳（ひとみ）、笛（ふえ）、札（ふだ）、縁（ふち）、麓（ふもと）、蛇（へび）、頬（ほお）、仏（ぶつ）、幕（まく）、誠（まこと）、松（まつ）、豆（まめ）、幻（まぼろし）、幹（みき）、岬（みさき）、溝（みぞ）、

源（みなもと）、峰（みね）、宮（みや）、婿（むこ）、紫（むらさき）、芽（め）、雌（めす）、宿（やど）、病（やまい）、弓（ゆみ）、嫁（よめ）、枠（わく）、技（わざ）

五、

雨具（あまぐ）、本音（ほんね）、合間（あいま）、街角（まちかど）、偽物（にせもの）、稲妻（いなずま）、並木（なみき）、遺言（ゆいごん）、簡易（かんい）、解熱（げねつ）、外科（げか）、強引（ごういん）、

黄金（おうごん）、知恵（ちえ）、修行（しゅぎょう）、示唆（しさ）、重宝（ちょうほう）、意図（いと）、根性（こんじょう）、天然（てんねん）、下地（したじ）、頭脳（ずのう）、発作（ほっさ）、穀物（こくもつ）、

誇張（こちょう）、舗装（ほそう）、養生（ようじょう）、昨今（さっこん）、折半（せっぱん）、窒息（ちっそく）、伐採（ばっさい）、抹殺（まっさつ）、卵白（らんぱく）、繁盛（はんじょう）、反比例（はんぴれい）、

添付（てんぷ）、暗算（あんざん）、交代（こうたい）、為替（かわせ）、玄人（くろうと）、素人（しろうと）、時雨（しぐれ）、河原（かわら）、名残り（なごり）、砂利（じゃり）、芝生（しばふ）、
師走（しわす）、凸凹（でこぼこ）、雪崩（なだれ）、吹雪（ふぶき）、迷子（まいご）、発掘（はっくつ）、紡績（ぼうせき）、酪農（らくのう）、窮乏（きゅうぼう）、獲物（えもの）、無言（むごん）

六、

生糸（きいと）、素顔（すがお）、真心（まごころ）、真っ赤（まっか）、真ん丸（まんまる）、大詰め（おおづめ）、小雨（こさめ）、片言（かたこと）、空手形（からてがた）、過飽和（かほうわ）、
再提出（さいていしゅつ）、新発見（しんはっけん）、全役員（ぜんやくいん）、前首相（ぜんしゅしょう）、総動員（そうどういん）、大豊作（だいほうさく）、超特急（ちょうとっきゅう）、当劇場（とうげきじょう）、反主流（はんしゅりゅう）、
非人情（ひにんじょう）、被選挙権（ひせんきょけん）、不義理（ふぎり）、不器用（ぶきよう）、無作法（ぶさほう）、未登録（みとうろく）、無免許（むめんきょ）、名演技（めいえんぎ）、
腐りかけ（くさりかけ）、行きがけ（ゆきがけ）、縫い方（ぬいかた）、黒目がち（くろめがち）、嫌気（いやけ）、大人気（おとなげ）、泣きっこ（なきっこ）、悲しさ（かなしさ）、
行き付け（行き付け）（ゆきつけ/いきつけ）、真剣み（しんけんみ）、叔母上（おばうえ）、訳知り顔（わけしりがお）、浴衣掛け（ゆかたがけ）、父方（ちちかた）、皆様方（みなさまがた）、時節柄（じせつがら）、
町ぐるみ（まちぐるみ）、皿ごと（さらごと）、夜毎（よごと）、お気の毒様（おきのどくさま）、八百屋さん（やおや）、納得尽く（なっとくず）、道連れ（みちづれ）、岸辺（きしべ）、
酒屋（さかや）、衆議院（しゅうぎいん）、組合員（くみあいいん）、支配下（しはいか）、一般化（いっぱんか）、論外（ろんがい）、匙加減（さじかげん）、業者間（ぎょうしゃかん）、罪悪感（ざいあくかん）、
熱血漢（ねっけつかん）、宗教観（しゅうきょうかん）、男気（おとこげ）、疲れ気味（つかれぎみ）、豊臣家（とよとみけ）、退社後（たいしゃご）、贅沢三昧（ぜいたくざんまい）、重大視（じゅうだいし）、
迷惑至極（めいわくしごく）、手当たり次第（てあたりしだい）、親戚中（しんせきじゅう）、一身上（いっしんじょう）、幼児性（ようじせい）、新感覚派（しんかんかくは）

七、

相性（あいしょう）、合図（あいず）、青線（あおせん）、赤字（あかじ）、挙句（あげく）、足駄（あしだ）、厚地（あつじ）、粗利（あらり）、石段（いしだん）、板材（いたざい）、色気（いろけ）、内気（うちき）、
裏地（うらじ）、浮気（うわき）、上役（うわやく）、得体（えたい）、表門（おもてもん）、親分（おやぶん）、掛軸（かけじく）、頭字（かしらじ）、角地（かどち）、金具（かなぐ）、金棒（かなぼう）、株券（かぶけん）、
上座（かみざ）、革製（かわせい）、生地（きじ）、車代（くるまだい）、黒字（くろじ）、消印（けしいん）、指図（さしず）、寒気（さむけ）、猿楽（さるがく）、敷金（しききん）、下地（したじ）、下座（しもざ）、
関所（せきしょ）、縦軸（たてじく）、強気（つよき）、釣台（つりだい）、釣銭（つりせん）、手帳（てちょう）、出番（でばん）、手本（てほん）、泥棒（どろぼう）、波線（なみせん）、荷台（にだい）、荷物（にもつ）、
布製（ぬのせい）、沼地（ぬまち）、場所（ばしょ）、場面（ばめん）、船便（ふなびん）、古本（ふるほん）、前金（まえきん）、丸太（まるた）、見本（みほん）、湯気（ゆげ）、弱気（よわき）、悪気（わるぎ）

八、

悪玉（あくだま）、縁側（えんがわ）、王手（おうて）、角煮（かくに）、額縁（がくぶち）、缶詰（かんづめ）、気心（きごころ）、客間（きゃくま）、金紙（きんがみ）、銀色（ぎんいろ）、現場（げんば）、作男（さくおとこ）、
座敷（ざしき）、桟橋（さんばし）、仕方（しかた）、軸物（じくもの）、仕事（しごと）、地主（じぬし）、自腹（じばら）、字引き（じびき）、地道（じみち）、地元（じもと）、職場（しょくば）、
素顔（すがお）、雑煮（ぞうに）、粗品（そしな）、反物（たんもの）、茶色（ちゃいろ）、茶店（ちゃみせ）、丁目（ちょうめ）、毒蛇（どくへび）、土手（どて）、土間（どま）、番組（ばんぐみ）、半袖（はんそで）、
本棚（ほんだな）、本場（ほんば）、本物（ほんもの）、無口（むくち）、無闇（むやみ）、銘柄（めいがら）、役柄（やくがら）、役場（やくば）、役目（やくめ）、役割（やくわり）、両足（りょうあし）、両替（りょうがえ）

九、 （略）

第 4 课课外练习（P33）

一、

虫 1（匹）	皿 4（客）	牛 10（頭）	洋服 1（着）
小舟 2（艘）	軍艦 1（隻）	箸 1（揃い・膳）	烏賊 2（杯）
枕 5（基）	椅子 3（脚）	辞書 1（冊）	自転車 8（台）
飛行機 6（機）	兎 2（羽）	資料 3（部）	和歌 100（首）
ビール 7（瓶・缶）	シーツ 2（枚）	りんご 4（個）	えび 1（尾）
葱 1（把）	部屋 6（室・畳）	家 2（軒）	靴下 3（足）
ご飯 3（膳）	包丁 2（挺）	ビル 1（棟）	鉛筆 5（本）

二、

3 分間（さんぷんかん）　3 百（さんびゃく）　3 本（さんぼん）　3 羽（さんば）

3 編（さんぺん）　　　3 日（みっか）　　3 脚（さんきゃく）　3 匹（さんびき）

3 足（さんぞく）　　　3 階（さんがい）　3 枚（さんまい）　3 組（さんくみ）

3 皿（さんさら・みさら）　3、4 人（さん、よにん）　4 分間（よんぷんかん）

4 本（よんほん）

4 階（よんかい）　4 月（しがつ）　4 年間（よねんかん）　4 足（よんそく）

4 日（よっか）　　4 時間（よじかん）　4、5 人（し、ごにん）　4 時（よじ）

4 羽（しわ）　4 ヵ月（よんかげつ）　4 匹（よんひき）　4 編（よんぺん・よんへん）

三、

8 名（はちめい）　　4 氏（よんし）　　8 頭（はっとう）

10 羽（じっぱ、じゅっぱ、じゅうわ）

6 尾（ろくび）　　　1 本（いっぽん）　　1 鉢（ひとはち）　　2 株（ふたかぶ）

5 束（ごたば）　　　7 把（ななわ）　　　10 枚（じゅうまい）8 着（はっちゃく）

1 揃い（ひとそろい）6 組（ろっくみ）　　6 缶（ろっかん）　　7 皿（ななさら）

5 膳（ごぜん）　　　1 挺（いっちょう）8 脚（はちきゃく）　9 軒（きゅうけん）

8 戸（はちこ）　　　7 両（ななりょう）8 隻（はっせき）　　10 艘（じっそう・じゅっそう）

6 機（ろっき）　　　1 部（いちぶ）　　6 首（ろくしゅ）　　9 字（きゅうじ）

7 行（ななぎょう）　9 月（くがつ）　　7 月（しちがつ）　　8 日（ようか）

20 日（はつか）　　7 時（しちじ）　　9 時（くじ）　　　9 度（きゅうど）

四、　（略）

第5课课外练习（P45）

1. （ 代名詞の一部 ）
2. （ 感動詞 ）
3. （ 副詞 ）
4. （ 副詞の一部 ）
5. （ 代名詞 ）
6. （ 感動詞 ）
7. （ 代名詞 ） （ 接続詞の一部 ）
8. （ 接続詞の一部 ）
9. （ 連体詞 ） （ 代名詞 ）
10. （ 接続詞の一部 ）
11. （ 接続詞の一部 ）
12. （ 接続詞の一部 ）
13. （ 代名詞 ）

「こ〜」「そ〜」「あ〜」「ど〜」的词性有多种可能性，不仅仅是代词。下面举一些例子。

	語例	品詞名	用例
1	こ〜	代名詞	☞ これは初めてでございます。（这是第一次。）
		連体詞	☞ この場合どうなるんでしょうか？（这种情况会怎样呢？）
		副詞	☞ こう言っているのです。（是这样说的。）
		感動詞	☞ これ、そんなことをしてはいけない。（喂，不能做那样的事。）
2	そ〜	代名詞	☞ それがいいですね。（那很好呢。）
		連体詞	☞ その理由について説明します。（我来说明其理由。）
		副詞	☞ そうではない。（并非那样。）
		接続詞の一部	☞ それでは、がんばってくださいね。（那么，请加油哦。）☞ そのうえ、飲み水さえない。（而且，连饮用水都没有。）

	語例	品詞名	用例
		感動詞	☞ <u>そら</u>、早く摑まえろ。 （喂，快抓起来！）
		伝聞助動詞の一部	☞ 爺さんはなぜか涙を流していた<u>そう</u>だ。 （听说老爷爷不知为何流下了眼泪。）
		様態助動詞の一部	☞ 外見は硬<u>そう</u>だ。 （外表看起来很硬。）
3	あ〜	代名詞	☞ <u>あれ</u>から五十年近くの歳月が流れた。 （从那以后过了将近五十年的岁月。）
		連体詞	☞ <u>あの</u>二人は互いに顔さえも知らないはずだ。 （那两个人应该彼此都不认识。）
		副詞	☞ <u>ああ</u>しろ、こうしろ、ではなく、自分の経験を子供たちに教えてあげる、ということです。 （不是说要那样做、这样做，而是把自己的经验教给孩子们。）
		感動詞	☞ <u>あれ</u>、もしかしたらあの作家のこと？ （咦，莫非是那个作家？）
4	ど〜	代名詞	☞ <u>どれ</u>を見ても泣けてきます。 （无论看哪个都会哭出来。）
		連体詞	☞ <u>どの</u>部屋にも宏也の姿はなかった。 （哪个房间里都没有宏也的身影。）
		副詞	☞ <u>どう</u>したらよいのでしょうか？ （怎么办才好呢？）
		感動詞	☞ <u>どれ</u>、わしにやらせてみなさい。 （喂，让我来试试吧！）

二、

1. A（ b ）　B（ a ）　C（ a ）　D（ b ）　E（ a ）　F（ b ）
2. A（ b ）　B（ b ）　C（ a ）　D（ b ）　E（ a ）　F（ c ）
　 G（ a ）　H（ b ）　I（ b ）

三、

A（ a ）　B（ b ）　C（ b ）　D（ a ）　E（ b ）　F（ d ）
G（ d ）　H（ c ）　I（ c ）　J（ d ）　K（ c ）　L（ b ）
M（ d ）　N（ b ）　O（ d ）　P（ b ）　Q（ b ）

四、

①その頃：二十年近く前。

②その無気味な雰囲気：江戸川乱歩先生のお書斎にはお化けの人形がぶら下っている。

③ああいう小説：推理小説。

④それ：ああいう小説。

⑤そういう御生活：江戸川乱歩先生のお書斎にはお化けの人形がぶら下っている。その無気味な雰囲気の中で、先生は深夜人の寝鎮まるのを待って、蝋燭の灯で仕事をされる。

⑥これ：そういう御生活。

⑦そんなに心配すること：私は怖れをなして一度尻込みしてお目にかかりたいという希望を捨てようかと思った。

⑧これ：「そんなに心配することはありません。とても親切ないい方ですよ。僕は原稿を持って行っては、教えて頂いているんですが――」

⑨そういういろいろなこと：雑誌の記事、人の噂、先生の小説、先生の御生活、先生のお弟子だと自称していたある青年のことば。

⑩あの青年：先生のお弟子だと自称していたある青年。

五、

①そういう：北陸の片田舎。

②そういう：梅干の入った大きいお握りで、とろろ昆布でくるむか、紫蘇の粉をふりかけるかしてあった。浅草海苔をまくというような贅沢なことは、滅多にしなかった。

③それ：そういうお握り。

④この：薄暗い土間に、青味をおびた煙が立ちこめ、かまどの口から、赤い焔が蛇の舌のように、ちらちらと出る。

⑤それ：煤。

⑥それ：火が、細長い光の点線になって、チカチカと光る。

⑦その：夢の続きのように見えた火。

⑧その：上手に釜底にくっついたまま残されている。

⑨それ：おいしそうなおこげ。

⑩この：香ばしく、塩味がよく効いた。

⑪これ：あついお握りを吹きながら食べると、たき立てのご飯の匂いが、むせるように鼻をつくこと。

⑫こういう：温かく健やかな。

⑬それ：都会で育ったうちの子供たちに温かく健やかな味を教えてやること。

六、　　（略）

第 6 课课外练习（P65）

一、

1. （　　　形式体言　　　）　　　2. （　　　　格助詞　　　　）
3. （　　　　接続助詞　　　）　　　4. （　形式体言＋格助詞　）
5. （　　打消の助動詞　　）　　　6. （　　　形式体言　　　）
7. （　　打消の助動詞　　）

二、

1. はず　　2. わけ　　3. わけ　　4. はず　　5. はず　　6. わけ

本题涉及「わけ」和「はず」的使用辨析，下面加以简单说明。

★　辨析：「わけ」和「はず」

(1)「わけ」：

「わけ」主要表示从道理、情理上进行解释、说明。

「わけ」可以构成句型「～わけだ」「～わけではない」「～わけがない」「～わけにはいかない」等。

「～わけだ」「～わけではない」表示道理、情理上是或者不是那样一回事；「～わけがない」「～わけにはいかない」表示道理、情理上不可能或者不能做某事。

(2)「はず」：

「はず」主要表示有把握的猜测、推测。

「はず」可以构成句型「～はずだ」「～はずがない」「～はずだった」「～たはず／ているはず」等。

「～はずだ」「～はずがない」表示猜测或推测肯定会发生某事或者肯定不会发生某事；「～はずだった」表示过去的有把握的猜测、推测，但事实往往与之相异；「～たはず／ているはず」表示猜测或推测肯定已经发生或者正在发生某事。

三、

1. うえに　　2. うえは　　3. うえは　　4. うえで　　5. うえに　　6. うえで

本题涉及「うえで」「うえに」「うえは」的使用辨析，下面加以简单说明。

★　辨析：「うえで」「うえに」「うえは」

(1)「うえで」：

「～うえで～」可以表示"在……之后……""在……基础上……"，也可以表示"在……方面……"。

(2)「うえに」：

「～うえ（に）～」表示添加，意思是"……而且……"。

(3)「うえは」：

「～うえは～」表示"既然……那就……"。

四、

1. ため　　2. まま　　3. とおり　　4. わけ　　5. ところ　6. はず　　7. こと
8. つもり　9. うち　　10. の　　　11. うえ　　12. ほう　　13. もの

五、

1. 我在那里的时候，没有想过那种事。
2. 那件事情他也有责任，所以没有必要由你一个人承担责任啊。
3. 如果不相信，就当我什么都没有说过吧。
4. 弟弟决定原原本本地说出来。
5. 拼命学习总算值得，这次考试考得很好。
6. 麻烦的是，开始下雨了。
7. 如果不想让孩子碰到，那么从一开始就应该放在手够不着的地方。
8. 如果你无论如何都要我做，那么我姑且做做看，但是我想不会顺利的呀。
9. 这种问题应该问本人。
10. 非常希望积极地解决问题。
11. 我年轻时经常做这样的梦。
12. 水本来就是向低处流的。
13. 今天早上去了东京，现在刚回来。
14. 差一点就被车轧了。
15. 我现在正要出门，我想过三十分钟左右可以到。
16. 就在她站在店门口迟疑不决的时候，刚好有一条船回来了。
17. 根据记录，他应该是 30 岁。
18. 钱包明明放在包里了，但是回家一看，却没有了。
19. 如果是他，肯定行的。
20. 我的房间里都是书，但是我并没有都看过，有许多书买是买了，可连翻都没有翻开。
21. 并不是不相信他。
22. 由于台风临近，波浪变高了。
23. 为了孩子们着想，还是在接近自然的农村生活比较好。
24. 虽然自认为检查很谨慎，但还是掺杂了次品。
25. 我不认为自己说过那样的话。
26. 他似乎自认为是一个好男人，好像从来没有照过镜子似的。
27. 如果拼命努力，就没有干不成的事。
28. 决定把钱存起来，就当作是去旅行了。
29. 新干线在白天的时候相当空。在这种情况下，不是指定座位反而更能悠闲地坐着。
30. 如果半途而废，那么还不如从一开始就不干。
31. 请不要穿着鞋进屋。
32. 去年向他借了一万日元（还没有还）。
33. 静香总是按照妈妈的话做决定，几乎没有自己选择过。

34. 有许多时候，事物并不是按照自己所想的那样发展的。

35. 在分析实际情况的基础上，如果有不完善的地方，就提出改善点和解决对策。

36. 她不仅没有找到工作，而且又被恋人甩了，非常消沉。

37. 说着说着，渐渐有了自信。

38. 趁天还没黑，去买些东西来吧。

六、 （略）

第 7 课课外练习（P95）

一、

動 詞 活 用 表

動詞の種類	動詞の基本形	語幹 活用形	未然形	連用形	終止形	連体形	仮定形	命令形
五段活用動詞	焼く	焼	か こ	き い	く	く	け	け
	飲む	飲	ま も	みん	む	む	め	め
	洗う	洗	わ お	い っ	う	う	え	え
	話す	話	さ そ	し	す	す	せ	せ
	（特殊五段活用動詞）なさる	なさ	ら ろ	い り っ	る	る	れ	い
上一段活用動詞	見る	○	み	み	みる	みる	みれ	みろ みよ
	生きる	生	き	き	きる	きる	きれ	きろ きよ
	できる	で	き	き	きる	きる	きれ	○
下一段活用動詞	出る	○	で	で	でる	でる	でれ	でろ でよ
	答える	答	え	え	える	える	えれ	えろ えよ

動詞の種類	動詞の基本形	語幹 活用形	未然形	連用形	終止形	連体形	仮定形	命令形
カ行変格活用動詞	来る	○	こ	き	くる	くる	くれ	こい
サ行変格活用動詞	する	○	し せ さ	し	する	する	すれ	しろ せよ
	練習する	練習	し せ さ	し	する	する	すれ	しろ せよ

五段活用動詞：

　仰ぐ、焦る、操る、営む、覆う、襲う、陥る、脅かす、飼う、稼ぐ、絡む、渇く、削る、煙る、志す、凝る、遮る、騒ぐ、触る、記す、滑る、済む、擦る、迫る、携わる、漂う、経つ、継ぐ、尽くす、富む、浸す、誇る、譲る、揺らぐ、掘る、勝る、交わる、巡る、踏む

上一段活用動詞：

　老いる、省みる、試みる、強いる、染みる、尽きる、率いる

下一段活用動詞：

　植える、納める、構える、企てる、避ける、授ける、妨げる、締める、据える、攻める、尋ねる、仕える、遂げる、唱える、控える、褒める、緩める、揺れる、隔てる、経る、更ける、踏まえる

カ行変格活用動詞：

　来る

サ行変格活用動詞：

　関する、禁ずる、命ずる、感ずる、辞する、する、訳する、論ずる、甘んずる、決する

三、

五段活用動詞：

　交じる、握る、焦る、湿る、裏切る、限る、食い千切る、陰る、齧る、切る、嘲る、蹴る、遮る、しくじる、茂る、喋る、知る、帰る、返る、漲る、蘇る、滑る、契る、練る、罵る、入る、走る、翻る、耽る、減る、参る、要る、陥る、討ち入る、散る、弄る

334

一段活用動詞：

交ぜる、見せる、任せる、締める、占める、閉める、上げる、下げる、曲げる、
捧げる、着る、明ける、変える、甘える、述べる、浮かべる、並べる、過ぎる、
寝る、入れる、老ける、経る、入れ替える、居る、干る、応じる

四、

飽きる、欺く、扱う、謝る、著す、傷める、偽る、挑む、訴える、促す、奪う、
恨む、潤う、犯す、怠る、抑える、脅す、訪れる、衰える、織る、偏る、担ぐ、
兼ねる、交わす、築く、競う、鍛える、腐る、崩す、砕く、朽ちる、覆す、
悔やむ、敷く、茂る、慕う、従う、縛る、絞る、進める、廃れる、沿う、
損なう、染める、耐える、耕す、蓄える、黙る、賜る、垂れる、誓う、縮む、
費やす、慎む、募る、貫く、説く、伴う、慰める、嘆く、怠ける、濁る、担う、
脱ぐ、粘る、練る、臨む、映える、図る、励む、恥じる、弾む、果てる、
跳ねる、阻む、生やす、響く、膨らむ、舞う、賄う、紛れる、設ける、潜る、
催す、盛る、養う、敗れる、病む、和らげる、群がる、恵む、滞る、滅びる

五、

仰ぎ見る、遊び戯れる、洗い清める、併せ持つ、言い繕う、入り組む、
請け負う、受け継ぐ、打ち砕く、訴え出る、思い煩う、蹴飛ばす、責め苛む、
耐え忍ぶ、漂い出る、辿り着く、出揃う、滲み出る、練り固める、覗き見る、
這い入る、生え茂る、膨れ上がる、思い惑う、見積もる、割り当てる

六、

打ち消す、押し渡る、押っ広げる、差し押さえる、立ち返る、
突っ返す、取り扱う、引き続く、引っ手繰る、ぶち上げる、
黒みがかる、興がる、汗ぐむ、眠りこける、言いさす、垢じみる、秩序立つ、
調子づく、位置づける、気色ばむ、欲張る、大人びる、高ぶる、芝居めく

七、

自動詞：

旅する、茂る、渇く、来る、入る、困る

他動詞：

生やす、湧かす、飲ます、立て並べる、する、取る、飲む、憎む、枯らす、涸らす、

しまう、いう、怨む、こしらえる

八、

1. （　　　　名詞　　　　） 　　2. （　　動詞＋接続助詞　　）
3. （　　動詞＋接続助詞　　） 　　4. （　　　　副詞　　　　）
5. （　　　　副詞　　　　） 　　6. （　　　動詞の一部　　　）
7. （　　　　名詞　　　　） 　　8. （　　　名詞の一部　　　）
9. （　　　　副助詞　　　　） 　　10.（　　　　動詞　　　　）
11.（　　　名詞の一部　　　） 　　12.（　　　接続助詞　　　）

　　在词类分析题方面，应该注意有些词，它们形态相同或相似，但是意义不同，词性也不同。因此，在判断某个词的词性时，不可草率地下结论，而是应该首先分析该词的意义以及在句中所起的作用，然后再判定该词的词性。下面举一些例子。

	語例	品詞名		用例
1	きわめて	動詞＋接続助詞	☞	彼は一芸を<u>きわめて</u>いる。 （他有一技之长。）
		副詞	☞	その問題は<u>きわめて</u>解決しにくい。 （那个问题极难解决。）
2	至って	動詞＋接続助詞	☞	事ここに<u>至って</u>は手の打ちようがない。 （事已如此，无计可施。）
		副詞	☞	この冬は<u>至って</u>寒い。 （这个冬天极为寒冷。）
3	よって	動詞＋接続助詞	☞	話し合いに<u>よって</u>事件を解決する。 （通过协商解决事件。）
		接続詞	☞	その行為は社会の模範である。<u>よって</u>これを表彰する。 （其行为是社会的楷模。因此予以表彰。）
4	ついで	動詞＋接続助詞	☞	田中に<u>ついで</u>木村が２位に入った。 （继田中之后，木村名列第二。）
		接続詞	☞	歓迎のあいさつがあり、<u>ついで</u>宴会に移った。 （欢迎词结束后，接着进入宴会。）
		名詞	☞	<u>ついで</u>がない。 （不顺便。）
5	したがって	動詞＋接続助詞	☞	つきあいが深まるに<u>したがって</u>、良さがみえてくる。 （随着交往的深入，会发现对方的优点。）
		接続詞	☞	毎日遊んでばかりいる。<u>したがって</u>、学校の成績も悪い。 （每天只是贪玩。所以学校的成绩也不好。）

	語例	品詞名	用例
6	すると	動詞＋接続助詞	☞ 国際的水準から<u>すると</u>まだまだ足りない。 （与国际水平相比还远远不够。）
		接続詞	☞ わたしが歌った。<u>すると</u>妹も歌いだした。 （我唱了支歌。于是妹妹也唱起来了。）
7	および	動詞	☞ 影響が広く<u>および</u>ます。 （影响广泛。）
		接続詞	☞ 無色の気体<u>および</u>液体である。 （是无色气体及液体。）
8	つまり	動詞	☞ 予定が<u>つまり</u>ます。 （计划排得满满的。）
		接続詞	☞ <u>つまり</u>、君は行きたくないというんだね。 （也就是说，你不想去吧。）
9	より	動詞	☞ 合格するか否かは、君自身に<u>より</u>ます。 （是否合格取决于你自己。）
		格助詞	☞ ぼくは文学<u>より</u>数学のほうが好きだ。 （比起文学，我更喜欢数学。）
		副詞	☞ <u>より</u>多く<u>より</u>すぐれた作品を創作する。 （创作出更多更优秀的作品。）
10	なり	動詞	☞ 金持ちに<u>なり</u>たい。 （想成为有钱人。）
		接続助詞	☞ 見る<u>なり</u>立ち上がった。 （一看到就站了起来。）
		副助詞	☞ 書面で<u>なり</u>口頭で<u>なり</u>申し込むこと。 （书面或口头申请。）
		名詞	☞ <u>なり</u>ばかり大きくなる。 （身材变得魁梧。）
		名詞の一部	☞ 私は私<u>なり</u>に今後改善の方向に向けて努力をいたしたいと思います。 （我想以自己的方式朝着今后改善的方向努力。）
11	歓迎	サ変動詞の一部	☞ 彼の家ではずいぶん<u>歓迎</u>された。 （在他家受到了热情欢迎。）
		名詞	☞ 人々の<u>歓迎</u>を受ける。 （受到人们的欢迎。）

337

九、

1. b   2. a   3. b   4. a   5. b   6. a   7. b
8. b   9. a   10. c   11. a   12. b   13. c

十、

1. お貸しくださいませんでしょうか。　　　　○
2. お貸ししてくださいませんでしょうか。　　×
3. お貸しいただきませんでしょうか。　　　　×
4. お貸しいただけませんでしょうか。　　　　○
5. お貸しできませんでしょうか。　　　　　　×
6. 貸してくださいませんでしょうか。　　　　○
7. 貸していただきませんでしょうか。　　　　×
8. 貸していただけませんでしょうか。　　　　○
9. お貸しねがいませんでしょうか。　　　　　×
10. お貸しねがえませんでしょうか。　　　　　○
11. 借りていただけませんでしょうか。　　　　×
12. お借りできませんでしょうか。　　　　　　○
13. お借りしてもよろしいでしょうか。　　　　○
14. 貸してもよろしいでしょうか。　　　　　　×
15. お貸ししてもよろしいでしょうか。　　　　×

十一、 （略）

第 8 课课外练习（P109）

一、

形 容 詞 活 用 表

基本形	語幹 活用形	未然形	連用形	終止形	連体形	仮定形	命令形
よい	よ	かろ から	く かっ	い	い	けれ	○
寒い	寒	かろ から	く かっ	い	い	けれ	○

基本形	活用形＼語幹	未然形	連用形	終止形	連体形	仮定形	命令形
楽しい	楽し	かろ から	く かつ	い	い	けれ	○
小さい	小さ	かろ から	く かつ	い	い	けれ	○
すばらしい	すばらし	かろ から	く かつ	い	い	けれ	○

二、

1. （　　　形容詞　　　）（　　　　形容詞　　　　）
2. （　　　形容詞　　　）（　　打消の助動詞　　）
3. （　　打消の助動詞　　）
4. （　　補助形容詞　　）（　　補助形容詞　　）
5. （　　打消の助動詞　　）
6. （　　打消の助動詞　　）（　　打消の助動詞　　）
7. （　　形容詞の一部　　）
8. （　　打消の助動詞　　）（　　打消の助動詞　　）
9. （　　形容詞の一部　　）
10. （　　補助形容詞　　）
11. （　　推量の助動詞　　）
12. （　　形容詞の一部　　）
13. （　　推量の助動詞　　）
14. （　　推量の助動詞　　）
15. （　　形容詞の一部　　）
16. （　　推量の助動詞　　）

「ない」和「らしい」的词性有多种可能性，下面举一些例子。

	語例	品詞名	用例
1	ない	形容詞	☞ 資料が<u>ない</u>。 （没有资料。）
		形容詞の一部	☞ つまら<u>ない</u>ものですが。 （是些不值钱的东西。） ☞ 頼り<u>ない</u>感じがする。 （感觉不可靠。）

	語例	品詞名	用例
		補助形容詞	☞ 大体ろくな話では<u>ない</u>。 （大体上不是什么好事。） ☞ こんなことは珍しく<u>ない</u>。 （这样的事情并不少见。） ☞ 状況は明らかで<u>ない</u>。 （情况不明。） ☞ 年は取りたく<u>ない</u>ですねえ。 （不想变老啊。） ☞ 1人で出来そうで<u>ない</u>なら、2～3人でしてください。 （如果一个人做不到的话，请2～3个人做。）
		打消の助動詞	☞ 遠くへは行か<u>ない</u>。 （不去远方。） ☞ その動物の肉は食べられ<u>ない</u>。 （那种动物的肉不能吃。）
2	らしい	形容詞の一部	☞ この雨というのが、いかにも春<u>らしい</u>。 （这场雨很有春天的感觉。）
		推量の助動詞	☞ 雨が降り始めた<u>らしい</u>。 （好像开始下雨了。）

三、

浅（あさ）ましい、危（あぶ）ない、勇（いさ）ましい、怪（あや）しい、粗（あら）い、淡（あわ）い、卑（いや）しい、惜（お）しい、堅（かた）い、
難（かた）い、臭（くさ）い、悔（くや）しい、汚（けが）らわしい、快（こころよ）い、好（この）ましい、騒（さわ）がしい、渋（しぶ）い、
酸（す）っぱい、切（せつ）ない、逞（たくま）しい、貴（とうと）い、尊（とうと）い・尊（たっと）い、乏（とぼ）しい、懐（なつ）かしい、悩（なや）ましい、
望（のぞ）ましい、激（はげ）しい、甚（はなは）だしい、久（ひさ）しい、紛（まぎ）らわしい、喜（よろこ）ばしい、煩（わずら）わしい

四、

耳新（みみあたら）しい、格好（かっこう）いい、片腹痛（かたはらいた）い、見目麗（みめうるわ）しい、残（のこ）り多（おお）い、名残惜（なごりお）しい、
義理堅（ぎりがた）い、歯痒（はがゆ）い、塩辛（しおから）い、意地汚（いじきたな）い、腹黒（はらぐろ）い、息苦（いきぐる）しい、耳聡（みみざと）い、
口寂（くちさび）しい、計算高（けいさんだか）い、行儀正（ぎょうぎただ）しい、程近（ほどちか）い、人懐（ひとなつ）かしい、気恥（きは）ずかしい、
辛抱強（しんぼうづよ）い、執念深（しゅうねんぶか）い、涙（なみだ）もろい、奥床（おくゆか）しい、心弱（こころよわ）い、底意地悪（そこいじわる）い、浅黒（あさぐろ）い、
甘辛（あまから）い、薄暗（うすぐら）い、堅苦（かたくる）しい、重苦（おもくる）しい、細長（ほそなが）い、疑（うたが）い深（ぶか）い、寝苦（ねぐる）しい、
回（まわ）りくどい、蒸（む）し暑（あつ）い、腹立（はらだ）たしい

五、

心寂しい、か弱い、気怠い、小暗い、しち面倒臭い、空恥ずかしい、
手強い・手強い、ど偉い、生暖かい、ひ弱い、仄暗い、真っ白い、物憂い、
忘れ難い、恩着せがましい、人懐っこい、後ろめたい、憎たらしい、
気障っぽい、腫れぼったい、艶めかしい、勿体らしい

六、

重々しい、軽々しい、長々しい、初々しい、美々しい、雄々しい、女々しい、
毒々しい、騒々しい、若々しい、仰々しい、生々しい、馬鹿馬鹿しい、
猛々しい、艶々しい、疎々しい、甲斐甲斐しい、角々しい、図々しい、
由々しい、凛々しい、麗々しい、刺々しい、瑞々しい、禍々しい、空々しい

七、

C F B G D E A

八、

（略）

第9課課外練習（P118）

一、

形 容 動 詞 活 用 表

基本形	活用形＼語幹	未然形	連用形	終止形	連体形	仮定形	命令形
下手だ	下手	だろ	だっ で に	だ	な	なら	○
健康だ	健康	だろ	だっ で に	だ	な	なら	○
きれいだ	きれい	だろ	だっ で に	だ	な	なら	○

基本形	語幹＼活用形	未然形	連用形	終止形	連体形	仮定形	命令形
楽です	楽	でしょ	でし	です	○	○	○
にぎやかです	にぎやか	でしょ	でし	です	○	○	○
合理的です	合理的	でしょ	でし	です	○	○	○
滔々たり	滔々	○	と	○	たる	○	○

a c e h j l

　　这道题的目的是学会判断哪些词既可以作名词，又可以作形容动词。那么，如何进行判断呢？一般来说，如果一个词可以加上「的」构成形容动词，那么这个词不加「的」时，没有形容动词的用法。比如：「合理」「経済」「近代」「現実」等，加上「的」后是形容动词，那么「合理」「経済」「近代」「現実」本身就没有形容动词的用法。另外，如果一个词可以加上「する」构成"サ变动词"，那么这个词一般也没有形容动词的用法，比如：「信用」「信頼」「緊迫」「用心」等加上「する」后是"サ变动词"，「信用」「信頼」「緊迫」「用心」本身没有形容动词的用法。不过也有例外存在，比如：「心配」这个词，除了可以作为名词使用外，「心配だ」可以作为形容动词、「心配する」可以作为"サ变动词"使用，类似这样的词需要加以注意。

三、

1. （　　　形容動詞　　　）
2. （　　　動詞の一部　　　）
3. （　　　名詞　　　）
4. （　形容動詞の一部　）
5. （　形容動詞の一部＋形式体言　）
6. （　　　形容動詞　　　）
7. （　　　名詞　　　）
8. （　　名詞の一部　　）
9. （　形容動詞の一部　）
10. （　　　名詞　　　）
11. （　形容動詞の一部　）
12. （　タルト型活用形容動詞の一部　）
13. （　タルト型活用形容動詞の一部　）

四、

いんしつ　　かくべつ　　　か みつ　　　がんじょう　　かんじん　　きゅうくつ　　きょうこう　　きょくたん　　けいそつ
陰湿だ、格別だ、過密だ、頑丈だ、肝心だ、窮屈だ、強硬だ、極端だ、軽率だ、

けんきょ　　げんじゅう　　けんぜん　　げんみつ　　けんめい　　こうしょう　　こうちょう　　こうみょう　　じゅうなん
謙虚だ、厳重だ、健全だ、厳密だ、賢明だ、高尚だ、好調だ、巧妙だ、柔軟だ、

しょうさい　　しんせい　　じんそく　　しんちょう　　せつじつ　　そうだい　　そ ぼく　　たいまん　　た だい
詳細だ、神聖だ、迅速だ、慎重だ、切実だ、壮大だ、素朴だ、怠慢だ、多大だ、

ちゅうじつ　　びんかん　　ひんじゃく　　ぼうだい　　みっせつ　　めいろう　　ゆう い　　れいたん　　ろ こつ
忠実だ、敏感だ、貧弱だ、膨大だ、密接だ、明朗だ、優位だ、冷淡だ、露骨だ

五、

不<ruby>親切<rt>しんせつ</rt></ruby>だ、無<ruby>関心<rt>かんしん</rt></ruby>だ、不<ruby>適切<rt>てきせつ</rt></ruby>だ、不<ruby>平等<rt>びょうどう</rt></ruby>だ、不<ruby>細工<rt>さいく</rt></ruby>だ、無<ruby>遠慮<rt>えんりょ</rt></ruby>だ、無<ruby>神経<rt>しんけい</rt></ruby>だ、

無<ruby>風流<rt>ふうりゅう</rt></ruby>だ、<ruby>大嫌<rt>だいきら</rt></ruby>いだ、<ruby>大急<rt>おおいそ</rt></ruby>ぎだ、<ruby>小<rt>こ</rt></ruby>まめだ、<ruby>真<rt>ま</rt></ruby>っ<ruby>直<rt>す</rt></ruby>ぐだ、<ruby>物哀<rt>ものあわ</rt></ruby>れだ、

<ruby>厳<rt>おごそ</rt></ruby>かだ、<ruby>愚<rt>おろ</rt></ruby>かだ、<ruby>健<rt>すこ</rt></ruby>やかだ、<ruby>華<rt>はな</rt></ruby>やかだ、<ruby>遥<rt>はる</rt></ruby>かだ、<ruby>朗<rt>ほが</rt></ruby>らかだ、<ruby>滑<rt>なめ</rt></ruby>らかだ、

<ruby>微<rt>かす</rt></ruby>かだ、<ruby>細<rt>こま</rt></ruby>かだ、<ruby>細<rt>こま</rt></ruby>やかだ、<ruby>圧倒的<rt>あっとうてき</rt></ruby>だ、<ruby>意識的<rt>いしきてき</rt></ruby>だ、<ruby>概念的<rt>がいねんてき</rt></ruby>だ、<ruby>画一的<rt>かくいつてき</rt></ruby>だ、

<ruby>画期的<rt>かっきてき</rt></ruby>だ、<ruby>過渡的<rt>かとてき</rt></ruby>だ、<ruby>技術的<rt>ぎじゅつてき</rt></ruby>だ、<ruby>奇跡的<rt>きせきてき</rt></ruby>だ、<ruby>驚異的<rt>きょういてき</rt></ruby>だ、<ruby>強制的<rt>きょうせいてき</rt></ruby>だ、<ruby>局地的<rt>きょくちてき</rt></ruby>だ、

<ruby>記録的<rt>きろくてき</rt></ruby>だ、<ruby>劇的<rt>げきてき</rt></ruby>だ、<ruby>現実的<rt>げんじつてき</rt></ruby>だ、<ruby>合理的<rt>ごうりてき</rt></ruby>だ、<ruby>根本的<rt>こんぽんてき</rt></ruby>だ、<ruby>人為的<rt>じんいてき</rt></ruby>だ、<ruby>積極的<rt>せっきょくてき</rt></ruby>だ、

<ruby>総合的<rt>そうごうてき</rt></ruby>だ、<ruby>断片的<rt>だんぺんてき</rt></ruby>だ、<ruby>徹底的<rt>てっていてき</rt></ruby>だ、<ruby>浪花節的<rt>なにわぶしてき</rt></ruby>だ、<ruby>飛躍的<rt>ひやくてき</rt></ruby>だ、<ruby>包括的<rt>ほうかつてき</rt></ruby>だ、<ruby>倫理的<rt>りんりてき</rt></ruby>だ

六、

<ruby>純然<rt>じゅんぜん</rt></ruby>、<ruby>鬱然<rt>うつぜん</rt></ruby>、<ruby>冷然<rt>れいぜん</rt></ruby>、<ruby>騒然<rt>そうぜん</rt></ruby>、<ruby>蒼然<rt>そうぜん</rt></ruby>、<ruby>暗然<rt>あんぜん</rt></ruby>、<ruby>厳然<rt>げんぜん</rt></ruby>、<ruby>凛々<rt>りんりん</rt></ruby>、<ruby>赫々<rt>かっかく</rt></ruby>・<ruby>赫々<rt>かくかく</rt></ruby>、<ruby>遅々<rt>ちち</rt></ruby>、<ruby>隆々<rt>りゅうりゅう</rt></ruby>、

<ruby>脈々<rt>みゃくみゃく</rt></ruby>、<ruby>飄々<rt>ひょうひょう</rt></ruby>、<ruby>蒼々<rt>そうそう</rt></ruby>、<ruby>燦々<rt>さんさん</rt></ruby>、<ruby>荒涼<rt>こうりょう</rt></ruby>、<ruby>忠誠<rt>ちゅうせい</rt></ruby>、<ruby>燦爛<rt>さんらん</rt></ruby>、<ruby>連綿<rt>れんめん</rt></ruby>、<ruby>飄逸<rt>ひょういつ</rt></ruby>、<ruby>閑散<rt>かんさん</rt></ruby>、<ruby>悠揚<rt>ゆうよう</rt></ruby>、

<ruby>寂寞<rt>せきばく</rt></ruby>、<ruby>繚乱<rt>りょうらん</rt></ruby>、<ruby>威風堂々<rt>いふうどうどう</rt></ruby>、<ruby>理路整然<rt>りろせいぜん</rt></ruby>、<ruby>面目躍如<rt>めんもくやくじょ</rt></ruby>、<ruby>質実剛健<rt>しつじつごうけん</rt></ruby>、<ruby>意気軒昂<rt>いきけんこう</rt></ruby>

七、 （略）

第 10 課课外练习（P151）

一、

（ご）案内 　（お）手紙 　（ご）協力 　（ご）配慮 　（お）昼

（お）世話 　（ご）馳走 　（ご）希望 　（お）正月 　（ご）存じ

（お）礼 　（お）道具 　（お）電話 　（お）弁当 　（ご）健康

二、

	尊敬の動詞	謙譲 I の動詞	謙譲 II の動詞
言う	おっしゃる	申し上げる	申す
やる		差し上げる	
くれる	くださる		
もらう		いただく	

三、

1. お茶を<u>飲み</u>ませんか。　　　　　　　尊敬語：召し上がり、お飲みになり
2. 事情は以前から<u>聞いて</u>おりました。　　謙譲語Ⅰ：伺って
3. この本を<u>見</u>ました。　　　　　　　　尊敬語：ご覧になり
4. この手紙を<u>見せ</u>ましたか。　　　　　謙譲語Ⅰ：お目にかけ
5. いつ<u>出発</u>しますか。
   尊敬語：ご出発になりますか、ご出発なさいますか、ご出発ですか
6. 私を<u>呼び</u>ましたか。　　　　　　　　尊敬語：お呼びになり

四、

1. <u>ぞんじがけない</u>結果になりまして、申しわけございません。
   （　　おもいがけない　　）
2. しばらくこちらで<u>お待ちいたして</u>ください。
   （　　　お待ち　　　）
3. 入学したばかりの時、ちょっと<u>お慣れしなかった</u>が、今はすっかり慣れました。
   （　　慣れなかった　　　）
4. ちょっとこちらを<u>ごらんになさい</u>。
   （　　ごらんなさい　　　）
5. この手紙はお目に<u>かかり</u>ましたか。
   （　　　かけ　　　　）
6. この品ならば、きっと<u>ご満足して</u>いただけると思います。
   （　　ご満足　　　）
7. 昨日はお風呂が壊れたので、隣の家で風呂を<u>借りて</u>いただきました。
   （　　　貸して　　　）
8. 初めて上海にまいりました。お暇があれば、<u>ご案内させて</u>いただきます。
   （　　ご案内　　　）
9. 自分のことは棚に<u>お上げになって</u>、人の欠点ばかり責めるんですよ。
   （　　　上げて　　　）
10. 島村さんに、日曜日に引越しをするから手伝って<u>いただきたい</u>って頼まれているんです。
    （　　　ほしい　　　）
11. 次は高梨先生からカーボンニュートラルについて<u>お話しして</u>いただきましょう。
    （　お話し／話して　　）
12. 山中部長に伺ったところ、来週<u>ご帰国される</u>そうです。
    （　帰国される／ご帰国なさる　）
13. 大阪を一度ご案内<u>できない</u>でしょうか。
    （　　いただけない　　）
14. お客さんは、いつこちらに<u>到着いたし</u>ますか。

（　到着されます／ご到着です　）

15. 先生が<u>ご考え</u>になっているよりもずっと困難です。

（　　　　お考え　　　　）

16. お名前は、かねがね伺っておりましたが、<u>お目にかける</u>のは、初めてです。

（　　お目にかかる　　　）

17. そう褒めて<u>さしあげる</u>と、恐れ入ります。

（　　　いただく　　　）

18. 失礼しました。<u>お待たせになりました</u>。

（　お待たせしました　）

19. 皆さんに喜んで<u>くださる</u>と、私も嬉しいです。

（　　　いただく　　　）

20. ご安心ください。私がなんとか<u>なさいます</u>から。

（　　　いたします　　　）

五、

1. bc	2. ab	3. a	4. c	5. b
6. bc	7. ac	8. b	9. b	10. c
11. a	12. bc	13. a	14. c	15. c
16. b	17. a	18. a	19. b	20. b
21. c	22. a	23. c	24. b	25. a

六、 （略）

七、 （略）

第 11 课课外练习（P158）

一、

連体詞：　　1、4、5、7、10、11、15

二、

1. （　　連体詞　　）	2. （　　副詞　　）
3. （　　形容詞　　）	4. （　　形容動詞　　）
5. （　　連体詞　　）	6. （　名詞＋格助詞　）
7. （　　連体詞　　）	8. （　　形容動詞　　）
9. （　動詞＋過去完了の助動詞　）	10. （　　連体詞　　）

345

三、

連体詞：<u>ある、いろんな、こういう、そういう、そういう、この、そんな、こんな</u>

四、 （略）

第 12 课课外练习（P177）

一、

a　c　d　e　f　g　i　k

二、

1. b	2. d	3. b	4. c	5. a
6. d	7. c	8. b	9. a	10. c
11. a	12. c	13. c	14. d	15. b

三、

1. （　　　　副詞　　　　）　　　2. （　　　　名詞　　　　）
3. （　　　　副詞　　　　）　　　4. （　形式体言＋格助詞　）
5. （　　　　副詞　　　　）　　　6. （　　副詞の一部　　　）
7. （　名詞の一部　　　）

四、

D　C　A　B

五、

C　E　B　F　G　H　A　D

六、 （略）

第 13 课课外练习（P193）

一、

a　　d　　f　　h

　　既可以作接续词，又可以作助词的词有：が、で、と、けど、けれども、でも、だって、ところが等。

二、

c　　e　　h　　j　　l　　m　　q　　t

　　本题讨论既可以作副词又可以作接续词的词有哪些。一般来说，以下这些词既可以作副词又可以作接续词：また、かつ、なお、さらに、ひいては、次いで、あるいは、要するに、ときに、ただ、そもそも、さて等。

三、

1.　（　　接続詞　　）	2.　（　　副詞　　）
3.　（　　副詞　　）	4.　（　　接続詞　　）
5.　（　　副詞　　）	6.　（　　接続詞　　）
7.　（　　副詞　　）	8.　（　　接続詞　　）
9.　（　　副詞　　）	10.　（　　接続詞　　）
11.　（　　名詞　　）	12.　（　　名詞　　）
13.　（　　接続詞　　）	14.　（　　副詞　　）
15.　（　　副詞　　）	16.　（　　接続詞　　）
17.　（　　接続詞　　）	18.　（　　副詞　　）
19.　（　　接続詞　　）	20.　（　　接続詞　　）
21.　（　　副詞　　）	22.　（　　副詞　　）
23.　（　　接続詞　　）	24.　（　　接続詞　　）
25.　（　　代名詞　　）	26.　（　接続詞の一部　）
27.　（　副詞の一部　）	28.　（　　代名詞　　）
29.　（　接続詞の一部　）	30.　（　　格助詞　　）
31.　（　　接続助詞　　）	32.　（　　終助詞　　）
33.　（　　接続詞　　）	34.　（　接続詞の一部　）
35.　（　接続助詞の一部　）	36.　（　　接続助詞　　）
37.　（　　接続詞　　）	38.　（　　接続助詞　　）
39.　（　　格助詞　　）	40.　（　接続詞の一部　）

四、

1.　だから　　　2.　及び　　　3.　ただし　　　4.　すると

347

5. それとも　　6. ところで　　7. しかし　　8. しかも

三、

A（ 4 ）＜ f ＞火を絶やさないために、いつも火の番をしていなければなりません。それはなかなか大変です。

B（ 6 ）＜ e ＞、大風で木がすれ合って火が出たのを思い出して、木の枝を強くすり合わせて火を作ることができました。

C（ 1 ）古代人は、山火事の焼けあとから残り火を持って、ほらあなの入口に置いてみました。

D（ 5 ）それで人々は自分たちで火を作る方法を考えだしました。

E（ 3 ）＜ b ＞、火が消えると、人々は再び火を捜しに行かなければなりません。

F（ 2 ）＜ d ＞、獣が近くに来ないだけでなく、ほらあなの中も明るくて便利なことがわかりました。

在做这道题时，首先应该给这六个句子排序。因为这六句话组成的是一个相对比较独立的段落，所以第 1 句话前面一般不需要填接续词。在这六个句子中，只有 C 和 D 是不需要填接续词的，因此，C 或 D 有可能是第 1 句。相比较而言，还是 C 比较适合作为一个段落的首句。

接下来选择第 2 句。第 1 句说"古代人把火种放在洞口"，紧接着第 2 句，一般是讲这样做的功效了，所以我们选择 F 作为第 2 句。F 主要是讲"发现火种的两个功能：一是使野兽不敢靠近，另一个是使洞穴变得明亮"。

E 和 A 分别是第 3 句和第 4 句，它们是一个转折，分别说了两件麻烦事，第一件事是"如果火灭了，就必须在去寻找火种"，第二件事是"为了不让火熄灭，必须有人看着"。

所以人们必须动脑筋想办法了，D 是第 5 句。

最后，人们想出了办法。是什么办法呢？第 6 句，也就是 B 这句话，告诉了我们。

将以上六个句子排完序后，再填入接续词就不是一件难事了。

六、

A（ 3 ）＜ e ＞、人々は、科学の力でできないことはない、というように考えやすい。

B（ 2 ）＜ c ＞、科学の力も、それといっしょに大きく強くなっていく。

C（ 5 ）これは、よくよく考えてみなくてはならないことである。

D（ 4 ）＜ a ＞、ほんとうに科学の力でできないことがないようになるだろうか。

E（ 1 ）科学はどんどん進歩していく。

七、

A（ 3 ）＜ f ＞何年も運転しているうちに、この緊張は＜ b ＞とれる。

B（ 5 ）＜ e ＞熟練していない人にくらべて、＜ a ＞スムーズに動かすことができる。

C（ 2 ）はじめは緊張の連続である。

D（ 1 ） 自動車の運転をはじめた＜ d ＞の人は、自分の手足の動きのひとつに、
＜ c ＞神経をつかうものだ。
E（ 4 ） 手足の動きに気をつかわなくても、車は動くのである。

八、

C D B A

九、

D H J E B I G A C F

十、 （略）

第 14 課课外练习（P206）

一、

感動詞：おやおや、まあ、おやおや、ほう、ほう、おやおや、まあ、まあ

二、

C I E G H A B F D

三、 （略）

第 15 課课外练习（P252）

一、

助　動　詞　活　用　表

助動詞基本形	未然形	連用形	終止形	連体形	仮定形	命令形
られる （受身）	られ	られ	られる	られる	られれ	られろ られよ

助動詞基本形	未然形	連用形	終止形	連体形	仮定形	命令形
られる （可能、自発、尊敬）	られ	られ	られる	られる	られれ	○
せる （使役）	せ	せ	せる	せる	せれ	せろ せよ
ない （打消）	なかろ	なく なかっ	ない	ない	なけれ	○
た （過去・完了）	たろ	○	た	た	たら	○
よう （推量）	○	○	よう	（よう）	○	○
まい （推量）	○	○	まい	（まい）	○	○
らしい （推量）	○	らしく （らしかっ）	らしい	らしい	（らしけれ）	○
たい （希望）	たかろ	たく たかっ	たい	たい	たけれ	○
たがる （希望）	たがら	たがり たがっ	たがる	たがる	たがれ	○
そうだ （伝聞）	○	そうで	そうだ	○	○	○
そうだ （様態）	そうだろ	そうだっ そうで そうに	そうだ	そうな	そうなら	○
だ （断定）	だろ	だっ で	だ	（な）	なら	○
です （断定）	でしょ	でし	です	（です）	○	○
ようだ （比況）	ようだろ	ようだっ ようで ように	ようだ	ような	ようなら	○
ます （丁寧）	ませ ましょ	まし	ます	ます	ますれ	ませ まし

二、

1. させる：使役の助動詞
2. せ：使役の助動詞　　　　　ない：打消の助動詞　　　　ない：打消の助動詞
3. られる：受身の助動詞
4. れ：受身の助動詞　　　　　まし：丁寧の助動詞　　　　た：過去・完了の助動詞
5. られる：可能の助動詞
6. れる：自発の助動詞
7. られる：自発の助動詞
8. れ：尊敬の助動詞　　　　　ます：丁寧の助動詞
9. られ：尊敬の助動詞　　　　ます：丁寧の助動詞
10. ませ：丁寧の助動詞　　　　ん：打消の助動詞
11. られ：可能の助動詞　　　　ない：打消の助動詞
12. ぬ：打消の助動詞
13. たい：希望の助動詞　　　　だ：断定の助動詞
14. たがら：希望の助動詞　　　ない：打消の助動詞
15. た：過去・完了の助動詞
16. た：過去・完了の助動詞
17. です：断定の助動詞
18. う：推量の助動詞
19. よう：推量の助動詞
20. らしい：推量の助動詞
21. まい：推量の助動詞
22. ようだ：比況の助動詞
23. みたいだ：比況の助動詞
24. そうだ：様態の助動詞
25. そうな：様態の助動詞
26. そうだ：伝聞の助動詞

三、

1. 高橋さんにはまだお会いしたことがあり（ま）（せ）ん。
2. ちょっと警察署まで来ていただき（ま）（し）（ょ）う。
3. 天気予報によると明日は雨（ら）（し）（い）。
4. そう思い（た）（け）（れ）ば、勝手に思え。
5. おいし（そ）（う）（な）ケーキが並んでいる。
6. 期日については、こちらで決め（さ）（せ）ていただけるとありがたいのですが。
7. そこまでは考え（な）（か）（っ）た。
8. そんなにたくさん食べ（た）（ら）、おなかをこわしますよ。
9. 道が悪（そ）（う）（な）（ら）、もどってきなさい。

351

10. 君は佐藤君（だ）（っ）たね。

11. 妹が散歩に行くと、すぐにジュースを飲み（た）（が）（る）。

12. 私は妻に秘密を知ら（れ）てしまった。

13. なにも食べ（ず）に寝た。

14. 佐藤先生のために乾杯し（よ）（う）ではありませんか。

15. 二度と言う（ま）（い）と誓う。

16. どうやら事実（ら）（し）（い）。

17. 早く健康になります（よ）（う）祈ります。

18. 今日（み）（た）（い）（な）日に将棋をさすなんて。

19. この調子では今日は聴衆が３千人を越え（そ）（う）（だ）。

20. 両大国の争いは世界中を巻きこま（ず）にはおかない。

21. 君が彼女に会おうと会う（ま）（い）と僕には関係のないことだ。

22. こんなことができない（よ）（う）では、話にならない。

23. ちょっと期待を裏切られた（よ）（う）（な）気がする。

四、

1. （ 受身の助動詞 ）	2. （ 動詞の一部 ）
3. （ 自発の助動詞 ）	4. （ 動詞の一部 ）
5. （ 尊敬の助動詞 ）	6. （ 動詞の一部 ）
7. （ 可能の助動詞 ）	8. （ 動詞＋使役の助動詞 ）
9. （ 使役の助動詞 ）	10. （ 使役の助動詞 ）
11. （ 使役の助動詞 ）	12. （ 動詞の一部＋使役の助動詞 ）

13. （ 形容詞 ） （ 打消の助動詞 ）

14. （ 打消の助動詞 ）

15. （ 形容詞の一部 ） （ 補助形容詞 ） （ 打消の助動詞 ）

16. （ 打消の助動詞 ） （ 打消の助動詞 ）

17. （ 打消の助動詞 ） （ 補助形容詞 ）

18. （ 打消の助動詞 ）	19. （ 過去・完了の助動詞 ）
20. （ 副詞の一部 ）	21. （ 連体詞の一部 ）
22. （ 過去・完了の助動詞 ）	23. （ 接続詞の一部 ）
24. （ 断定の助動詞 ）	25. （ 形容動詞の一部 ）
26. （ 伝聞の助動詞の一部 ）	27. （ 比況の助動詞の一部 ）
28. （ 形容動詞の一部 ）	29. （ 断定の助動詞 ）
30. （ 様態の助動詞の一部 ）	31. （ 推量の助動詞 ）
32. （ 動詞の一部 ）	33. （ 推量の助動詞 ）
34. （ 名詞の一部 ）	

35. （ 断定の助動詞の一部＋推量の助動詞 ）

36. （ 形容詞の一部 ）	37. （ 推量の助動詞 ）
38. （ 形容詞の一部 ）	39. （ 推量の助動詞 ）

40. （　　　推量の助動詞　　　）　41. （　　　形容詞の一部　　　）
42. （　　　伝聞の助動詞　　　）　43. （　　　様態の助動詞　　　）
44. （　　形容動詞の一部　　　）　45. （　　　　副詞　　　　）
46. （　　連体詞の一部　　　）　47. （　　　　感動詞　　　　）

「れる」「せる」「ない」「た」「だ」「う」「よう」「らしい」等的词性有多种可能性，不仅仅是助动词。有些词在前几课已经提及，下面举一些关于「れる」「せる」「た」「だ」「よう」词性的例子。

	語例	品詞名	用例
1	れる	受身の助動詞	☞ その後の進め方等につき話し合いが行われた。 （就之后的进展方式等进行了讨论。）
		可能の助動詞	☞ 古いパソコンでは読み取れない。 （用旧电脑无法读取。）
		自発の助動詞	☞ 勝味はないように思われた。 （看来是没有胜算的。）
		尊敬の助動詞	☞ 早々に病院に行かれる事をお勧めします。 （我建议您早点去医院。）
		動詞の一部	☞ 時は流れる。 （时间流逝。）
2	せる	使役の助動詞	☞ 馬を走らせる。 （让马奔跑。）
		動詞の一部	☞ 琵琶湖が紺青の色を見せる。 （琵琶湖呈现出藏青色。）
3	た	過去・完了の助動詞	☞ 僕は心から嬉しかった。 （我打心底里高兴。） ☞ 家の仕事を終えると、近所の子供たちとよく遊んだ。 （我做完家里的工作后，经常和附近的孩子们一起玩。）
		連体詞の一部	☞ 俺にそんな大それたことができるのか？ （我能做这么狂妄的事吗？）
		副詞の一部	☞ たったそれだけで、充分間に合っています。 （仅仅那样就足够了。）
4	だ	断定の助動詞	☞ そうそう、あれだ。 （对了对了，就是那个。）
		形容動詞の一部	☞ エスニックというだけあって彩りが鮮やかだ。 （不愧是民族风格，色彩鲜艳。）
		伝聞の助動詞の一部	☞ 普段の勉強時間が少なかったそうだ。 （据说平时学习时间很少。）

	語例	品詞名	用例
		様態の助動詞の一部	☞ この分野で収益を上げるのは難しそうだ。 （看来很难在这个领域提高收益。）
		比況の助動詞の一部	☞ 船が難破するか漂流して帰れなくなることをも心配していたようだ。 （似乎也担心船会遇难或漂流不归。）
5	よう	推量の助動詞	☞ 実例をあげて説明しよう。 （举实例来说明吧。）
		比況の助動詞の一部	☞ 老人は歩きながらふり返り、なにか言おうとしたようだ。 （老人边走边回头，似乎想说些什么。）
		名詞の一部	☞ 終わったことはしようがない！ （结束了就没办法了！）

五、

1. 我们的访问使他很高兴。
2. 让他说好了。
3. 不能让孩子一个人去。
4. 发展体育运动，增强人民体质吧。
5. 日本的人口动态可以作如图推测。
6. 觉得可怜得不得了。
7. 书桌上放着的一本书映入眼帘。
8. 大家都被宪法赋予受教育的权利。
9. 希望你不要用那样的词语。
10. 如果没有报纸，就不能了解世间的形势。
11. 请您告诉我一声。
12. 会场里的人们，谁都不愿意和他说话。
13. 不管别人看到还是没看到，都不应该做不正当的事。
14. 只要从家里走出一步，马上就会被大风吹跑。
15. 又不是小孩子，不要做傻事。
16. 不应该的是，没有行医资格的人却给好几个病人做了手术。
17. 说那样的话，很像他的风格。
18. 为了让她能睡着，大家都很安静。
19. 不要欺负像我这样低收入的人呀。
20. 听说我不在的时候您来过，真是很抱歉。
21. 如果是这样的话，看样子没有必要买新的。

六、

1. b	2. b	3. a	4. b	5. a
6. a	7. b	8. a	9. b	10. b
11. a	12. b	13. a	14. a	15. b
16. a	17. b	18. b	19. a	20. a
21. a	22. b	23. b	24. a	25. b
26. a	27. b			

　　本题涉及一些词汇、短语或句型的使用辨析，下面加以简单说明。

★　辨析：「行かせた」和「行くように言った」

(1) 「行かせた」：

　　让某人去某处，而且某人已经去了。

(2) 「行くように言った」：

　　让某人去某处，某人可能已经去了，也可能还没去。

★　辨析：「着せる」和「着させる」

(1) 「着せる」：

　　帮某人或某物穿。

(2) 「着させる」：

　　让某人自己穿。

★　辨析：「見える」和「見られる」

(1) 「見える」：

　　（因为具有能力，所以）能看见。

(2) 「見られる」：

　　（因为存在或外部条件允许，所以）能看见。

★　辨析：「～なくて」和「～ないで」

　　「なくて」和「ないで」的不同主要表现在四个方面：词性、接续法、意义、惯用句型。

(1) 词性：

　　「なくて」的词性可能是「形容詞（ない）の連用形（なく）＋接続助詞（て）」，也可能是「打消の助動詞（ない）の連用形（ない）＋接続助詞（て）」。

　　而「ないで」的词性只能是「打消の助動詞（ない）＋接続助詞（で）」。

(2) 接续法：

　　当「なくて」中的「なく」是「形容詞」时，「なくて」可以不接在任何词后面而直接出现在句子当中，也可以接在「名詞＋では」「形容詞の連用形」「形容動詞の連用形」「一部の助動詞（たい、そうだ、ようだ…）の連用形」等后面；当「なくて」中的「なく」是「打消の助動詞」时，「なくて」只能接在动词的未然形后面。

　　由于「ないで」中的「ない」是助动词，所以「ないで」只能接在动词的未然形后面。

(3) 意义：

　　「なくて」可以表示原因、并列等，当「なくて」表示原因时，其后项一般为一些表示主观感情的词，如「嬉しい」「寂しい」「よかった」「困った」「残念だ」等。

而句型「～ないで～」主要表示"不做……而做……"。

(4) 惯用句型：

包含「なくて」的惯用句型主要有「～なくてもいい」「～なくてはいけない」等，包含「ないで」的惯用句型主要有「～ないでください」「～ないでほしい」「～ないでいる」等。

★ 辨析：「～たら」和「～なら」

(1)「～たら」：

「～たら」是过去完了助动词「た」的假定形，假设某事物已经实现，表示"如果实现了……，那么……"。

(2)「～なら」：

「～なら」是断定助动词「だ」的假定形，对某事物是否能实现持怀疑态度，表示"如果会发生……，那么……"的意思。所以，像"春天到来""到7点"这样的恒常条件或者"孩子长大"这样的通常都会发生的事情，不能用「～なら」。否则就对"春天到来""到7点""孩子长大"表示怀疑了。

★ 辨析：「～たい」和「～（よ）うとする」

(1)「～たい」：

「たい」是希望助动词，「～たい」表示某人心中的愿望，这种愿望即使现在实现不了也无所谓，它仅仅是愿望而已。

(2)「～（よ）うとする」：

「（よ）う」是推量助动词，「～（よ）うとする」表示某人做某事的意志或决心，既然有了决心，说明某人做某事的一些客观条件已经有所具备，尽管也可以并未完全准备好。

★ 辨析：「ようだ」和「らしい」

(1)「ようだ」：

一般是通过说话者的切身感受，如：眼睛看、耳朵听、鼻子闻、嘴巴尝、皮肤感觉等，来进行推断。

「ようだ」接在名词后面时，名词与「ようだ」之间必须加上助词「の」；接在形容动词后面时，形容动词应为连体形，即「～な」的形式。

(2)「らしい」：

可以表示根据传闻等客观依据进行的推断，而非说话者的切身感受。

「らしい」可以直接接在名词或形容动词的词干后面。

七、

1.

約束は必ず守り<u>たい</u>。人間が約束を守ら<u>なく</u>なると社会生活は出来<u>なく</u>なるからだ。従って、私は人との約束は不可抗力の場合以外破っ<u>た</u>ことがない。ただ、時々破る約束がある。それは原稿執筆の約束<u>だ</u>。これだけは、どうも守り切れ<u>ない</u>。

たい：希望の助動詞

なく：打消の助動詞

なく：打消の助動詞

だ：断定の助動詞

た：過去・完了の助動詞

だ：断定の助動詞

ない：打消の助動詞

2.

　　郊外に住む<u>よう</u>になってから、私は更に種類の異う空の美があることを知っ<u>た</u>。それは、大都会の上の空——大都会のペーヴメントに立って仰ぐ空の美しさ<u>だ</u>。空はそこでは、ただのん気に広々としてはい<u>ない</u>。高い建物、広告塔、アンテナ、其等の錯綜し<u>た</u>線に切断さ<u>れ</u>、三角の空、ゆがん<u>だ</u>六角の空、悲しい布の切端の<u>ような</u>空がある。

ように：比況の助動詞

た：過去・完了の助動詞

だ：断定の助動詞

ない：打消の助動詞

た：過去・完了の助動詞

れ：受身の助動詞

だ：過去・完了の助動詞

ような：比況の助動詞

 （略）

第 16 课课外练习（P285）

「の」の品詞名：

A（　　　格助詞　　　）　　　　　B（　接続助詞の一部　）

C（　　　格助詞　　　）　　　　　D（　　形式体言　　　）

E（　　　格助詞　　　）

　　私はその人<u>を</u>常に先生<u>と</u>呼んでいた。だからここ<u>で</u>もただ先生<u>と</u>書くだけ<u>で</u>本名は打ち明けない。これは世間<u>を</u>憚かる遠慮<u>と</u>いう<u>より</u>も、その方<u>が</u>私<u>に</u>とって自然だからである。私はその人<u>の</u>記憶<u>を</u>呼び起すごとに、すぐ「先生」<u>と</u>いいたくなる。筆<u>を</u>執っても心持は同じ事である。よそよそしい頭文字などはとても使う気<u>に</u>ならない。

三、

1. （　　　格助詞　　　）
2. （　　　格助詞　　　）（　　　接続助詞　　　）
3. （　タルト型活用形容動詞の一部　）
4. （　　副詞の一部　　）　　　5. （　　接続詞の一部　　）
6. （　　格助詞　　）　　　7. （　　接続詞　　）
8. （　　接続助詞　　）　　　9. （　　格助詞　　）
10. （　　格助詞　　）　　　11. （　　接続詞の一部　　）
12. （　接続助詞の一部　）　　　13. （　　断定の助動詞　　）
14. （　　格助詞　　）（　　接続詞　　）
15. （　　接続助詞　　）　　　16. （　様態の助動詞の一部　）
17. （　　格助詞　　）（　　格助詞　　）
18. （　形容動詞の一部　）　　　19. （　　接続詞　　）
20. （　形容動詞の一部　）　　　21. （　比況の助動詞の一部　）
22. （　伝聞の助動詞の一部　）（　比況の助動詞の一部　）
23. （　接続詞の一部　）　　　24. （　　接続助詞　　）
25. （　　終助詞　　）　　　26. （　　格助詞　　）
27. （　接続詞の一部　）　　　28. （　　格助詞　　）
29. （　　動詞　　）　　　30. （　　副詞　　）

「と」「が」「で」「から」「より」等的词性有多种可能性，不仅仅是助词。下面举例说明。

	語例	品詞名	用例
1	と	格助詞	☞ 担任の先生は生徒と一緒に掃除をする。 （班主任和学生一起打扫。）
		接続助詞	☞ よく見ると、それらは凧なのだった。 （仔细一看，原来那些是风筝。）
		接続詞	☞ 日差しに目を細めながら、とりとめのないことを考えて突っ立っていた。と、うしろから声をかけられた。 （他在阳光下眯起眼睛，呆呆地站着，想些不着边际的事情。这时，身后有人叫他。）
		接続詞の一部	☞ 一人っ子なんでしょ。すると、結婚したらあちらのご両親といっしょに住むわけ？ （你是独生子吧？这么说，结婚后要和那边的父母一起住？）
		副詞の一部	☞ これだけははっきりと意識にありました。 （只有这一点我意识很清楚。）

	語例	品詞名	用例
		タルト型活用形容動詞の一部	☞ 地位がいっそう確固と<u>と</u>なる。 （地位更加稳固。）
2	が	格助詞	☞ あの人<u>が</u>、何をしようとしているのか？ （那个人想做什么？） ☞ ぼくはあまり料理<u>が</u>得意ではない。 （我不太擅长做菜。）
		接続助詞	☞ すみません<u>が</u>、お茶でもご一緒にいかがですか。 （不好意思，一起喝杯茶怎么样？）
		接続詞	☞ <u>が</u>、詳しいことは不明である。 （但具体情况不详。）
		接続詞の一部	☞ ところ<u>が</u>、あの子供達が今朝になっても、東京へ帰らないのだよ。 （可是，那些孩子到今天早上还不回东京啊！）
		接続助詞の一部	☞ 現地の皆さんにいろいろお尋ねをいたしましたところ<u>が</u>、二通りの答えが返ってきたわけです。 （我向当地的人们询问了很多问题，得到了两种回答。）
3	で	格助詞	☞ 彼らも電車やバス<u>で</u>移動することを楽しんでいた。 （他们也很享受乘坐电车和公共汽车的过程。）
		接続詞	☞ <u>で</u>、どうして書かないの？ （那为什么不写呢？）
		接続詞の一部	☞ 竹永さんね。それ<u>で</u>、ご用は？ （竹永啊。那你有什么事吗？）
		接続助詞	☞ そうしたところ<u>で</u>、たいした役に立たないことはわかっている。 （我知道即使那样做也没什么用。）
		形容動詞の一部	☞ 説明が下手<u>で</u>本当にすみません。 （我不擅长说明，很抱歉。）
		断定の助動詞	☞ それが自分の唯一の誇り<u>で</u>あった。 （那是自己唯一的骄傲。）
		伝聞の助動詞の一部	☞ りんご酢を牛乳で希釈し、かきまぜるとヨーグルトのようになるそう<u>で</u>、飲み易いそうです。 （据说用牛奶稀释苹果醋，搅拌后就像酸奶一样，很容易喝。）
		様態の助動詞の一部	☞ お互い怪我がなさそう<u>で</u>よかった。 （看样子双方都没有受伤，真是太好了。）

	語例	品詞名	用例
		比況の助動詞の一部	☞ 到着ビルはまだ新しいようで、ガラスの外は工事中で雑然としている。 （到达大楼似乎还很新，玻璃外正在施工，一片杂乱。）
4	から	格助詞	☞ 試験は10時からです。 （考试从10点开始。）
		接続助詞	☞ クマは切羽つまったら襲ってくるから、これは怖いわよ。 （熊在走投无路的时候会袭击我们，这很可怕啊！）
		接続詞の一部	☞ ですから、その辺、もう少し努力をしていただきたいなと思うんですが、いかがでしょうか。 （所以，我希望您在这方面再努力一点，您觉得怎么样？）
		終助詞	☞ では、簡単にしてくださいよ。長く答えるとすぐ時間がたってしまうから。 （那么，请简单点啊！因为如果回答得太长，时间马上就过去了。）
5	より	格助詞	☞ 普通よりずっと早く回復し退院できるそうです。 （听说比一般康复出院的时间要快得多。）
		動詞	☞ 医師より病状の説明を行うことにより、ある程度解決できると考える。 （我认为通过医生说明病情，可以在一定程度上解决问题。）
		副詞	☞ 木造建築をより多く採り入れることは自然環境保全の大事な一歩でもある。 （采用更多的木结构建筑是保护自然环境的重要一步。）

四、

1. 汽車が山の下（を）通る。
2. 行こう（と）行くまい（と）僕の勝手だ。／行こう（が）行くまい（が）僕の勝手だ。
3. この時計は2千円（か）（ら）する。
4. 日（が）暮れかかったころ、青い鳥（が）二羽鳴いているのが見えた。
5. 利用者（へ）の説明はどのようにしたらよいでしょうか。
6. 次の潮なり波なりがどこからかやってくるのを待つ（よ）（り）ほかない。
7. われ（な）（が）（ら）うまくやった。
8. 体に悪いと知り（つ）（つ）も酒を飲む。

9. どんな事があろう（と）（も）秘密は守らなければならない。

10. 失敗しよう（も）（の）（な）（ら）、首になるかもしれない。

11. 起きる（や）否（や）飛び出した。

12. 我慢はした（も）（の）（の）、なんともやりきれない。

13. そんなものにすわっ（た）（ら）、こわれるぞ。

14. 知りたいと思っ（て）（も）、その機会がない。

15. 美香が何か答えた（け）（れ）（ど）（も）、小声で聞き取れなかった。

16. みんな行ってしまう（の）（に）、なぜおまえは残っているのか。

17. 沈黙が続け（ば）、お互いに気まずくなって、とても会話が弾む方向には進まないだろう。

五、

1. 失败往往是由于不当心而引起的。

2. 虽说便宜，但不会低于五万日元吧。

3. 去了，还没有回来。

4. 如果你撒谎的话，我可饶不了你。

5. 去是去了，但是不行。

6. 设施由广场、志愿者服务室、研修室组成。

7. 无论谁听了，都无法相信吧。

8. 你明明知道，却故意否认。

9. 从护理的角度来看，至少与十年前的老年医院的形象相比，正在得到改善。

10. 初春的积雪融化了又冻结，融化了又冻结，挂着无数冰柱。

六、

1. a a	2. b	3. b	4. b b b	5. b b a
6. a b	7. b	8. a b	9. c	10. b
11. a	12. b	13. a	14. a	15. c
16. a a	17. c	18. b	19. d	20. b

　　本题涉及一些助词、短语等的使用辨析，下面加以简单说明。

★　辨析：定语从句中表示主语成分或对象语成分的「が」和「の」

　　(1)「が」：

　　　　「が」在定语从句中可以表示主语成分或对象语成分。

　　(2)「の」：

　　　　「の」在定语从句中可以表示主语成分或对象语成分，相当于「が」。不过，「の」的使用受到不少限制，并非所有定语从句中的主语成分或对象语成分都可以用「の」表示，当句式比较复杂、用「の」容易引起误解时，应该使用「が」。

★　辨析：表示动作对象的「を」和「が」

　　　　当谓语是他动词时，动作对象一般用助词「を」表示。不过，在「～たい」、可能表达方式以及「～てある」等句式中，动作对象有时也可以用「が」表示。

(1)「～たい」：

在「～たい」句式中，可以用「が」表示动作对象。但当句子较长、句式较复杂、用「が」容易引起误解时，一般倾向用「を」表示动作对象。

(2) 可能表达方式：

在可能表达方式中，可以用「が」表示动作对象。但当句子较长、句式较复杂、用「が」容易引起误解时，一般倾向用「を」表示动作对象。

(3)「～てある」：

在「～てある」句式中，当描述某事物存在于某场所时，可以用「が」表示动作对象。当不描述某事物存在、仅表示预先做好某事时，多用「を」表示动作对象。

★ 辨析：表示场所的「に」「で」「を」

(1)「に」：

「に」表示存在的场所，也可以表示移动的归着点、到达点。

(2)「で」：

「で」表示动作进行的场所或事件发生的场所。

(3)「を」：

「を」表示移动或经过的场所，也可以表示离开某场所。

★ 辨析：表示时间的「に」「まで」「までに」

(1)「に」：

「に」表示时间上的某一点。

(2)「まで」：

「まで」表示"到……为止（一直做某事）"的意思。因此，后面一般接表示持续性动作的动词。

(3)「までに」：

「までに」表示"在……之前（做某事）"的意思。后面一般接表示瞬间性动作的动词。

★ 辨析：「は」和「が」

(1)「は」：

副助词「は」最重要的用法是表示主题，此外也可以表示对比、强调、让步等。

(2)「が」：

格助词「が」最重要的用法是构成主语，此外还可以构成对象语、连体修饰语。如果是分句中的小主语，并非全句的主题，那么该小主语不能用「は」表示，而要用「が」来表示。

七、

1. D   2. J   3. G   4. F   5. H
6. A   7. I   8. B   9. E   10. C

八、 （略）

第 17 课课外练习（P315）

一、

1. （　　　接続助詞　　　）	2. （　　　名詞の一部　　　）
3. （　　　副助詞　　　）	4. （　　　接続詞　　　）
5. （　　　副助詞　　　）	6. （　　　接続助詞　　　）
7. （形容動詞の一部＋接続助詞）	8. （断定の助動詞＋格助詞）
9. （　　　副助詞　　　）	10. （　　　副助詞　　　）
11. （　　　副助詞　　　）	12. （　　　接続詞　　　）
13. （　　　格助詞　　　）	14. （　　　終助詞　　　）
15. （　　　形式体言　　　）	
16. （　　　副助詞　　　）（　　　副助詞　　　）	

「なり」「だって」「でも」「の」等的词性有多种可能性，不仅仅是助词。下面举例说明。

	語例	品詞名	用例
1	なり	接続助詞	☞ まだ二度目なのに、座る<u>なり</u>、ぼくは失礼な注文をした。 （这才第二次，我一坐下就提出了失礼的要求。）
		副助詞	☞ 確かめもせずに腹を立てているより、PTA 会長<u>なり</u>学校<u>なり</u>に問い合わせてみたらいかがですか？ （与其不确认就生气，不如向 PTA 会长或学校询问一下如何？）
		名詞の一部	☞ 私は私<u>なり</u>に頑張っていけばよいと思っています。 （我觉得按照我的方式努力下去就好。）
		動詞	☞ わたしは喉が塞がったような気持ちに<u>なり</u>、おそるおそる首に手をあてる。 （我感觉喉咙像被堵住了，战战兢兢地把手放在脖子上。）
2	だって	接続詞	☞ 心配してません。<u>だって</u>、命を助けてくれたんですもの。 （我不担心。因为他救了我一命啊！）
		接続助詞	☞ こんなの飲ん<u>だって</u>なんにもならないよ。 （这种东西喝了也没什么用啊。）
		副助詞	☞ 私<u>だって</u>、こんなにすてきな物語を書いてみたいもの。 （我也想写这么精彩的故事啊！）
		形容動詞の一部＋格助詞	☞ そういう場所が苦手<u>だって</u>いってるんですよ。 （说不喜欢那样的地方啊。）

	語例	品詞名	用例
		形容動詞の一部＋接続助詞	☞ いくら丈夫<u>だって</u>、こんなに働かされては平気でいられるわけがない。 （就算身体再结实，这样被逼着干活，也不可能无动于衷。）
		断定の助動詞＋格助詞	☞ たいへん、手数のかかること<u>だって</u>ことも承知しています。 （我也知道很费事。）
3	でも	接続詞	☞ 水が飲みたくてたまらない。<u>でも</u>、こんな木の上に水はない。 （我非常想喝水。但是，这样的树上没有水。）
		接続詞の一部	☞ 彼は疲れていたが、それ<u>でも</u>仕事を続けた。 （他虽然很累，但还是坚持工作。）
		接続助詞	☞ 自分というものを正確に、客観的に把握していれば、袋小路に迷い込ん<u>でも</u>、すぐに飛び出していけます。 （如果正确、客观地理解自己，即使误入死胡同，也能迅速跳出来。）
		副助詞	☞ 小学生<u>でも</u>分かる。 （连小学生都知道。）
		形容動詞の一部＋接続助詞	☞ 著名なピアニストはピアノを弾くのは上手<u>でも</u>、ひょっとして料理をつくる才能は、平凡な人生を送った人よりも劣っている可能性だってあるわけです。 （著名的钢琴家虽然钢琴弹得很好，但烹饪才能却有可能不如过平凡人生的人。）
		形容動詞の一部＋副助詞	☞ 子どものころからサッカーは好きで、また得意<u>でも</u>ありました。 （从小就喜欢足球，而且也很擅长。）
		断定の助動詞＋副助詞	☞ 何とも信じがたいこの光景は世界遺産<u>でも</u>ある。 （令人难以置信的这一景象也是世界遗产。）
4	の	格助詞	☞ 良平はそば<u>の</u>ベンチに腰かけた。 （良平在旁边的长椅上坐下。）
		副助詞	☞ パソコンがどう<u>の</u>こう<u>の</u>という問題ではありません。 （不是电脑如何如何的问题。）
		終助詞	☞ なに言ってん<u>の</u>！ （你在说什么呢！）
		形式体言	☞ 実はこんな利点を見いだすこともできる<u>の</u>だ。 （其实还可以发现这样的好处。）

二、

1. きょうの会には 10 人（し）（か）来なかった。
2. そんなことは三つの子供（で）（も）知っている。
3. わが家（ほ）（ど）のよい所はない。
4. 洗濯（ぐ）（ら）（い）自分でできる。
5. 油断した（ば）（か）（り）に事故を起こしてしまった。
6. あなたがそうおっしゃったから（こ）（そ）、そうしたんじゃありませんか。
7. これはよい本だ。みんながほめる（だ）（け）のことはある。
8. 通勤時間がだいたい同じなら、お互いが出会う確率は高いのですから、当然といえばそれ（ま）（で）のことです。
9. 「分かりましたよ、それじゃ、うちに電話しますから、課長から遅くなる理由を説明してやってくれますか？」「ああ、もちろんいい（と）（も）。」
10. その番組名って何でした（っ）（け）？

三、

1. 真不愧是横纲，在对手面前毫不危惧。
2. 明年一定要及格呀。
3. 暑假还剩最后一天了。
4. 正要出发的时候，遇到了麻烦事。
5. 应该书面或口头申请。
6. 小时候，经常和你吵架来着。
7. 手也是皮包骨头，针怎么也扎不进去。
8. 只要工作结束，三点就可以回家。
9. 色素沉着虽然程度不同，但几乎百分之百会产生。
10. 无论多么正确的事情，如果不能传达给孩子，就没有意义。

四、

1. F   2. C   3. I   4. G   5. A
6. J   7. B   8. D   9. H   10. E

五、

1. みんなはそろったところで料理が出た。
   （   が   ）
2. 隣の部屋から人の話し声をします。
   （   が   ）
3. 試験の前ばかりに、風邪を引かないように気をつけてください。
   （   だけに   ）

4. 着物が日で焼けて色が褪せた。
　（　　　　に　　　　　）
5. どんなにたくさん本を買ったところが、読まなければなんにもならない。
　（　　　ところで　　　）
6. 用事というくらいのことはない。
　（　　　　ほど　　　　　）
7. 彼は日曜どころか、正月こそ働きに出る。
　（　　　まで　　　）
8. 風が強いうえに、雨でも降ってきた。
　（　　　　さえ　　　　）
9. 今朝のニュースによって、またドルが下がったそうだ。
　（　よると／よれば　）
10. 東京に大地震が起こると、大きな被害が出るだろう。
　（　　起こったら　　）
11. わたしは父よりも母のほうとよけい似ている。
　（　　　　に　　　　　）
12. 引き受けはしたものを、どうしたらいいか分からない。
　（　　　ものの　　　）

（略）

主要参考文献

1. 池上嘉彦（1981）『「する」と「なる」の言語学』大修館書店

2. 梅棹忠夫・金田一春彦・坂倉篤義・日野原重明（1995）『日本語大辞典（第二版）』小学館

3. 江湖山恒明・松村明（1962）『日本文法辞典』明治書院

4. 大槻文彦（1897）『広日本文典』勉誠社（1980 復刻）

5. 大野晋他（1977）『岩波講座日本語 7　文法 II』岩波書店

6. 小川芳男・林大（1982）『日本語教育事典』大修館書店

7. 奥津敬一郎（1978）『ボクハウナギダの文法』くろしお出版

8. 尾上圭介（2004）『朝倉日本語講座 6　文法 II』朝倉書店

9. 影山太郎（1993）『文法と語形成』ひつじ書房

10. 影山太郎（1999）『形態論と意味』くろしお出版

11. 亀井孝・河野六郎・千野栄一（1989）『言語学大辞典』三省堂

12. 川端善明他（1977）『講座日本語学 2　文法史』明治書院

13. 北原保雄（1981）『日本語助動詞の研究』大修館書店

14. 北原保雄（1989）『講座日本語と日本語教育 4　日本語の文法・文体（上）』明治書院

15. 北原保雄（2000）『日本国語大辞典』小学館

16. 北原保雄（2002）『明鏡国語辞典』大修館書店

17. 北原保雄（2003）『朝倉日本語講座 5　文法 I』朝倉書店

18. 金水敏・工藤真由美・沼田善子（2000）『日本語の文法 2　時・否定と取り立て』岩波書店

19. 工藤真由美（1995）『アスペクト・テンス体系とテクスト——現代日本語の時間の表現』ひつじ書房

20. 久野暲（1978）『談話の文法』大修館書店

21. 郡司隆男（2002）『言語言語学入門 3　単語と文の構造』岩波書店

22. 国際交流基金日本語国際センター（1973）『教師用日本語教育ハンドブック 3　文法 I——助詞の諸問題』凡人社

23. 国際交流基金日本語国際センター（1980）『教師用日本語教育ハンドブック4 文法Ⅱ——助動詞を中心にして』凡人社

24. 新村出（2008）『広辞苑（第六版）』岩波書店

25. 鈴木重幸（1972）『日本語文法・形態論』むぎ書房

26. 高橋太郎（2003）『動詞九章』ひつじ書房

27. 寺村秀夫（1982）『日本語のシンタクスと意味Ⅰ』くろしお出版

28. 寺村秀夫（1984）『日本語のシンタクスと意味Ⅱ』くろしお出版

29. 寺村秀夫（1991）『日本語のシンタクスと意味Ⅲ』くろしお出版

30. 時枝誠記（1950）『日本文法　口語篇』岩波書店

31. 西尾寅弥（1972）『形容詞の意味・用法の記述的研究』秀英出版

32. 仁田義雄（1991）『日本語のモダリティと人称』ひつじ書房

33. 仁田義雄・柴谷方良・村木新次郎・矢澤真人・益岡隆志（2000）『日本語の文法 1　文の骨格』岩波書店

34. 仁田義雄（2002）『新日本語文法選書3　副詞的表現の諸相』くろしお出版

35. 日本語教育学会（2005）『新版日本語教育事典』大修館書店

36. 沼田善子・野田尚史（2003）『日本語のとりたて』くろしお出版

37. 野田尚史（1996）『新日本語文法選書1　「は」と「が」』くろしお出版

38. 橋本進吉（1948）『国語法研究』岩波書店

39. 橋本進吉（1959）『国文法体系論』岩波書店

40. 飛田良文・佐藤武義（2002）『現代日本語講座5　文法』明治書院

41. 姫野昌子（1999）『複合動詞の構造と意味用法』ひつじ書房

42. 益岡隆志（1987）『命題の文法』くろしお出版

43. 益岡隆志・郡司隆男・仁田義雄・金水敏（1997）『岩波講座言語の科学5　文法』岩波書店

44. 松村明（1971）『日本文法大辞典』明治書院

45. 松村明（2019）『大辞林（第四版）』三省堂

46. 三上章（1953）『現代語法序説』刀江書院（1972年くろしお出版より復刊）

47. 南不二男（1974）『現代日本語の構造』大修館書店

48. 宮地裕他（1976）『岩波講座日本語6　文法Ⅰ』岩波書店

49. 宮地裕他（1981）『講座日本語学9　敬語史』明治書院

50. 宮島達夫（1972）『動詞の意味・用法の記述的研究』秀英出版

51. 村木新次郎（1991）『日本語動詞の諸相』ひつじ書房

52. 森岡健二（1988）『現代語研究シリーズ 3　文法の記述』明治書院

53. 森田良行（1977）『基礎日本語』角川書店

54. 森田良行・松木正惠（1989）『日本語表現文型——用例中心・複合辞の意味と用法』アルク

55. 山口佳紀（1989）『講座日本語と日本語教育 5　日本語の文法・文体（下）』明治書院

56. 山田忠雄・倉持保男・上野善道・山田明雄・井島正博・笹原宏之（2020）『新明解国語辞典（第八版）』三省堂

57. 山田孝雄（1908）『日本文法論』宝文館

58. 山田孝雄（1936）『日本文法学概論』宝文館

59. 大学日语教学大纲修订组（1989）《大学日语教学大纲》高等教育出版社

60. 大学日语教学大纲修订组（2000）《大学日语教学大纲（第二版）》高等教育出版社

61. 教育部高等学校外语专业教学指导委员会日语组（2001）《高等院校日语专业基础阶段教学大纲》大连理工大学出版社

62. 凌蓉（2005）《日语语法》上海外语教育出版社

63. 皮细庚（1987）《新编日语语法教程》上海外语教育出版社

64. 皮细庚（1997）《日语概说》上海外语教育出版社

65. 陶振孝、于日平（1996）《日本语基本动词词典》外语教学与研究出版社

66. 王宏（1980）《日语助词新探》上海译文出版社

67. 王宏（2009）《日语常用表达方式辨析》上海译文出版社